BRIEF HISTORY OF THE WORLD

极简全球史

从历史中思考人类的未来

霍更斯◎著

中国友谊出版公司

图书在版编目（CIP）数据

极简全球史 / 霍更斯著. -- 北京：中国友谊出版公司，2017.3

ISBN 978-7-5057-4002-0

Ⅰ. ①极… Ⅱ. ①霍… Ⅲ. ①世界史 – 通俗读物 Ⅳ. ①K109

中国版本图书馆CIP数据核字（2017）第057751号

书名　极简全球史
作者　霍更斯
出版　中国友谊出版公司
发行　中国友谊出版公司
经销　北京时代华语图书股份有限公司　010-83670231
印刷　河北鹏润印刷有限公司
规格　690×980 毫米　16 开
　　　18.5 印张　240 千字
版次　2017 年 5 月第 1 版
印次　2017 年 5 月第 1 次印刷
书号　ISBN 978-7-5057-4002-0
定价　45.00 元
地址　北京市朝阳区西坝河南里 17-1 号楼
邮编　100028
电话　（010）64668676

CONTENTS 目录

第四篇 资本主义的胜利

第五篇 全球化时代

第一篇 文明起步

第一章 公元前的文明

1. 南方古猿

距今约 6500 万年前，随着气候的剧变、被子植物繁殖数量的增长以及某颗未知小行星在地球上的偶然撞击，结束了延宕 1.3 亿年之久的恐龙王朝。恐龙时代一经结束，曾经沦落在边缘生态位的哺乳动物和鸟类迅速崛起，在第四纪的中新世时期达到了进化和繁衍的巅峰。那时，盘古大陆在板块张裂、漂移的作用下，分裂为七大洲与四大洋，并进行着板块的裂变和扩张。

历史的趣味性恰恰在此，越是风平浪静的自然环境，越有可能出现奇迹。非洲，这片人类种族、地理环境、历史文化和生物种群的多样性远在其他大洲之上的“高原大陆”，正是人类文明最原始的一处发源地。

非洲海岸线平直，属于热带气候。中新世中期，大约距今 1500 万年前，原本星罗棋布的热带雨林因干旱的来袭，及至约 300 万年前左右，最终完全变为稀树草原、灌木丛和阔叶林，而热带雨林仅存于西部和中部的赤道地带。

生态系统的变化，导致了生物生活习性的变化。在距今约 500 万年前，以狒狒为代表的低级灵长类动物种群迅速繁衍，高级灵长类动物，即类人猿，也有所发展。而在多种类人猿中，则以南方古猿最为著名。

人类最早的祖先原本是森林古猿，约于2500万年前开始出现。森林古猿能离开树木，在地面活动，却仍以四足行走，以植物性食物为主食。它们不仅仅是人类的祖先，也是大猩猩、黑猩猩、倭黑猩猩、长臂猿和猩猩等所有现代类人猿的祖先。

森林古猿遍布亚、欧、非广大地区，但以非洲最多。非洲这片奇异的大陆，明明是猛兽众多、干旱无雨，可弱小的人类始祖反而在此有所进化、发展。

非洲的这一支森林古猿族群，以南方古猿的身份出现在非洲的中新世时代。南方古猿是森林古猿中的一种，是全人类的共同祖先之一，也是中新世最知名的灵长类动物。

与早期的森林古猿不同，南方古猿已经学会了直立行走，但食谱仍十分狭窄。它们在大多数时候采集水果和坚果，吃各种草本植物的茎叶，动物性食物只限于吃一些昆虫和蜥蜴。有时候，少数森林古猿会悄悄跟在大中型食肉猛兽后面，吃它们残留的动物腐尸，但不健康的饮食随时可能导致古猿肝脏中毒，甚至被其他觊觎尸体的猛兽所袭击，如胡狼和豹鬣狗。

非洲的南方古猿在逃避危险时还会保留四足着地的状态，广袤空旷的草原也徒增了它们的避难难度，加上速度不快，它们常常遭遇猛兽的捕杀。

在中新世的非洲草原上，剑齿虎家族中的锯齿虎、巨颏虎，鬣狗王国中的硕鬣狗、豹鬣狗，都是南方古猿需要警惕的。而最致命的威胁，来自剑齿虎亚种中的一支异类——恐猫。

恐猫浑身布满像花豹一样的斑点，有着锐利的犬齿和短小的尾巴，生物学家习惯性地称其为“假剑齿虎”。恐猫与锯齿虎、刃齿虎等同宗兄弟的食性大相径庭，除了能够捕杀大型动物，如原牛、野马、幼犀、幼象等，对灵长类动物更是情有独钟。

南方古猿没有大猩猩的臂力，缺少公狒狒的大犬齿，死在恐猫爪下的数量可能最多，而巨颏虎和花豹等猫科动物也偶尔会猎杀古猿。人类的祖先，便是在这样的危险环境下艰难生存着。

人类和猫科动物都发源于非洲，因此早在中新世时期，以恐猫为代表的猫科猛兽，常常会猎杀史前人类。

随着环境的变迁，剑齿虎家族并不能长久地统治地球。在非洲，具体表现为：干旱的气候将大片雨林植被挥霍殆尽，绝对依赖热带植物的草食类动物大量灭绝，恐象、西瓦兽、佩罗牛、壮疣猪等大型动物在中新世后期悉数绝迹。与此同时，以它们为食的锯齿虎、巨颏虎、硕鬣狗等猛兽由于拙于追逐轻巧敏捷的中小型猎物，加上平原地貌不适合伏击巡猎，也先后淡出了生态舞台，甚至人类祖先的天敌——恐猫也未能幸免。

以恐猫为代表的剑齿虎家族和硕鬣狗的逐渐灭绝，让非洲的食肉猛兽之间的竞争骤然减弱了许多，化石狮的后裔——现代非洲狮开始崛起，曾经并不占据核心生态位的斑鬣狗、花豹、猎豹和花斑野犬，也紧随非洲狮之后，成为今天非洲草原上著名的“猛兽五巨头”。

食草动物的数量也随着恐象等“植食者”的消失，有了更广阔的繁殖空间，野牛、斑马、长颈鹿、非洲象以及各种大中小型的羚羊遍布草原，加上土狼、胡狼、棕鬣狗等食腐动物，它们与“猛兽五巨头”共同构成了现代非洲的生态格局。

灵长类动物的天敌逐渐灭绝，它们的生存机会随之增多。草原上的东非狒狒和高原上的狮尾狒都是其中的翘楚，类人猿中，大猩猩、黑猩猩和倭黑猩猩虽然最终隐退雨林，但顽强的南方古猿在恐猫绝迹后继续在草原上探索着，直到更新世来临后进化成“猿人”，并迈出了走出非洲的第一步。

可以说，剑齿虎家族在非洲的退出，是令非洲成为人类文明发源地的一个重要前提。

2. 走出非洲

在距今约 180 万年前的更新世开端，当剑齿虎和化石狮逐渐于非洲大陆消亡后，南方古猿终于迎来了千载难逢的契机。

古猿们在非洲草原上迁延日久，逐渐进化成四类成员，分别是能人、匠人、卢尔多夫人和直立人。随着脑容量的扩展，从猿到人依靠“智慧”，已经脱离了“古猿”的形态，进入到“猿人”的发展阶段。

能人和匠人可以打造简单的石器工具，猎取少数小型动物，但他们仍以植物性食物为主。由于尚不具备完全的劳动能力，能人和匠人还是保留了猿猴类的某些特征，不过，他们已经有了“走出非洲，穿行世界”的勇气。

直立人几乎与卢尔多夫人同时出现，他们的起步不比匠人早，但进化得却更为成功。他们打造出的石器工具更为精良，而且还能制出薄刃石斧，并学会了使用火来烧烤食物，取暖御寒。

直立人不但敢袭击羚羊等大型动物，也敢于集群后在猎豹、花豹等中型猛兽口中夺食。武器的精良，让直立人的智力水平大大提升，发展到更新世中期，他们的脑容量超过 1100 毫升，甚至诞生了最原始的音节性语言。

距今约 170 万年前，大批直立人从西奈半岛进入亚洲，成为很多不同的猿人亚种，其中停留在中国繁衍生息的，就成了后来的元谋人，此外还有印尼的爪哇人等。

经过百万年的进化，中国境内又有了北京人、蓝田人等新人种。北京人使用天然火，而且肉食在他们的饮食中已占了较大比例。他们打造石器捕杀各种食草动物，以肿骨鹿和梅花鹿为主。他们还能依靠武器、火苗和群居优势，抵抗洞鬣狗、杨氏虎等敌害的偷袭。虽然北京人的平均寿命很短，但他们却在地球上繁衍了 50 万年之久，直到 20 万年前才渐次消失。

匠人的“出非洲之旅”不如直立人成功，不过留在非洲的匠人在进化上越来越成功。他们在 90 万年前进化成了前人，脑容量超过 1000 毫升，牙齿结构和现代人如出一辙。

在北京人即将走向衰亡的同一时间，非洲大陆上又出现了新的人种——现代智人，他们迅速取代了前人的生态位。

现代智人的脑容量高达 1500 毫升，他们正准备再度“走出非洲”，不过 7 万年前的一次天灾，让他们险些遭受灭顶之灾。印尼多巴超级火山爆发，火山灰弥漫到大气层中近 3000 立方千米，整个地球进入长达近一个世纪的“迷雾”阶段。

在非洲，现代智人和恐龙几乎同样悲壮。空气变得清透之后，只有南非海岸处的极少数现代智人存活了下来。他们用海边的鱼虾、贝类充饥，随后依靠仅存的部落生息繁衍，不但恢复了先前的大族群格局，而且还将继续“走出非洲”。

或许海鲜和淡水生物的确有助于增长智慧，数十代现代智人在习惯食用海洋肉类后，早期的发明层出迭见，所打造的石器早已弃置不用，取而代之的是更具杀伤力的石制矛尖和投矛器。现代智人还会用鸵鸟蛋壳和内壳制造工艺品。

5 万年前，现代智人走向亚洲和欧洲，其中进入亚洲的一支来到中国境内，在 1.8 万年前进化为山顶洞人。他们的生存比北京人进步了许多，已经能够使用人工火。除了使用打造石器外，他们也懂得磨针和钻孔技术，所猎取的猎物也不再局限于中小型有蹄类，还有鱼虾和贝类。

随着生产力和语言加工能力的增强，山顶洞人进入了氏族公社时代，为华夏文明开辟了宝贵的源头。

亚洲现代智人的另一支，在更新世末期的 1 万年前，踏过白令海峡的冰桥，来到西半球的美洲大陆，也在不经意间改变了美洲的生态格局。同时，他们在短面熊、刃齿虎和恐狼等猛兽霸主全部灭绝后迅速壮大，从奥尔梅克文明起步，非但开创了囊括玛雅、阿兹特克、印加等印第安文明的千年佳话，还辟生了少许荒诞不经的争议性言论，例如印第安人的祖先是史前的中国人等。

与此同时，进入欧洲的现代智人，成功排挤了欧洲的土著人种——尼安德特人，虽然两大人种偶然有混血交配的迹象，但始终以竞争和杀伐为主旋律。

尼安德特人诞生在30万年前，得益于寒冷的气候和洞狮、洞熊、洞鬣狗的时刻威胁，他们身体强壮、肌肉发达、性情凶猛，以肉食为主。他们的脑容量最高可达1700毫升，在音乐、美术方面也颇有天赋，但他们大脑中控制交际的前额叶较弱，喉咙结构也很不完美，这就限制了他们的语言和社交能力，加之他们一直使用原始的石器，部落之间没有互动交流和工艺品的交换，尽管武力占优势，却始终敌不过现代智人。

无疑，现代智人成了“走出非洲”这幕史前大戏中的主角。现代人类的直系祖先也正是聪慧执着的现代智人。现代智人在各处大陆安家落户，原始社会随之进入尾声，氏族公社和奴隶社会相继兴起，并逐渐诞生了“国家”的雏形，其中以非洲和亚洲的一些大河流域人类发展的节奏最快。

3. 埃及的权力更迭及金字塔

河流密集的地方，通常都会成为文明的摇篮。非洲中部高原的尼罗河，大概就是如此。尼罗河全长 6670 千米，是世界上最长的河流，素有“非洲河流之父”的美称。她带给非洲的不只是丰沛的灌溉资源，还有最早的古埃及文明。

大约在公元前 5000 多年，最早的一批埃及先民定居在尼罗河的中下游地区。这里不但有适合种植谷物等庄稼的河床，而且在现今开罗一带，还有浑然天成的三角洲，非常适合建造城市。

埃及先民看中了这里的地理环境，而尼罗河中下游地区丰富的农产品也很快满足了他们的生存需求。

公元前 4000 年左右，一些部落陆续出现，它们以城市为中心，加上附近的一些村落，逐渐形成了“州”的规模。

尼罗河沿岸有 40 多个州，每一个州都有独立的军队、旗帜，也有各自崇拜的神灵和精神文化。文化意识一旦有所不同，必然引发军事冲突。经过一番激战和兼并，40 多个州剩下了两大政权组织，一个是南部的上埃及，一个北部的下埃及。

上埃及以神鹰为图腾，以白百合为国徽，国王的王冠呈白色；下埃及以蛇王为图腾，以蜜蜂为国徽，国王的王冠呈红色。两个组织有了元首、行政组织和军事机构，已经可以称作“国家”了。

公元前 3100 年左右，上埃及出现了一位雄心勃勃的君主——美尼斯，他励精图治，率领精锐劲旅征讨并打败了下埃及的军队，统一了尼罗河流域。为了纪念重创下埃及军队的胜利，美尼斯将主战场建造成一座城市，称为“白城”。两个世纪后，“白城”更名为孟菲斯，这就是后来古埃及王国的都城。

除了扩建城市外，美尼斯还进行了一系列的政体改革：他宣布君主称“法老”，总揽一切军政大权，大臣和官兵们以亲吻法老脚下的土地为叩拜仪式。美尼斯是专制政治的鼻祖，他对臣子们要求严格，但在民生措施上则显得较为宽容。他允许下埃及的百姓保留自己的宗教信仰，他在巡游下埃及的时候，也会用红色王冠替换白色王冠，表示对前朝的尊重。美尼斯统一了埃及，也赢得了尼罗河流域所有百姓的拥戴。

不过，美尼斯死后，古埃及的政局却因失去靠山而逐渐混乱。2000 多年来，30 多个王朝先后涌现，生产力遭到极大破坏，亚述帝国也时常趁乱侵扰。

公元前 7 世纪，后起之秀的波斯、希腊、马其顿等军事强国都曾征服过风雨飘摇的古埃及，最后在公元前 30 年，古埃及被古罗马帝国吞并。

国运不济，幸而古埃及法老们留下了影响后世极其深远的文化遗产。在众多遗产中，以金字塔最为引人注目。

作为世界七大奇迹之一，金字塔的传说和历史由来已久。在古埃及，不论是法老还是平民百姓，死后都要埋葬在金字塔内。当然，法老作为一国之君，他永久居住的金字塔比普通百姓的高大、奢华许多。

金字塔，在古埃及被称作“马斯塔巴”；在中国人看来，由于其外形酷像汉字里的“金”字，因而被习惯地称为“金字塔”。开创这种厚葬仪式的是第三王朝的法老杰赛尔。杰赛尔死后，大臣们用埃及特有的浸泡技术，将他的尸体做成了具有古埃及特色的“木乃伊”，随后将“木乃伊”抬进“马斯塔巴”之内。杰赛尔以后，各代法老纷纷如法炮制，很快，兴建金字塔蔚然成风。其中，以第四王朝的胡夫法老的金字塔最为奢华。

尽管遭受数千年的风雨侵蚀，胡夫金字塔仍然保持了近 140 米的高度，在 1889 年法国埃菲尔铁塔出现前，胡夫金字塔一直是世界上最高的建筑。胡夫金字塔的底部呈正方形，边长 230 米左右，坚如磐石的墙壁刀枪不入，至今也不能用利器损其分毫。

胡夫有自己的金字塔，他的儿子哈夫拉也不例外。与其父不同的是，哈夫拉的金字塔附近还雕刻着一座“狮身人面像”，据说与古希腊神话中的怪兽斯芬克斯十分相似。

在非洲，由于锯齿虎、巨颏虎和恐猫的灭绝，化石狮的后裔——现代非洲狮成为非洲生态中的百兽之王，自然而然地，图腾意识浓厚的古埃及人也就将狮子视为护灵的祥瑞之兽。狮身人面像是狮子的身体上连着哈夫拉的头像，整个雕像长约 57 米，高约 20 米，4000 多年来依然如初。

第六王朝以后的埃及，法老政治作为的下降和政局的混乱，导致民生不稳，逐渐有了盗墓这种非法勾当，越来越多的“木乃伊”被拖出来换取粮食和蔬菜，金字塔的兴建声势也渐渐不如以往。而胡夫父子留下的两座金字塔和一座狮身人面像，便成为古埃及文明的永恒见证。

4. 两河流域的古巴比伦王国

非洲以尼罗河为轴心，拥有了值得自豪的古埃及文明。而在亚洲西部的两河流域，在公元前 4000 年左右，诞生了举世瞩目的古巴比伦文明。

所谓的“两河流域”，即西亚地区的幼发拉底河和底格里斯河流域。在横贯西亚、北非的大片土地上，有一片丰饶的“新月沃土”，她包括今西亚、北非地区以及两河流域在内的整片肥沃土地，还有美索不达米亚平原和古埃及的尼罗河三角洲。由于其形状像一弯新月，故有此称呼。古埃及和古巴比伦文明，堪称“新月沃土”上的“双璧”。

两河流域的文明起点略晚于古埃及，大致可追溯至公元前 2006 年。这一年，闪米特人部族中的一支——阿摩利人向丰美富饶的两河流域进军，原居住在此的阿卡德人和苏美尔人的乌尔第王朝被推翻。阿摩利人在此安家落户，标志着巴比伦时代的开始。

阿摩利人在两河流域不断探索政体改革和经济建设，直到公元前 1894 年，他们以幼发拉底河畔巴比伦城为国都，建立起巴比伦王国。那时的美索不达米亚，普遍被称为“巴比伦尼亚”，此后生活在王国境内的居民，随之被称为“巴比伦人”。

古巴比伦王国的版图与今天的伊拉克大致相仿。由于生活在这里的苏美尔人最早创造了楔形文字，使得巴比伦的文明发展进度略快于古埃及，文化交流助推了经济体制的稳重，并从根本上保证了政权建设的相对稳定，其杀伐频率远不能和古埃及相比。巴比伦的稳定，有赖于繁荣的文化，还得益于有为的君主。

公元前 1792 年，汉谟拉比成为巴比伦国王，这是第三王朝的第六位君主。他在位的 40 年间，励精图治，关注生产，尤其注重法制建设。有为的汉谟拉比，让巴比伦的国力日渐强盛。

汉谟拉比对后世最大的贡献，就是留下了一部刻在石柱上的法典，即著名的《汉谟拉比法典》。

《汉谟拉比法典》共计 282 条，刻在柱子上的共有 3500 多行，分为序言、正文和结论三个部分，囊括了经济法、婚姻继承法、行政法、民法、商法以及奴隶法等多重领域，较为全面，其代表了奴隶主阶级的经济和政治利益。虽然法规健全，具有强制性和有效性，但对奴隶不免过于苛刻，他们完全没有自由平民的权利和利益。

古巴比伦王国分为古巴比伦和新巴比伦两个时代。古巴比伦包括阿卡德人和苏美尔人建立的第一王朝、第二王朝，以汉谟拉比为荣耀的第三王朝，还有后来建立的第四王朝。第四王朝在公元前 729 年被亚述帝国所灭。自此，新巴比伦王国的历史在两河流域拉开了序幕。

早在公元前 1000 年，闪米特人的另一支——迦勒底人，就逐渐迁移到两河流域的南部安家落户。经过 370 多年的发展，这里的迦勒底部族诞生了一位能力过人的领袖，这就是那波帕拉萨尔。此时的古巴比伦已被亚述所灭多年，不过趁着亚述也陷入了内乱的境地，那波帕拉萨尔组织迦勒底人，逐渐取代了巴比伦的统治地位。公元前 626 年，那波帕拉萨尔自立为巴比伦新王，开启了新巴比伦王国时代。

那波帕拉萨尔掌管新巴比伦的军政大权以后，向米底王国抛出橄榄枝，两家结成军事同盟，开始反击亚述帝国。

公元前 612 年，两国联军击溃了亚述帝国，并瓜分了其一切。在亚述帝国的疆域中，新巴比伦王国分到了包括两河流域的南部、腓尼基、今叙利亚和巴勒斯坦的大部分国土。由于新巴比伦王国以迦勒底部族为核心，因此新巴比伦王国也被称为迦勒底王国。

那波帕拉萨尔借助征战和统一，为继承人奠定了良好的统治基础，迦勒底王国在后来的一位新国王——尼布甲尼撒二世的统治下，经济愈发繁荣，社会和谐稳定，新巴比伦的统治进入了空前的盛世时期。

但好景不长，后崛起的波斯帝国向其发难，并在公元前538年将其吞并。自此，巴比伦的时代走向终结，波斯帝国迎来了黄金时代。

5. 古印度：佛教的胜利

追溯古代印度的文明，应最先从“吠陀时代”算起。在梵语中，“吠陀”即“智慧”，其开端在公元前1500年左右。吠陀文化的主人公是来自次大陆外的白种雅利安人，“雅利安人”意为“高贵的人”，他们早在公元前15世纪就游荡在俄罗斯南部和中亚的平原地带，经过数百年的辗转，他们当中有的去了小亚细亚，有的走入伊朗高原和阿富汗平原，但经由中东地区的这支，最终还是进入印度半岛，征服了当地的土著居民。雅利安人的入侵，加剧了种族之间的不平等，却也为印度文明提供了助力。

这一时代的印度，主要存在于以《梨俱吠陀》为主的四部吠陀中，它们统称为《吠陀本集》，其余三部分别为《娑摩吠陀》《夜柔吠陀》《阿闼婆吠陀》。

据史料记载，雅利安人的入侵，改变了印度地区的生产机制，促进了当地的繁荣，使其社会结构也趋于稳定，但这种稳定却是以等级分明的种姓制度为前提的，这种制度在印度历史上延续千年，始终阻碍着印度社会的进步。

雅利安人为了巩固来之不易的统治地位，结合当时流行的婆罗门教中的些许教义，宣称造物主梵天用嘴巴创造出婆罗门，用手臂创造出刹帝利，用腿创造出吠舍，用脚创造出首陀罗，由此印度社会理应分成四个等级：婆罗门主要包括祭司阶层，掌控最高的神权，为第一等级；刹帝利即国王、文武大臣和武士官兵，他们掌控世俗权力，为第二等级；吠舍即农民、商人、手工业者等自由劳动者，他们的职责是为国家创造物质价值，供养一、二等级，为第三等级；首陀罗，即没有任何自由权利的奴隶，为第四等级。

奴隶之下，还有种姓外的贱民阶层，他们的处境比奴隶更悲惨，不但没有任何权利和尊严，甚至连想成为工具的机会都没有。

有压迫的地方就一定会有反抗。公元前 6 世纪，在今尼泊尔境内的一个名叫迦毗罗卫的小国家的蓝毗尼花园中，一个极不平凡的生命降临世间，这一天正是公元前 565 年的农历四月初八。

这个呱呱坠地的男娃正是当朝国王的儿子，名为乔达摩·悉达多，也就是后来佛教的创始人。

悉达多自幼在外婆家长大，成年后能文善武，深得父王的喜爱，不但封他为“转轮王”，还亲自为他选择娇妻，主持婚礼。悉达多在婚后一年生下一个儿子。在常人眼中，这位太子的人生已经很成功了。

然而，悉达多并不喜欢权势，他更多地关注民间疾苦。种姓制度的压制，不但让农民的生产负担日趋沉重，连作为刹帝利阶层的自己，也无法摆脱来自婆罗门神权阶层的控制。年轻有为又已娶妻生子的他，受到民间的尚在萌芽阶段的沙门思潮的影响，决定放弃王宫中的奢华生活，出家修道，以襄助世人摆脱疾苦。

国王坚决不同意儿子的做法，但悉达多去意已决，他还在修行期间就有了“释迦牟尼”的称呼，意思是“释迦族的修道人”。

释迦牟尼在民间奔波 6 年，苦苦思考，曾数次想要放弃修行，但一次“偶然事件”，成就了他的智慧。在河畔，他几乎要饿死时，恰逢一位牧羊女。她给了释迦牟尼一点吃的，释迦牟尼吃后体力恢复，随后在一棵菩提树下连续思索 49 天，最终修成正果，成就了一个新的宗教。

释迦牟尼创立的佛教，以“四谛”和“五蕴”等思想为核心，突出了“生老病死”皆是苦的根源，只有自我修行，放弃抗争，不造恶业，多行善事，才会摆脱地狱的纠缠，转而将死后的灵魂送往极乐世界。

佛教批判性地继承了婆罗门教的轮回学说，但与婆罗门教那种四大种姓前生来世的社会身份永恒不变的观点截然不同。佛教认为，奴隶或平民如果今生善良多修善业，来世也可享受荣华；而婆罗门若是过于骄奢跋扈，来世也会沦为奴隶，甚至永堕地狱而不能超生。

释迦牟尼觉悟后，菩提树也成了佛教体系中的“圣树”，牧羊女的粥饭即今天的“腊八粥”，在中国等东亚国家广为传播。佛教以印度为兴起之地，随后传播到亚洲的其他国家。中国、日本和东南亚诸国，都先后将佛教完成了本土化的改造，促进了佛教文化格局的多元化发展。

6. 人文精神与古代中国

古代中国与她的东方兄弟——古印度走着截然相反的发展道路，虽然和古印度、日本和朝鲜一样，古代中国也曾经历过多神崇拜的漫长岁月，但其特殊而相对封闭的地理环境以及黄河水灾等自然灾难的频发，使得这些山顶洞人的后代在氏族公社时代，逐渐养成了“重实际而黜玄想”的意识形态。

阶级社会产生后，儒家的爱人之道与“仁政”理想，抑或是以改革为动力的法制建设，无不对上古时代的神灵信仰起到了削弱作用。

中国人自诩为“炎黄子孙”，以夏朝为阶级社会的开端，但中国最早的文字——甲骨文，在距今约3000年的商朝才出现。在文献记载中，只有商朝才是可以证实的确实存在过的奴隶制王朝。

炎黄二帝合灭蚩尤、大禹治水、“钧台之享”、太康失国、少康中兴、孔甲荒诞以及夏桀暴虐等，虽然一直被中国人津津乐道，然而却也只在《尚书》《礼记》等儒家典籍和一些野史记载中略提一二。

商朝立国，少不了对宗教和巫术的信奉，大凡商代之人，不论是行贾、作战还是出行，都习惯占卜，以测吉凶。商纣王的暴政，让这个曾经强盛的王朝失去了箕子、微子和比干三位仁杰之士，最终牧野一战，被周武王重创。周武王是统一华夏的第一个周朝君王，而中国文化中以人文取代巫蛊，也恰是从西周的建立开始的。

周武王之前的周国，只算是西北边陲的一个附属于殷商的小国，但经过后稷、公刘、大明以及文王等多任国王的励精图治，“伊尹摄政”和“武丁中兴”一去不返的商朝，其综合国力逐渐被周国超越。

尽管周文王演练出的以八卦为核心的《周易》，与欧洲的塔罗牌和卢恩符文并称为世界上最古老的“三大占卜术”，但与后两者不同。以《易经》和《易传》为主干的《周易》，其64种卦象的解说中，更多的是充满主观战斗精神的信息，如“天行健，君子以自强不息”。

周国从“潜龙勿用”的附属国时代一直低调隐忍，周文王也有过被商纣王掳掠的经历，但纣王的暴政，最终让有姜子牙辅佐的周武王成了“飞龙在天，利见大人”的“九五之尊”。周朝灭商后，开始在全国推行井田制和分封制，自此，中国正式成为当时世界上的超级大国。

周武王到周幽王的统治年代，是“西周朝”统治期间，西方犬戎族的偷袭，极大地削减了姬氏的江山。周平王东迁洛阳后，国土范围缩小许多，周王朝领域内的大小诸侯，也开始为争夺霸权而互相残杀。周王无力制止，反而只能依靠其中实力较强的诸侯延续王朝的生命。周平王以后是“东周”，分为春秋和战国两个时期。

东周时代，战争是主旋律，给民生带来极大创伤；但同时，政局的分裂和正统思想的瓦解，也在客观上促进了民间思想的多元化，为社会文化的飞跃提供了竞技平台。

春秋时期，老子和孔子分别创立了道家和儒家学派，及至战国又发展出墨家、法家、兵家和纵横家等多家学派，这些学派拥有各自的开山鼻祖或集大成者，在相互竞争中完善着各自的思想体系。虽然墨家和道家的实力较强，但结束分裂、维护统一，靠的是实用主义色彩更加浓厚的儒家和法家。

战国时期，混乱的格局最终在秦始皇的太阿剑下归于平静，这位来自西陲边缘的君主，有着不可撼动的钢铁意志，而他领导下的秦国子民，从秦穆公时代开始，特别是经历了商鞅变法之后，国力日盛。秦人固有的征服欲望、凌人野心以及对宗族礼法等繁文缛节不屑的傲然态度，成了统一政权、封建制殄灭奴隶制的重要客观力量。

值得一提的是，秦始皇以杀伐夺取江山，却将韩非提倡的法家文明推广到了整个中国。虽然秦始皇推行的唯法独尊的单一政策，不利于儒家等其他先进思想的弘扬，但这一政策却让中国杜绝了“政教合一”的治国方略。对宗教的信仰，自统一多民族的封建国家形成后，便彻底让位于尊君亲民的人治理念。

秦朝和以后的所有王朝，虽然一再鼓吹天命意识，但皇帝作为国家的最高元首，在百姓心中的至上感是没有哪位术士或教主能撼动的。

7. 四大文明之外的文明

在公元前的文明古国中，古埃及、古巴比伦、古代印度和中国并称为“四大文明古国”，这四个国家历史悠久、文化底蕴深厚，但这并不代表留有文明遗迹的仅仅是这四个国家。在同一时代，腓尼基人、亚述人、波斯人以及印第安人遗留的奥尔梅克文明，一样可视为上古时代的璀璨文明。

（1）腓尼基人：在公元前 10 世纪左右，埃及法老尼科曾欲探测世界的范围，大臣们对此一筹莫展，不但不知晓世界的轮廓，连非洲的维度都不能厘清。为了讨好法老，测量出非洲的形状和占地面积，大臣们把难题抛给了一个善于航海的民族，这就是腓尼基部族。

法老确信腓尼基人在这方面的天赋，于是公开聘请优秀的腓尼基航海家，在地中海南岸接受法老的筛选。腓尼基的航海精英们对于环行非洲和世界并无充分的把握，但考虑到法老的重金，便应承下来。

历经千难万险，他们最终勉强完成了非洲环绕的探险之旅。这是人类历史上最早的海上航行，充分凸显出腓尼基人的智慧和冒险精神。腓尼基人对世界的贡献，一是字母文字，二是航海探险的精神。

（2）亚述帝国：在古巴比伦附近，同样位于底格里斯河的河畔处，有一个起初并不起眼的小国骤然兴起，它就是亚述。

公元前 8 世纪左右，亚述国的军事力量空前增强，便开始了对外扩张侵略的步伐。公元前 732 年，亚述在小亚细亚半岛和西亚的其他地区取得了一些战果，占领了其中的大片领土，还时常对北非强国——埃及进行小规模掳掠。这一年，正是亚述国的巅峰之年，其在小亚细亚地区取得初步胜利后，又将叙利亚国作为目标，企图占领该国的都城大马士革。

起初，亚述军队遭遇叙利亚军民的顽强抵抗，但由于其掌握了攻城所需的军事技术，加上国家善于煽动官兵，大马士革最终沦陷。亚述军杀死了大马士革的君主，还将整座城市掳掠一空，带着凯旋的醉意扬长而去。

攻克大马士革，标志着亚述国的军事扩张达到巅峰。随后，它吞并过古巴比伦和古埃及，甚至一度管辖伊朗高原。不过，在公元前 626 年，逐步崛起的迦太基人和米底人开始反抗亚述的殖民统治，还联合新巴比伦等国家合力反攻亚述。亚述国的都城尼尼微被多国联军洗劫一空，亚述帝国从此在西亚版图上彻底消失。

（3）波斯帝国：伊朗高原上的波斯王国，在古代也是一个屈指可数的文明国度。当古埃及的国威日趋下降的时候，波斯王国的君主冈比西斯谨遵父亲临终前的嘱咐，率领军队征服了古埃及，随后又征服了新巴比伦王国。但是，国家疆域面积的扩张，带给国君的却只有与日俱增的统治压力。

不久之后，波斯国内的野心家趁乱杀死了冈比西斯，偌大的一个波斯帝国，进入了争权夺利的无休止混乱状态。皇帝与权臣之间的相互倾轧，一度让波斯皇位空虚。在掌权的 7 位地位最稳固的大臣中，有一个名叫欧塔涅斯的人感受到了政治斗争的压力而率先退出，另一位大流士则以简单拙劣的计谋，顺利赢得了波斯帝国的最高权力。

大流士当了新皇帝后，从公元前 520 年开始南征北战。在平定国内所有叛乱以后，他被拥戴为“众王之王”，史称大流士一世。他广招军队，制定严格的政治军事制度，甚至连饮食方面，都做出了严格的君臣之分和官民之别。

大流士还规定国家发行新的货币“大流克”。而为了方便吃到爱琴海的海鲜餐，他还特意修建了从爱琴海通往其居住的新巴比伦宫殿的驿道。后来，这条驿道成为张骞开辟的“丝绸之路”的西半段，也是后来苏伊士运河的前身。

大流士是波斯史上伟大的君主，他在军事和社会改革方面功勋卓著，直到他和儿子薛西斯征讨古希腊惨败而归，波斯帝国才开始衰败。

（4）奥尔梅克文明：恐猫和巨颏虎等剑齿虎类成员在非洲的灭绝，让南方古猿有了崛起的空间。然而，巨颏虎的一支迁移到美洲大陆，演化成剑齿虎亚科中最为凶猛的刃齿虎，这又让整个西半球的生物惴惴不安，它们也迎来了剑齿虎王朝最后的辉煌。此外，锯齿虎在美洲也比较繁多。

一时间，美洲大陆上的猛兽竞争的激烈程度，在哺乳动物时代可谓空前绝后。除了刃齿虎、锯齿虎外，还有素以残暴闻名的美洲拟狮、灵敏迅捷的北美猎豹、遍布草原各处的恐狼，而身高两米、体重近一吨的短面熊则是冰河时代的美洲最可怕的猛兽。

如此环境，现代考古学家至今也未能从美洲找到任何土著居民的蛛丝马迹。以剑齿虎为代表的冰河期猛兽在美洲的持续逗留，也在一定程度上阻碍了美洲迁入者的发展态势。

直到公元前 1 万年的全新世时代，大自然将大部分猛兽淘汰，美洲平原上只剩下了棕熊、美洲豹、美洲狮和灰狼等少数猛兽。在公元前 1400 年左右，中美洲墨西哥湾一带才兴起属于古美洲人的“奥尔梅克”文明。

奥尔梅克人拥有自行拥立的元首和行政长官，以玉米和麝牛为主要食物，他们凭借非凡的智慧创造了自己的象形文字，还创建了独特的历法体系。

奥尔梅克王朝也是一个奴隶制国家，他们可能会杀掉奴隶以完成祭祀和殉葬的社会目的。他们以美洲豹为图腾。

除了频繁的部落战争，奥尔梅克人还有了最早的以橡胶皮球为器材的竞技体育活动。至于遗留下的建筑，以约公元前 1200 年前竣工的奥尔梅克巨像最为著名。它的挖掘，证明了奥尔梅克文明存在的真实性。历史学家普遍认为，奥尔梅克文明是美洲文明的源头，对后期玛雅文明的诞生，具有不可忽视的影响。

第二章 从“两希文明”到古罗马时代

1. 雅典与斯巴达

除了四大文明古国之外，溯及世界历史的最早文明，当属欧洲的“两希文明”，即古希腊和犹太人的祖先——希伯来人创造的灿烂文化。

古希腊人留下的精神遗产，除了生动形象、栩栩如生的神话故事，在政治、军事和经济上也有所建树，为欧洲文明的飞跃提供了充足的动力。

在公元前2000年左右，克里特岛最先涌现出“克里特文明”。文明不断扩展，转移到希腊半岛后，很快演变成“迈锡尼文明”。“克里特文明”和“迈锡尼文明”杂糅一处，并称为“爱琴文明”，因其游弋在爱琴海的沿岸，也有“海洋文明”之称。

这一文明曾饱受多利亚人的摧残，古希腊历史一度沦至“黑暗时代”。不过，随着海洋贸易的逐渐兴盛，古希腊人再度崛起，纷纷在爱琴海和地中海北岸建立大小不等的政权。在众多邦国中，以雅典和斯巴达最为知名。

民主制，并不仅仅属于近现代的资本主义国家，在一些开明的专制时代，“民主”仍然以一种特殊的政体运作方式呈现，如古印度的“十六国”时代就有半数国家是没有君主的“共和政体”；中国西周王朝也曾因“国人暴动”赶走了暴君，暂时进行“共和行政”；朝鲜的新罗国则以三姓轮流执政的方式把持权柄。但这些“民主”相比于雅典的城邦制度，显然不够成熟。

公元前 6 世纪以后，古希腊经济的繁荣促进了政治的飞跃，而政治空气的优化先后催生出梭伦和伯里克利两位杰出的政治家。

梭伦年轻的时候以诗赋见长，并怀着强烈的爱国主义情结，常常以艺术手段在民间广泛传播民族主义的言论。梭伦在 30 岁那年成为雅典的军事将领，从强邻手中夺回了沦陷多年的出海口萨拉米斯，自此威望大增，很快跻身于雅典执政官的高位。

梭伦利用手中的权力，非但没有倾轧贫苦的百姓，反而通过社会改革，将雅典公民的地位和财富紧密联系在一起，即便没有消除贵族与平民之间的差别，但经济关系的变动以及选举和公投为主旋律的城邦制度的建立和发展，却让雅典成为古希腊最强盛的邦国之一，甚至还一度对外殖民，同时也和波斯等军事强国展开角逐。

伯里克利晚于梭伦约100年左右，他从雅典的首席将军做起，有着宽容、仁慈和节俭的美德，因而在国民心中口碑很好。他下令重建被波斯人焚毁的雅典城，注重艺术文化和旅游产业，不惜以重金塑造雅典娜女神的巨型雕像。

伯里克利的雅典时代，经济富庶，政治稳定，工艺、文学和美术等各路精英云集，让雅典迎来了空前的“黄金时代”。

在希腊半岛的 200 多个国家中，斯巴达是除雅典外名气最大的另一个邦国。和雅典一样，斯巴达的行政区划原则上也保留着森严的城邦体系，但政治氛围与之截然不同。雅典尚民主和哲学，斯巴达则以尚武精神著称。这个位于伯罗奔尼撒地区的国家，以武装奴隶和平民为手段，建立起一支强大的由“希洛人”组成的军团。平民家庭中，男子 7 岁开始就要参军入伍，在军队中经受严格的训练。即便是可以足不出户的女孩，也要在家中苦练格斗技术，为的只是能够培养出更为强壮的下一代男性。

雅典的柔情似水与斯巴达的刚硬如铁形成了鲜明的对比。雅典对外扩张，无非注重掠夺殖民地的财富；而斯巴达将南部希腊的几乎所有地区全部兼并，是赤裸裸地以毁灭政权、实现统一为最终目的的。

雅典丰厚的国库资源，最终引发斯巴达的垂涎。公元前 432 年，已经成为“伯罗奔尼撒同盟”盟主的斯巴达对雅典发出通牒，要求伯里克利下台。在遭到雅典政府拒绝后，斯巴达人在第二年便发动了伯罗奔尼撒战争。

伯里克利主张抵抗，但此刻的雅典城却遭受鼠疫，伯里克利也因鼠疫撒手西归。雅典内部的主战派领袖在战场上被杀，当政的主和派于公元前 421 年同斯巴达签订了《尼西亚斯和约》以作城下之盟。

后来的雅典，主战派和主和派之间又经过几次火并，主战派一度占据上风，并率领军民反击斯巴达，但这种反抗终归昙花一现。公元前 404 年，斯巴达军队再度围困雅典城，雅典宣布臣服于斯巴达，归入“伯罗奔尼撒同盟”。自此，雅典时代一去不返，古希腊时代的光辉也从此由明转暗。

2. “爱智慧”的古希腊智者

“哲学”在西方语系中是“爱智慧”的意思，其最初的学问正来自思想活跃、文化昌盛的古希腊时代。

英国思想家罗素的一部荣获诺贝尔文学奖的《西方哲学史》，也正是以古希腊作为哲学发展的起点的。而在古希腊哲学中，“水”又被哲学家们推举为万物的本源。这个命题的首次提出者，正是西方历史上第一位哲学家——泰勒斯。

泰勒斯是腓尼基名门望族的后代，他的名声不亚于同时代的梭伦，与梭伦同在“七贤”之列。泰勒斯的哲学智慧来源于其庞大的知识体系，他在天文学方面，首次发现小熊星座，第一个预言出日食，甚至还准确测算出了冬至日和夏至日，是现代公共历法的鼻祖；在数学方面，他测算出圆直径上的内接三角形都是直角三角形的结论。这些学问结晶集中到哲学中，激发了唯物主义哲学的萌生。泰勒斯敢于论断世界的主创者不是神灵，而是物质，这种物质，正是亦刚亦柔的水。

虽然泰勒斯之后的赫拉克利特认为世界的本源应当是火，与泰勒斯的观念截然相反，但二者的观念终究属于早期朴素唯物主义的范畴，对于瓦解荒谬的唯心主义思潮有着积极作用。

赫拉克利特著有《论自然》一书，提出的鲜明观点有“人不能两次踏入同一条河流”等，证明了时间的一维性结构。

除了赫拉克利特，毕达哥拉斯也是哲学的集大成者，但他在哲学舞台上似乎并不是主角，因为他钻研数学，在数字学、几何学方面有着很深的造诣，也为世界数学的发展做出了巨大贡献。他证明出“勾股定理”的存在，在当时的世界上，能够与他相匹敌的几何大家，只有中国的商高。

公元前5世纪，伯里克利把雅典治理得井井有条，雅典成为古希腊哲学家的云集之地。随着社交领域的扩大，演讲辩论的口才技巧得到上流社会的认可，以雄辩术、修辞学和早期辩证法为主的古希腊哲学家们，在社会活动中十分出彩，并逐渐拥有了“智慧者”的美称。

在众多哲学家中，普罗泰戈拉或许不是学问最渊博的，但他之所以成名，是因为常和自己的学生因学费纠纷对簿法庭。他的一个名叫欧亚塞卢的学生和他直接将法庭当成了辩论场所，还为此留下了“半费之讼”的一段美谈。

普罗泰戈拉的同乡德谟克利特也是一位出色的哲学家，是原子唯物论学说的创始人之一。在他的雄辩下，唯物主义哲学得以发扬光大。

不过，在古希腊时代，并非所有的唯心主义学派人士都落于下风，因备受老师喜爱而被收为师门义子的芝诺，被称为“辩证法的创立者”。只不过，他是一个偏唯心的辩证法人士，他提出的“阿基里斯永远追不上乌龟”等四条定理，虽然充满诡辩论的色彩，但其中的辩论之论也足可与中国的“庄惠之辩”相媲美。

可惜，由于他才气过高又长于雄辩，在贵族中得罪了很多人，最终被雅典民主政治的死敌——僭主阶层——用石臼活活打死。

芝诺的死固然悲惨，但后来的一位名气更大的哲学家的死，则充斥着更加无奈的冤屈。这就是赫赫有名的苏格拉底。

苏格拉底在战场上九死一生，平日酷爱体育锻炼，但在与人起冲突时，却只以雄辩和智慧取胜，即便遭受对手的肢体亵渎，也从不会行凶反扑。在外面的世界，他是“口技战场”上的常胜将军；可在家里，他却要忍受凶悍老婆的欺凌。

苏格拉底的哲学智慧超过了同时代几乎所有人物，这除了体现在继承和发展前辈哲人的思想成果外，更在于影响了后世一大批人，渴望理想国的柏拉图就是其中之一。

苏格拉底的门生众多，其中一个名叫克利提阿斯的人成为“三十僭主”的头目。苏格拉底无视自己的前途，常常站出来批评这位学生的种种不义之举。这位“三十僭主”的头目最终令这位原本值得尊敬的老师身陷囹圄。

“三十僭主”不得人心的统治终被推翻，苏格拉底却没能重见天日。重掌政权的民主政客认为他是克利提阿斯的老师，认为他与僭主之间存在着千丝万缕的联系。可怜的苏格拉底没有死在独裁者手中，反而被民主派政治领袖判处了死刑。

其实，以苏格拉底的智慧，他完全可以逃走，但他终生恪守法律，逃走无异于抗拒法律，于是他以“从容就义”的方式，完成了最后一次对民主法制的捍卫。

苏格拉底之死，是古希腊哲学的重大损失，也反映出政治斗争的黑暗与肮脏。以至于他的学生柏拉图不敢面对现实，只是希望能够有一个理想国，来拯救自己和全部受苦的人类。

数百年后，古希腊哲学史上又出现了一座巅峰，他就是高唱“吾爱吾师，吾更爱真理”的大学者亚里士多德。他提出了“形而上学”观念，虽然与科学辩证法相悖，但在当时的确极大地助推了唯物主义哲学的进步与发展。“实体论”的第一性与第二性之争、矛盾的特殊性与普遍性等均出自他的思想体系。

亚里士多德著有大量思想论著，如《诗学》《政治学》《物理学》等，他是继苏格拉底之后，古希腊哲学的又一面光辉旗帜。他是一位“百科全书”式的社会科学家，几乎对每个学科都有贡献。

公元前 322 年，62 岁的他因病而逝。与芝诺和苏格拉底相比，他的结局显然更好些。

3. 希波战争

公元前 492 年，大流士组织军队进攻古希腊，掀起了史上著名的“希波战争”。不过，此次波斯军队出师不利，因飓风损失 2 万波斯官兵。波斯海军的崩溃，让陆军顿感独木难支，大流士的此次侵略计划因而遗憾地以失败告终。

第二年，大流士一世分别派遣两位使者前往古希腊最强盛的两个邦国——雅典和斯巴达，要求古希腊投降。两个邦国很有骨气地拒绝了大流士的无理要求，还用各自的方式处死了两位叫嚣的使者。

公元前 490 年，愤怒中的大流士一世马上向古希腊发兵，大军横渡爱琴海，在雅典城外的马拉松平原登陆。危在旦夕的雅典只得向斯巴达求援，派遣善于长跑的斐力庇第斯尽快到斯巴达，告诉他们敌军来袭的消息。

斐力庇第斯日夜兼程 200 千米，赶到斯巴达，可斯巴达人却信奉宗法中非月圆不能出兵的旧俗，错过了两军夹攻、里应外合便可击破波斯大军的良机。

失去友军的雅典人并不气馁，军队、平民和奴隶空前团结，在马拉松平原上誓死保卫国土。雅典军事将领米太亚得善于用兵，他施用诱敌深入和拉长战线的战术，让波斯军队不觉中计，很快就扭转了被动防守的局势。古希腊军民乘胜追击，最终马拉松战役以波斯人的撤退而告终。

战争胜利，米太亚得急于向上汇报，长跑健将斐力庇第斯再度发挥了自身优势。可是，他跑回雅典城的时候，却因过度劳累而猝然离世。

马拉松战役，是在长达半个世纪的希波战争中，古希腊对波斯的首次重大胜利。最终获胜，固然得益于米太亚得的英明指挥，但大家对冒死汇报战果的跑步英雄斐力庇第斯也给予了足够的尊重。

1896年，雅典人在业已盛行的国际运动项目——奥林匹克的赛场上，特意增加了“马拉松长跑”这一新的比赛项目，以纪念这位充满“奥运精神”的奔跑英雄。

大流士一世带着未竟的宏图伟业离开了人间，他的继承人薛西斯一世立志完成父亲的遗愿。马拉松战役结束的10年后，即公元前480年，薛西斯动员了波斯全国号称不少于50万的大军，发誓还要和古希腊决一死战。

薛西斯的雄略远不及他父亲，但此次用兵的规模却远超过10年前的那一次。一贯喜欢内部争斗的古希腊诸邦面临波斯大军压境，罕见地团结起来，30多个邦国组成了牢固的军事同盟，斯巴达国王亲自指挥盟军反击薛西斯一世的疯狂进攻。

薛西斯一世渡海成功后席卷希腊北部，随后在一处名为“温泉关”的隘口安营扎寨。薛西斯一世清楚，希腊人此刻正沉溺于奥林匹克运动会的热闹中，他还幻想着他们能够防务松懈。可是他做梦都没想到，身为盟主的斯巴达国王竟然亲自带着300名斯巴达敢死战士，还有几千名雅典及其他邦国的守军，在温泉关附近严阵以待，这让急于求胜的薛西斯一世大失所望。

薛西斯一世带来的波斯官兵有几十万，数千希腊守军看似不算什么，可温泉关却是一处易守难攻的天然隘口，一夫当关，万夫莫开。薛西斯一世的疯狂进攻，除了让大批波斯战士白白赔上了性命外，居然一无所获。

强攻不能得逞，薛西斯一世采用前后夹击的办法，派出一支精锐部队，在希腊叛徒的指引下从关后偷袭，迅速占领了山谷高地。古希腊军队眼见大势已去，无心再战，但国王和他的300名战士毫无退却之意，他们发誓要与温泉关共存亡。与他们同有此念的还有700位塞斯比亚城邦的战士。

虽然温泉关只剩下1000人，但斯巴达国王的血性和意志还是让薛西斯一世的优势兵力吃尽了苦头。杀死区区 1000 官兵并占领全关，竟然付出了近3万波斯官兵的性命。虽然战局对古希腊不利，但温泉关的这场血战，使得波斯的进军速度一度停滞，为古希腊军民最后的防御准备赢得了宝贵的时间。

尽管后来薛西斯一世指挥陆军在古希腊国土上频频获胜，但聪明的古希腊人很快将战斗的重点转移到海战上。海军将领地米斯托克利指挥古希腊军民英勇作战，在雅典南部的萨拉米斯港湾全力出击，袭击这里占尽优势的波斯船队。

萨拉米斯海战的大获全胜，极大鼓舞了古希腊官兵的士气。薛西斯一世的海军损失重大，侵入古希腊的陆军也意味着马上失去后勤支援，于是好战的他也对这场希波战争没了信心。

萨拉米斯海战是希波战争的转折点，此后古希腊人彻底掌控了进攻的主动权，波斯军队节节败退，薛西斯一世只好带领残兵败将退守小亚细亚半岛。

公元前 449 年，古希腊在塞浦路斯岛重创波斯，迫使波斯停战求和，希波战争最终以古希腊的辉煌胜利而告终。

4. 古希伯来人

犹太人是欧洲较有争议的一个民族，他们长久地过着漂泊不定的生活，虽有千年的历史，却在第二次世界大战之后才建立起属于自己的国家——以色列；虽然他们头脑聪明，富于创造性，在欧洲却常常遭到其他民族的歧视和迫害。

虽然如此，古希伯来（希伯来人是犹太人的祖先）仍与古希腊一同构成了“两希文明”，并被视为西方文化的源头。

根据《圣经》的记载，挪亚从洪水消退后走出方舟，在人间重新传宗接代。其中，他的长子闪的后代，便被称为“闪米特族”。

在历史上的闪米特族中，有一支名叫希伯来的部落，在公元前1700年悄然崛起。族长的名字叫以色列，他带领全族人迁居富饶的埃及。而在此之前，他们曾经千方百计地进入“新月沃土”这个传说中遍地牛奶和蜂蜜的天堂。他们在争夺土地的过程中曾是胜利者，但很快被后来的迦南人取代。

以色列首领和他的族民在埃及生活了400多年，厄运很快再度降临。为了满足埃及法老的好大喜功，希伯来人纷纷被抓到王朝内部充当苦力，每天开山挖石，十分辛苦。后来埃及衰败，遭遇四面八方的入侵，希伯来人不得不再度迁徙。新首领摩西带着全族四处流浪，虽然风餐露宿，却终究让族人免于被奴役。摩西后来被尊奉为犹太教的创始人。

摩西去世后，他的接班人约书亚得到了他的宝贵遗产：希伯来人在流浪中养成了耐于吃苦和刚毅顽强的性格，并且组织纪律日趋严密，如果重返当年的“新月沃土”，未必会输给迦南人。

在大家的共同努力下，希伯来人跨过约旦河，在巴勒斯坦等地逐渐定居下来。

可是，习惯了随遇而安的希伯来人，虽然有了安身立命的根本，却没能从自由闲散的生活节奏中解脱出来。进入沃土后，他们既没有建立统一的政权，也没有像样的国家机器，所以虽说反客为主，却仍是部落林立，以以色列和犹太为首的两大部落最为知名。虽然不同部落之间的斗争并不激烈，可依旧面临外族入侵的危险。

进入巴勒斯坦地区后，希伯来人历经力士参孙、扫罗王、大卫等有为领袖的统治，其中以大卫的贡献最大。他是流寇出身，却善于带兵，结束了希伯来部落的分裂局面，建立起基本统一的以色列－犹太王国。此后，“来自彼岸”的“希伯来人”被叫作“犹太人”。

此外，他还在公元前1000年肃清了外族入侵的敌人，几年后又从老对手迦南人手中抢来了一个不一般的城市——耶路撒冷。这座象征和平的城市，便是后来被基督教、伊斯兰教和犹太教共同膜拜的“圣城”。

大卫是犹太史上的创业者，他的儿子所罗门则是成功的守业人，子承父业，很快将以色列－犹太王国治理得井井有条。

5. “前恺撒时代”的罗马

继古希腊之后的古罗马帝国，是欧洲和世界历史上又一政治和文化的奇迹。谈到古罗马帝国，还有一段关于“狼图腾”的传说，即人们耳熟能详的两兄弟在母狼的喂养下存活下来，长大成人后建设罗马城的传奇故事。王国建立后，这个新国家即以哥哥的名字“罗马”命名。

与古希腊的“海洋”气质截然不同，古罗马是地地道道的“大陆”形态，虽然早年也以尚武著称，但随着对土地的依赖性逐渐增强，罗马居民安土重迁的思想开始根深蒂固。而以农业为立国为本的经济形态，往往是专制政治形成的温床。

公元前6世纪，罗马出现了两位专制独裁的暴君，他们的倒行逆施引发了百姓的不满，结果他们被逐出王国的管理体制之外。暴君被赶走后，罗马居民决定不再设立君主，以早期的“共和”政体代之。执政官的体制就这样宣告生成。大家用执政官的名字纪年，任期一般为1年左右，采用普通公民民主选举制度。

一个名叫鲁奇的人最早出任执政官，他在执政期间勤政爱民，深受百姓拥戴，他也是推翻暴君统治的革命领袖。但鲁奇的两个儿子很不争气，他们眼见无法通过“世袭”接替父亲的权力，竟然与暴君的余党联合，阴谋推翻共和政体。

鲁奇很快粉碎了这场阴谋，也随之得出这样的结论：民主共和只适合百姓，对于妄图颠覆政权的敌人，必须以专政来打击。于是他为了惩治罪犯，专门准备了一种“束棒”，作为对罪犯行刑的工具。这种武器，是夹带斧头的一种铁棒，罗马语系中叫作“法西斯”。棒身用来打击肉体，斧头则用来砍下头颅。鲁奇用这种武器，杀死了谋逆的两个儿子。

鲁奇的举动令人赞叹，而“法西斯”的威力和暴虐也给后人留下了深刻的印象，以至于成为“专制独裁”的代称。20世纪以后，意大利的首都罗马最早成立了法西斯政党，党魁墨索里尼以此为平台，迈出了“让世界发抖”的第一步。

恺撒之前的罗马，虽然在政体上有些民主作风，但其国体仍是奴隶制，除了豢养大批奴隶之外，古罗马人也热衷于对外扩张。版图的扩大，意味着涉外战俘的增多，同时也意味着奴隶的增多。然而，奴隶阶层的壮大必然会导致起义。

公元前1世纪，有一个叫斯巴达克斯的外族奴隶首领发动起义，险些推翻了罗马人的统治。罗马政权随着历史的发展越发不稳，这就更需要一位有着钢铁般意志的君王出现，以延续罗马的政治寿命。

6. 宽容的独裁者

罗马最光辉的时代，便是恺撒大帝南征北战的时代。

盖乌斯·尤利乌斯·恺撒出身于古罗马的名门望族，自幼以成绩优异、文采斐然、口若悬河著称，他少年时常会说这样一句话："宁可在一个村落中当第一，也不愿意在罗马城内当第二。"这种豪情与霸气，使得古罗马从一个松散的共和体制，逐步变成了"帝国"。

恺撒初入政坛，便敢于指控罗马权力阶层徇私舞弊。此刻的罗马，早已不再如同鲁奇时代那般开明公正了，处处散发着腐朽和崩溃的气息。恺撒立志挽救危局，他联合朝中的两位军事能人庞培和克拉苏，组成"三头执政"，共同维系罗马政局。

恺撒为了进一步巩固同盟关系，让庞培成为自己的女婿。有了这两个人的支持，恺撒在公元前 59 年当上了罗马的执政官，并在一年后又做了高卢行省的总督。

那时，古罗马与欧洲北部崛起的高卢部族激战惨烈，高卢人富于浪漫，可打起仗来却也丝毫不含糊，曾给予罗马重创。直到恺撒上任后，对高卢作战的被动局面才得以扭转，他用了 10 年左右的时间，逐渐击溃了高卢，占领其 800 多座城市，杀死和俘获战俘 200 多万人。高卢沦为罗马的一个行省单位。

征服高卢以后，恺撒厉兵秣马，跨越英吉利海峡、远征不列颠群岛，对那里仍处于蛮荒生存状态的苏格兰人发动猛烈进攻。恺撒的赫赫战功开始让庞培感到不安，特别是克拉苏在远征波斯的战场上身亡以后，他开始对恺撒有所防范，曾经牢固的军事同盟开始出现裂痕。

庞培为了削弱恺撒的兵权，在罗马颁布法律，要求他回返，却不料恺撒居然带着高卢的大部分军队“杀”回了罗马。未曾防备的庞培才知道自己低估了恺撒，只好四处奔逃。

庞培先后逃往希腊和埃及，恺撒的军队始终对其穷追不舍。埃及法老为了与恺撒交好，遂将庞培杀死，然后将其头颅和戒指交给了恺撒。

铲除了权力的竞争者，恺撒在罗马如日中天，成为古罗马的最高领导者，控制了整个亚平宁半岛。

在追赶庞培至埃及的过程中，恺撒与法老的姐姐一见钟情，于是将其接回自己的住处，两人喜结连理，生下了他一生中唯一的儿子。

庞培死了，他的死党并不服软，一部分叛军在小亚细亚袭击恺撒，恺撒仅用 5 天时间就平定了这场叛乱。他在呈给元老院的报捷文书中只用了三个拉丁文词语：“veni,vidi,vici”，意思是“我来，我见，我征服”，恺撒的辉煌胜利，在历史上留下了“三 V 文书”的佳话。

在古罗马建国的初期，虽然执政官是最高行政长官，但人民大会和元老院作为立法机关和监督机关，一直成为执政官权力运作的掣肘。恺撒通过南征北战，个人势力和威望已经达到顶峰，人民大会和元老院都无法控制他。他们被迫授予恺撒“大将军”“罗马国父”等终身荣誉头衔。此外，恺撒还能直接参与法律和制度的修订。他成为罗马共和国的军事独裁者，鲁奇时代的民主作风，在他脚下被踏成灰烬。

不过，恺撒没有堕落成为所欲为的昏暴之徒，他反而借助手中的权力，对古罗马进行了一系列社会改革，如在元老院中增加市民阶层的席位、提升底层商人话语权，给予被征服和被虐待的高卢、犹太等民族一定的政治权利和自由，遏制税务官员对百姓的过分压榨，同时改革总督制度，削弱元老院的权势。

恺撒对世界历史影响最为深远的还在于对历法的改革。他邀请古希腊的天文学家制定出罗马历法，这就是儒略历，即今天通用的以公元纪年为主线的“公历”的前身。

恺撒还是一位伟大的文学家，他在有生之年完成了《内战记》和《高卢战记》两部军事纪实的著作，表现出其个人文学才华的同时，也为古罗马时代的史料保留做出了突出贡献。

总之，恺撒将宽容的种子播撒进独裁的土壤中，他是世界历史上著名的“宽容的独裁者”。虽然他终生没有称帝，后人还是喜欢将其尊称为“恺撒大帝”。“恺撒”，在拉丁语系中也逐渐成为权威与光荣的代名词。

恺撒一生雄略，可结局却很悲惨。由于政府中有太多仇视他的旧贵族，在一次没有卫队保护的情势下，走向元老院府邸的他遭到袭击，包括他的义子布鲁图在内的众多刺客一拥而上，将这位雄才大略的无冕之王刺死。

恺撒一共被刺 23 刀，经过一番挣扎后，他倒在了老对手庞培的雕像之下。恺撒虽然死了，但他的英名却永驻人间，以至于后来崛起的西方封建制国家的君主们，都喜欢用他的名号来称呼自己，如俄罗斯帝国的“沙皇”中的“沙”来自拉丁语中恺撒的转译音。

7. 帝国风云

恺撒死后，一个崭新的“三头联盟”又宣告成立，这就是由他的养子屋大维、部将安东尼和雷必达三人组建的政治同盟。三人一方面誓死为恺撒复仇，一方面也为了个人前途，拼命打击异己党派。虽然在政治清剿中，很多复辟元老制度的守旧分子被处死，但由于打击面过大，也冤枉了很多政坛中的精英，如著名的演说家西塞罗。

屋大维和安东尼在政治同盟中的势力逐渐壮大，两人的矛盾也逐渐升级。安东尼在情场上与恺撒很像，他爱上了埃及的一位年轻貌美的女王，不但为了女王的土地送去大批精壮的罗马战士，还将东方的疆域送给女王作为定情物。

安东尼的举动引得罗马元老院和政坛人士义愤填膺，屋大维便趁势以维护国家利益为名，对安东尼开战。经过一番激战，屋大维获胜，战败的安东尼在绝望中自杀。

公元前 30 年，凯旋的屋大维重温了恺撒在小亚细亚战场上洒脱归来的光辉一幕，他得到了元老院和人民的热烈拥戴。

次年，屋大维获得了“最高统帅”的称号。但是他早已不习惯元老院的指手画脚，一年后，他索性直接改组元老院，出任“元首”，总揽罗马朝中一切军政大权。所谓的“元首制”，实际上就是共和制外表下的帝王制，屋大维凭借这一改革举措，成为继恺撒之后的又一位独裁者。

屋大维死后，他的后代越发沉不住气，索性不再自称元首，直接做了罗马的皇帝。于是，罗马共和国的外壳不复存在，直接跨越为“罗马帝国”。

随着皇帝权势的不断扩张和元老院的渐趋边缘化，罗马后期的皇帝也不再宽容，在不断滥用权力的同时，也变得更加荒淫，尼禄就是其中很有代表性的一位。

尼禄，17 岁就做了罗马皇帝。谈及家族，是十分“混乱”的：他的前任皇帝娶妻无数，可是在立储上很失败，他曾经先后三次立储，然而三位储君要么英年早逝，要么被其他皇位垂涎者谋害。而他的一个侄女趁着他为自己后继无人担忧之际，为了得到皇后的宝座，居然以自身美色引诱了叔父，还把自己的女儿嫁给了养子，这个养子，便是尼禄。皇帝听信皇后的谗言，杀死了自己本已立好的皇储，尼禄就顺理成章地成为新的皇子。皇后为了成全尼禄，还亲手谋害了皇帝，尼禄得以顺利坐上皇位。

尼禄深受前辈的影响，骨子里也十分邪恶。他逐渐忘记了母后的“拥立”之恩，反而对母后的管教产生厌恶，最终索性将其杀死，继而留下了千古骂名。

弑母的尼禄从此肆无忌惮，大肆挥霍宫廷中的财产，甚至不惜到民间纵火取乐，百姓越是苦不堪言，他越能从中体会到乐趣。这位傲慢的皇帝对此毫不收敛，还自诩为伟大的艺术家，常常在宫廷中表演戏剧、朗诵诗歌，在花天酒地中将罗马城外的一切抛诸脑后。

罗马帝国的民众越发不能忍受。公元 68 年，西班牙和高卢行省的总督带领民众发动起义，早已对尼禄不满的元老院和文武大臣们也顺水推舟，配合民众反抗尼禄的暴政。众叛亲离的尼禄慌不择路，万念俱灰之下决定吞剑自杀。可荒唐的是，他认为自己若是死去，世界上从此便少了一位“伟大的艺术家”，便不忍下手。最后，他不得不唆使自己身边的奴隶捅了自己一刀，才结束了其罪恶滔天的一生。

尼禄死后的罗马朝政渐趋混乱。公元 79 年 8 月 24 日，维苏威火山爆发，古罗马境内富庶繁华的庞贝古城顷刻间毁于一旦。天灾与人祸的交替出现，撼动了罗马的统治根基。历经 300 多年的腥风血雨，罗马帝国的统一格局被打破。

公元 395 年，罗马分裂成西和东两片疆域，以罗马城为旧都的部分被称为西罗马帝国；以君士坦丁堡为新都的部分，则是东罗马帝国。东罗马帝国占据着稳固的地理环境，总算维系了“千年帝国”的荣耀，可处于革命风暴中的西罗马帝国却不那么幸运了。

西罗马帝国在高卢“巴格达”起义的冲击下，统治地位江河日下，更让西罗马人闻风丧胆的是东方日耳曼人的崛起。

公元 4 世纪后，日耳曼人在欧洲东部和中部建立了两个奴隶制王国：一个是东哥特王国，大致位于今天的乌克兰境内；另一个是西哥特王国，与巴尔干半岛上的罗马尼亚基本重合。

来自东方的北匈奴骑兵不知何时跨越了乌拉尔山，来到欧洲后便开始打家劫舍，烧杀抢掠，不但征服了东罗马帝国，还灭了东哥特王国，西哥特王国被迫西迁。为了生存和寻求崛起，日耳曼人将侵略的目标锁定在弱势的西罗马帝国上。经过数次大规模的进攻，西哥特人连连得手，西罗马君臣逐渐放弃了抵抗，不得不以巨额赔款的方式向西哥特人求和。西哥特人得寸进尺，不满于单纯的经济勒索，索性控制了西罗马朝廷。西罗马皇帝形同傀儡。

直到公元 476 年，日耳曼人废除了西罗马帝国的末代君王，从此取代罗马人，成为欧洲西部的主人。西罗马帝国的灭亡，标志着欧洲古希腊 - 罗马时代的一去不返，欧洲自此进入了封建社会，一个被称作“中世纪”的漫长时期开始了。

8. 繁荣的古希腊－古罗马文学

古希腊和古罗马当属欧洲历史上的“文明双璧”，虽然最终被蒙昧昏暗的中世纪所取代，也没能跻身于“四大文明古国”的行列，可却在文明史上留下了光辉的一页。除了早熟的民主政治，繁荣的文学创作也是古希腊－罗马时代可圈可点的成就之一。

古希腊文学和希伯来文学，通常被视为西方文学的源头。希伯来文学的最高成就即《圣经·旧约》，而古希腊文学中除了以奥林匹斯山上以宙斯为首的十几位神为主人公的神话外，一部卷帙浩繁的史诗——《荷马史诗》，更是令人仰止，这部史诗后来与但丁的《神曲》、莎士比亚的《哈姆雷特》、歌德的《浮士德》并称为“欧洲文学四大名著”。

荷马是一位双眼失明的诗人，尽管生卒年不详，也有人认为此人只是后人的杜撰，但他留下的流传千古的史诗，却是不争的事实。

这部鸿篇史诗，以《伊利亚特》和《奥德赛》为主要内容，两部分都是 24 卷，前者共计 15693 行，后者共计 12110 行。《伊利亚特》以古希腊神话中的“特洛伊木马”为题材，勾画出宏大的历史文化场景，辅之以精彩纷呈的军事博弈和玄幻的神话，将一幅人神共舞的精妙画卷尽展于读者眼前。

故事以战神阿喀琉斯的两次“愤怒”为线索，以海伦公主和帕里斯王子的阴错阳差为导火线，生动形象、栩栩如生地勾勒出特洛伊战争的全景。人物形象的塑造也很耐人寻味，其中最令人印象深刻的，无异于阿喀琉斯的善战、多情和个人英雄主义情结。此外，如伊阿宋的擅权多变、海伦的美丽与倾国倾城、赫克托尔不畏死亡的责任意识等，都是史诗中不能抹去的光辉。

《奥德赛》叙述的是伊萨卡国王奥德修斯十年之内漂泊羁旅的动人故事。特洛伊战争结束后，得罪海神的奥德修斯不得不亡命于汪洋大海之上，在归家途中受尽千难险阻，在海妖的歌声中、独眼巨人的饕餮下险些遭遇杀身之祸。与此同时，在伊萨卡苦苦等待夫君的王后则机智地搪塞着求婚者们的死缠烂打，为丈夫的归来赢得了宝贵的时间。最后，扮成乞丐的奥德修斯历经九死一生，荣归故里，重新掌握了伊萨卡的权力，并处决了所有垂涎其妻子的求婚男子，夫妻重新开始了温馨甜蜜的幸福生活。

公元前 2 世纪前后，希腊城邦逐渐被后来居上的马其顿王国重创，罗马趁机崛起，取代了希腊在欧洲的霸主地位。与古希腊民族富于想象的海洋气质截然不同，农耕意识浓厚的罗马民族，在文学创作上更注重实用主义，文法学、逻辑学和论辩术在罗马贵族中蔚然成风。

然而，由于承袭了古希腊文学的精华，古罗马也在文学领域承袭了古希腊的很多特色。单是古罗马神话中，一个断臂的维纳斯女神就足以令后世赞叹。

此外，古罗马人也有属于自己的文学经典，如诗人维吉尔的《伊尼德》、贺拉斯的《歌集》以及奥维德的《变形记》等，这些作品都极具浪漫主义精神。同时，古罗马文人也发挥出他们务真求实的优势，在文学理论上也有所建树，贺拉斯的《诗艺》便是最具代表性的一部作品。这些文学经典对后世的文学发展产生了深远的影响。

第三章 纪元前后

1. 亚历山大的征途

古希腊和古罗马历经漫长的巅峰期后，不可避免地走向了衰败和灭亡。古罗马分裂后，西罗马帝国为日耳曼部族中的西哥特骑兵所灭，而古希腊早在古罗马数百年前，就率先遭遇了一个更强大的对手的侵袭，它就是希腊北部的马其顿王国。

马其顿是古希腊的一个地处偏远地带的小型城邦，本来土壤贫瘠，经济落后。可历史的微妙往往表现在：越是边缘之地，越有可能诞生文明奇迹。

自从腓力邦主经营城邦以后，马其顿逐渐走向了强盛。公元前 338 年，腓力重创古希腊联军的主力，马其顿从此在希腊地区称雄。虽然两年后，这位摇身一变成为腓力二世的希腊国王被波斯收买的刺客杀害，但他年方 20 岁的儿子亚历山大，不但顺利继承他的王位，而且他的军事才华比其父更为出众，还差一点征服了整个东半球。

亚历山大自幼得到名师亚里士多德的栽培，能文善武，有着和他父亲一样的雄心壮志。腓力二世遇刺以后，古希腊各邦本想趁机拔除这根眼中钉，殊不知，亚历山大仓促集合起父亲留下的威武之师，将这股来犯之敌打得落花流水。

古希腊内部的控制权完全掌控在马其顿手中，亚历山大将开疆辟土的目标放在了广袤的亚洲。

公元前 334 年，他带着一支不少于 3.5 万人的军队开始了有史以来规模最大的东方之旅，开启了征服亚洲和整个东方世界的第一步。

当时在任的君主大流士三世是亚历山大的杀父仇人，他以报父仇为由，顺利占领了波斯抢占的小亚细亚，随后又在伊苏城内重创大流士三世的军队，俘获其母亲、妻子和两个女儿。

大流士三世节节败退，叙利亚的大马士革和腓尼基地区的大片土地相继失守。厉兵秣马的亚历山大经过半年多的奋战，最终拿下了推罗城，俘获敌军和居民共计 3 万人，他们都成为马其顿人的奴隶。

波斯被马其顿打得毫无招架之力，亚历山大进而将目光锁定在垂垂老矣的古埃及身上，不费吹灰之力便令埃及臣服。亚历山大自此踌躇满志，甚至称赞自己是太阳神阿蒙的儿子，并且在尼罗河的西部修建了一座名叫“亚历山大”的港口，以纪念此次辉煌的胜利。连古埃及法老也称呼其为“亚历山大法老”。

为了不让波斯有卷土重来的机会，亚历山大在公元前 331 年再度攻打波斯。他率领军队穿越美索不达米亚平原，在高加米拉平原和波斯最后一支精锐劲旅展开鏖战，波斯再度战败，大流士三世也被部下所杀。马其顿士兵在整个波斯领土内大肆抢掠，一直到公元前 330 年彻底征服波斯才罢手。

占领波斯后，亚历山大还想以此为前沿阵地攻打印度。当时的印度，正处于 16 国混战时期，亚历山大如果长驱直入，必然会势如破竹。然而人算不如天算，当印度河的河谷处刚刚建立起两座亚历山大城的时候，印度高温多雨的天气阻碍了马其顿军队向恒河前进的步伐。在士兵哗变和印度土著民兵的双向压力下，亚历山大的东方之旅不得已画上了一个匆忙的句号。

从公元前 334 年兵发小亚细亚，到公元前 324 年在古印度止戈，亚历山大拥有了一个庞大的马其顿帝国：西起希腊，东到印度河流域，南濒尼罗河沿岸，北至多瑙河和黑海，马其顿已经成为一个地跨亚、欧、非的超级帝国。此后，亚历山大迁都巴比伦，暂时宣布停止一切战事，开始着重处理“内务”。

由于新的帝国民族成分复杂，波斯、希腊、埃及和马其顿居民混杂一处，亚历山大意识到与其相互敌对，不如采取怀柔政策。他主张民族平等和团结，希望波斯和希腊两民族能够尽释前嫌，永结盟好，同时鼓励不同血统的居民之间通婚。

亚历山大以身作则，迎娶了大流士三世的一个女儿。他的这些政策和这桩婚姻，极大地缓解了波斯人的敌对情绪。更重要的是，在亚历山大经营马其顿帝国的 10 年左右时间里，东西方文化的交流得以加强，以马其顿为代表的古希腊文化得到了广泛传播。可以说，亚历山大的兵锋指向哪里，古希腊文明的种子就播撒向哪里。

公元前 323 年，亚历山大因疟疾缠身而死，他手下的将领们纷纷拥兵自重，偌大的统一帝国仅仅持续了 13 年便四分五裂。然而，“几家欢喜几家愁”，当马其顿帝国风雨飘摇的时候，差一点被其征服的古印度，则处于即将结束分裂的局面，一个国号为“孔雀王朝”的统一国家，正在杀伐中悄然崛起。

2. 阿育王与佛教

佛教让古印度的世俗权贵阶层得以发展壮大，吠陀时代的种姓制度逐渐退出历史舞台。然而，历史的进步通常伴随着曲折，在婆罗门走向衰败以后，古印度陷入了分裂割据的 16 国时代。佛教文化的官方化和涉外传播变得举步维艰。

在混战的 16 个王国中，一个名叫摩揭陀的王国逐渐强大起来。该国建立于公元前 7 世纪，位于恒河中下游的肥沃土地，因对佛教的笃信从而扩大了刹帝利的统治基础，国王拥有了强大的军队和较为雄厚的经济实力。波斯的入侵不曾撼动其地位，亚历山大甚至连入侵它的机会都没有。

摩揭陀王国在命运的眷顾和有为君主的双重有利形势下迅速发展，尽管后期的君主昏庸，不得民心，但在动乱之中，还是有明君出现——一个名叫旃陀罗笈多·毛里亚的枭雄趁乱夺取了王位，印度有了统一的希望。

旃陀罗笈多成功地将马其顿的希腊官兵拒之门外，还指挥一支民间武装与王党军决战。大获全胜后，顺利攻克了摩揭陀所在的都城——华氏城。他改朝换代，在不改变“摩揭陀”国号和华氏城的前提下，将前任的“难陀王朝”更名为“孔雀王朝”。

孔雀王朝的前两代君主都比较有作为，而到了第三代阿育王上任后，国家的经济和军事实力达到了巅峰。

阿育王是旃陀罗笈多的孙子。他的母亲在怀孕的时候，希望得子后能够消除人世间的一切烦恼，遂为儿子取名“阿育”，意为“没有忧愁”。

阿育王自幼受到良好的贵族教育，18 岁时便出任地方高级行政长官，也带领军队打过一些中等规模的胜仗，平息了不少地方的叛乱。阿育王深受父亲的喜爱和信任，于是父亲将王位传给了他，可他的 99 个兄弟很不服气。老国王去世后，他的 100 个儿子为了王位而展开混战，这就是古印度历史上赫赫有名的“100 个人的王位争夺战”。

阿育王在众多兄弟之间运用分化瓦解、各个击破的战略方针，成为最后的胜者。在消除内乱的同时，他更不忘记祖父的夙愿，统一了整个次大陆的广阔地域。

从公元前 261 年开始，阿育王不断对外发动战争，短短的 1 年时间里，他就将大多数中小王国悉数兼并。公元前 260 年，他率兵远征孟加拉国的羯陵伽王国，为统一古印度进行了最后的也是最激烈的一场战争。

阿育王在战斗中依靠血腥的杀戮，瓦解了羯陵伽军人的反抗斗志。据说这次战斗中，死在阿育王屠刀下的羯陵伽人不少于 10 万，更有 15 万人因战争而被俘和放逐，更多的百姓流离失所。

阿育王的一生分为两个时代，前半生被称为“黑阿育王”时代，后半生则被称为“白阿育王”时代。

在战争时期，他通过残酷的军事兵变，打败了印度半岛上所有的独立王国，结束了 16 国的纷争时代，实现了古印度大一统的格局；而在巩固江山时期，他成为虔诚的佛教徒，不但自己信仰佛教，更在全国范围内大力推广佛教文化。在他统治的后半段时期，古印度的佛教迎来了一个漫长的文化之春。

有人认为，阿育王信仰佛教是因为在战场上受到血流成河的惊吓所致，特别是在与羯陵伽军队作战的时候，他看到战场上无数生命血肉模糊，孤儿寡母流离失所，于是大发恻隐之心，在统一古印度后发誓再也不行血光之事。

但更符合现实的观点则是，阿育王在战争中积攒了过多的仇恨，为了在古印度统一后的发展时期内化解这些仇恨，让自己的后代坐稳江山，他将放弃报仇、拒绝抵抗、以杀戮为恶业的佛教思想奉为圭臬。佛教中的“轮回观念”和“四大皆空”，让饱受战乱之苦的百姓意识到自己死去的亲人的灵魂已经“上天”了。

而16国的复辟分子因看破了权力的虚无，再也不与旃陀罗笈多的后代为敌。与此同时，阿育王以大力发展社会经济、整顿政治机构和繁荣教育产业为主，缓解了古印度各派统治阶级与被统治阶级的矛盾。孔雀王朝进入全盛时期，佛教也从古印度走出国门，成为最早的世界性宗教。阿育王凭借这种令人难以捉摸的“佛教情结”，稳坐了41年的王位。

3. 耶稣降生

佛教在阿育王的弘扬下得以广泛传播，它在世界宗教体系中有着独一无二的地位，这种局面，直到公元 1 世纪基督教诞生时才被打破。

基督教的典籍是《圣经》，它是基督教徒普遍遵循的金科玉律，也是西方文学的源头之一。《圣经》分为《旧约》和《新约》，前者讲述的是上帝耶和华创立世界、亚当夫妻造人、挪亚方舟、洪水灭世等故事，后者主要讲述耶和华的儿子耶稣的故事。

当时的巴勒斯坦、以色列和约旦等地区，处于古罗马的统治之下。古罗马人的奴役和压迫，激发了土著居民的自救意识，在武力无法颠覆古罗马政权的情况下，百姓渴望救世主的出现。

出于对犹太教中的最高统治者——上帝耶和华的信仰，一个不同于耶和华的“亲民派”教主便很快应运而生。

据传，耶稣的生母马丽亚是木匠约瑟的妻子。虽然两人已经订下婚约，可马丽亚却未婚而孕。约瑟怀疑马丽亚的贞洁，于是想休妻解恨。但耶和华派遣天使托梦告诉约瑟，马丽亚怀的是一代圣灵，她不但没有对不起丈夫，而且受上天委托，产下的男孩能够为世间排忧解难。

一天晚上，约瑟夫妇在耶路撒冷的一个马厩里投宿。当天上的一颗亮星落在耶路撒冷的时候，便意味着一个极不平凡的生命诞生了。而就在此刻，马丽亚顺利地产下了一个男孩。约瑟夫妇知道这个孩子的来历，十分用心地呵护他。据说，耶稣在 12 岁的时候进了犹太教的神殿，久久不愿离去，马丽亚催促他回家，他却说：“我已经回家了，现在正在父亲的怀抱中。”

耶稣的这句话，更让马丽亚对他的身世深信不疑。

耶稣本是耶和华的儿子，虽然托生在平民中，个人的成长和发展却丝毫未受阻碍。耶稣长大后，带领他的12位得力门徒在民间广泛传教，劝告百姓弃恶扬善，放弃斗争，即便是被别人打了右脸，自己也应该赶快伸出左脸让别人打来继续出气。

除了传教，耶稣也有种种无私之举。他常常无偿地为病人治疗，还慷慨提供各种食物赈济灾民。随着他在民间影响力的增大，上流社会越发感到不安。

祭司和贵族想方设法要除掉耶稣，可是如果直接动武，舆论上并不占优势，于是他们当中有人想出了一个狠毒的办法：既然不能对耶稣下手，就想办法分化他手下的12门徒，让师徒之间内讧。

他们的奸计得逞了，耶稣门徒中出身犹太种族的一个人，对祭司的高金悬赏动了念头，这就是在西方文化史上臭名昭著的犹大。

犹大的把戏当然不会瞒过耶稣，他和12位门徒坐在一起，共享一顿“最后的晚餐”时，一语道破：你们当中出现了叛徒。话音刚落，其余的门徒要么大惊失色，要么义愤填膺，只有犹大脸色惨白，可手却紧紧握着祭司给他的钱袋子。犹大的不义之举，后来被意大利艺术家达·芬奇绘制在油画上，这就是著名的《最后的晚餐》。

耶稣被捕后，祭司们给他定下的罪名有阴谋颠覆罗马朝廷、自立犹太之王等，在遭受了各种酷刑之后，他最终被钉死在了十字架上。

然而，祭司们并没有高枕无忧，因为耶稣本来就是上天指派下来拯救凡间的，他的离去，当然不是凡人的死，而是对天堂的一种常态归位。3天后，耶稣复活；40天以后，他重新回到了天堂。

耶稣复活的这一天，后来在西方被人们定为“复活节”，而耶稣诞生的日子，则被西方人尊奉为“圣诞节”。耶稣出生的那一年，即公元第一年，从此，公元纪年成为世界通用的历法。

耶稣回到了天堂，他的门徒继续发扬着导师留下的教义。教义传播得越发广泛，基督教便成为仅次于佛教的第二个世界性宗教。

300年后，古罗马统治者也接受了基督教，基督教成了为古罗马朝廷服务的官方化宗教。基督教的信徒远远超过了佛教，而且逐渐分化成天主教、东正教等流派，中世纪晚期又诞生出新教和清教。

耶稣虽死犹荣，可苟活于人世间的犹大，则永远被钉在了历史的耻辱架上，再也不得翻身。

4. 中国的秦朝和汉朝

古印度依靠佛教稳固统治根基，中国则以人文主义的力量构建自己的文明。

秦始皇在晚年迷信民间有关长生不老的方术，但他终究没有让宗教和巫蛊势力干预朝政，从而保证了“人治社会”的长治久安——即便秦王朝和马其顿帝国一样，只是昙花一现的统一。

秦朝末年，农民起义风起云涌，但掌握军队和基本生产资料——土地的贵族，最终还是在农民手中夺取了反秦的领导权。西楚霸王项羽在巨鹿一战重创秦军主力，小官僚出身的刘邦却提前进入咸阳城，敲响了秦朝的丧钟。

起初，刘邦在兵力上处于劣势，但这位据传真龙转世、斩杀白蛇、左大腿间长有 72 颗吉祥黑痣的传奇人物，却并未凭借谶术妖言，而是依靠一支无比精锐、分工精细的队伍，在 5 年之内逐渐反败为胜，挫败了项羽咄咄逼人的攻势。

在刘邦的麾下，文官有张良、萧何、曹参、郦食其等，武将则包括韩信、彭越、英布、樊哙等人。自此，汉王朝取代秦王朝，成为华夏族的最高政权组织，中国人到后世被称为“汉族人”，也就不足为奇了。

汉朝统治初期，政局并不稳定，外戚亲贵胡乱翻案、诸侯国叛乱如影随形，君臣之间的火并时常发生。特别是在北方草原兴起的匈奴民族，常常南下骚扰汉朝边境，让汉朝皇帝不得不以被动的和亲政策来减少匈奴的进犯。

幸运的是，匈奴虽然是一个野蛮凶悍的民族，但受游牧经济体制的影响，历任大单于和左右贤王不太重视政权建设，只要掠夺起码的生存资源，即可得到阶段性的满足。

汉王朝在这种相对稳定的环境中经历了4任君主，社会经济得以恢复，甚至还超速发展。到了刘彻继位后，汉朝的力量则开始全面增强，一个比孔雀王朝名气更大、也更具实力和魅力的帝国，在黄河流域宣告出现。

刘彻上台伊始，首先开始大规模打击外戚专权，他用“推恩令”削减了地方诸侯的势力范围，同时尽力铲除游荡在市井之间的亡命之徒，即便是颇具民间口碑的武林侠客也毫不留情。

打击地方势力的同时，刘彻不忘改革中央政体，在承袭和调整秦王朝“三公九卿”制度的前提下，更重视司法领域的改革，他喜欢“严苛执法”的酷吏之风，这令以张汤为代表的一大批司法精英在政治舞台上异常活跃。

刘彻还注重在中央介入经济和文化层面的管理。在经济上，盐和铁成为“国有企业”独控的垄断性资源。在文化上，刘彻以“太学”为基地，不但确立了儒家“经学”在学术中的统治地位，更开了国家教育的先河，在限制民间私学的同时，却又不同于秦始皇残忍的“焚书坑儒”。

刘彻主张“罢黜百家”而不“封杀百家”，允许多元化思想的并存，但更要以“独尊儒术”为前提，他任用东方哲学家董仲舒为国家意识形态的“工程师”，改造了孔孟时代的“绿色儒学”，正式创立以“天人感应”“君权神授”为主要特征的“皇家儒学”。

刘彻在位54年，谥号孝武皇帝。虽然他的文治已经让中国成为名副其实的文明大国，但从这一谥号来看，他的“武功”更令后人瞻仰，也让当时的中国成为世界上的超级大国。

汉武帝不但扭转了前任君主被动忍受匈奴进犯的不利局面，还以卫青、李广、霍去病等名将为军事统帅，在马邑阴谋宣告破灭后，直接征讨匈奴。他在位期间，对匈奴发动了多次大规模的进攻，其中大部分进攻都获大胜。

在征讨匈奴的同时，他还积极开展邻邦外交，欲以远交近攻的策略孤立匈奴。张骞在通往西域的“凿空”之旅中，竟然奇迹般地开辟出一条陆上“丝绸之路”。

随着匈奴国力渐衰，昔日不得不唯大单于马首是瞻的西域诸国如月氏、乌孙等国纷纷倒向汉朝，匈奴陷入彻底的动乱之中，后来分裂成南北两部。

汉武帝凭借自身优势，除了强势进攻匈奴，也敢于征讨千里之外的大宛等国。尽管他晚年穷兵黩武，也加剧了国力的衰微，但瑕不掩瑜，他无愧于“汉武大帝”的称号，毕竟在他的统治下，中国迎来了一个空前自豪的历史时代。

5. 匈奴骑兵

汉武帝开疆拓土，任用卫青、霍去病等名将为统帅，打得匈奴的伊稚斜单于毫无还手之力。匈奴政权逐渐失去了冒顿单于时代的英武雄姿，对汉朝的作战从进攻转为防守，当年曾追随匈奴的月氏、乌孙、东胡等部落，也开始反戈一击。此时，匈奴内部的权贵们不但不想办法重整旗鼓，反而陷入了无休止的内斗，并逐渐分裂成南北二部。

南匈奴的呼韩邪单于打不过北匈奴的郅支单于，于是主动向汉朝求援。汉朝以主动和亲的方式表示对他的收容，宫女昭君成为南匈奴的“宁胡阏氏”。

昭君出塞有着多重影响，对她个人而言，是从婢女变成了王后；对两个政权来说，则意味着军事同盟的成立，并且发达的汉文化也有了直接输出至匈奴的便捷渠道。

西汉王朝的统治结束后，光武帝刘秀成为东汉王朝的统治者，在推翻了王莽的伪新政权后，他的中兴大业让中国平民重见天日，军队战斗力也逐渐恢复。

光武帝派遣窦家两兄弟出击北匈奴。北匈奴被汉军连连打败，而后又被鲜卑部族反戈一击，在蒙古草原上再无立足之地，只好跨越乌拉尔山，开启了艰巨而漫长的欧洲之旅。

在西迁过程中，北匈奴军队大败东罗马人和日耳曼人。东哥特王国不幸沦为第一个牺牲品。东哥特虽然也有着较强的军队力量，可是那种以步兵和短剑为主要兵种的作战，在长枪快马、弓弩齐发的匈奴战士面前相形见绌。军队一触即溃，国王含恨自杀，大批东哥特居民逃往西哥特，于是西哥特又成为匈奴屠刀解痒的目标。

东哥特的灭亡发生在公元 3 世纪，可是匈奴骑兵被鲜卑击溃的时间却是公元 1 世纪，这个民族之所以会出现无可稽考的史料断层，是因为他们长于斗狠而拙于文化，自始至终都没有发明本民族的文字。

日耳曼人在欧洲过着优雅精致的生活，对乌拉尔山另一面的世界一无所知。而此刻他们口称的“匈人”来访，很有一股从天而降、突如其来的意思。

西哥特国王不得不求援于西罗马帝国，此后大批西哥特族民迁居西罗马，匈奴人放弃进攻西哥特，转而进攻东罗马帝国，顺利杀入君士坦丁堡。东罗马皇帝被迫割让巴尔干半岛的大部分地区，还要每年提供给匈奴贵族 2100 磅黄金。

北匈奴在欧洲的势如破竹，也让他们开始考虑封土建国。在阿提拉大帝时代，以多瑙河流域为基地的匈奴汗国，成为当时欧洲最强大的军事帝国。公元 451 年，阿提拉继续向西扩张，一路征战到亚平宁半岛，古罗马人、高卢人、法兰克人和西哥特人统统不是他们的对手。幸得教皇出面哀求，阿提拉带走了一位西罗马公主才算了事。

阿提拉在匈奴史上的名气远在冒顿之上。他征战欧洲，摧毁了古罗马时代几乎所有的物质文明，瓦解了欧洲的奴隶制经济体制，客观上使欧洲顺利跨越到封建社会。西哥特人为了躲避匈奴骑兵逃逸至西罗马境内，最终反客为主，灭了西罗马帝国。

只是，好景不长，阿提拉被“铁尔的军刀”谋杀以后，政体松散的匈奴汗国因其子嗣的利益纷争很快烟消云散，被欧洲多个民族同化，并最终消失。但后世也有不同意见的学者指出，北匈奴人并非后继无人，今天的匈牙利民族，就有着浓厚的匈奴血统。

值得一提的是，南匈奴被汉朝合并后，很快被汉族同化。东汉末年，实际掌权的统治者曹操，不但强行将南匈奴单于调往汉土做官，以示其对汉天子的臣服，还以重金赎买的形式将匈奴一位左贤王的汉女王妃接回了中原，做了文职工作。

曹操对南匈奴旧部也做了一分为五的区域分化，南匈奴自此更加分裂，族民全部纳入汉人的文化生活轨道。虽然后来仍出现了几位如刘豹、刘渊这样的匈奴裔军事家，但在汉文化的“软征服”下，南匈奴早于它远在欧洲的兄弟，消失在了历史的长河中。

6. 玛雅文明

当远在大西洋彼岸的亚欧大陆陷入无休止的民族纷争与国家混战的时候，与世隔绝的美洲大陆在结束了奥尔梅克文明时代后，继续发展，直至迎来了“玛雅文明”的辉煌。

奥尔梅克文明在美洲历史上虽然存在，但终究如中国的夏朝一样含混不清，而玛雅文明的历史印象相比于前者更为清晰。

随着农业、手工业经济的快速发展，中美洲各地出现了许多城市。在危地马拉南部的一片森林中，考古人员曾经挖掘到一块记载玛雅人社会生活的图文纪念碑，上面的信息清晰地记载着公元前 300 年一位玛雅国王登基的现场情形。这意味着，玛雅人在当时不但已经建立起成熟的奴隶制国家，而且由于区域的封闭，政权的替换与更迭，伴随着的只有福音，而不似东方民族那般充斥着阴谋权术和刀光剑影。

有足够的资料显示，玛雅王国也是一个政教合一的国家，但与古印度、西罗马帝国那种祭司与国王、教皇与君主的二元对立格局截然不同。在玛雅朝廷中，国王既是世俗权力的最高掌控者，也是宗教世界里最有地位的元首。国王自称是太阳神的儿子，这一点和中国的汉武帝和日本的天皇鼓吹的“君权神授”思想相似，不但规范着贵族的礼仪和百姓的生活，而且不受任何宗教集团的干预。

玛雅王国因地理环境的优越和生产力的发达，在历史上延宕了近千年的光阴，这个有资格被称为“西半球的千年帝国”的玛雅王国，在科潘王朝的统治下，国力蒸蒸日上，其中最为强盛的时期是第十任国王的统治时期。

公元571年，这位素有“月亮神美洲豹”之称的国王下令修建玛雅神庙，并将其命名为“罗沙利亚”。这里不但是国王主持祭祀的地方，也是他百年之后的长眠之地。

玛雅人的智慧并不仅仅体现在政治生活上，他们的民间生活更显丰富多彩。玛雅人极具智慧，虽然没有发明出先进的工具，却在经济生产、数学、天文学上都有所建树，而且他们的民俗生活也更值得今人津津乐道。

玛雅人以玉米为主食，玉米是美洲先民赖以生存的基础，国王和贵族无不拥有大面积的玉米田地，每天都有成批的奴隶在田头劳作。

公元4世纪后，玛雅人有了文字，于是他们将更多的精力放在教育上，不论是贵族还是平民，都以学到知识为傲。除了拥有丰富的文学和文化营养，玛雅人凭借对数字的敏感，还创造出了“玛雅历”，该历法将世界分为5个太阳纪，其中最后一个太阳纪结束的那天，正是世界走向末日，进入一个新起点的初始。

玛雅历中的这一天，换算成公历正是2012年12月21日。不过现代人有所曲解，因为玛雅人认为这种“末日”并非毁灭，而是一种崭新文化生活的开端。

玛雅王国的农民家庭也有着根深蒂固的“小农意识”，不过却没有东方各民族那般严重的重男轻女思想。不论是儿子还是女儿，父母都会为孩子“抓周”，只是时间上有所差异。女孩子抓周，一般是在其出生3个月以后，男孩子则是4个月以后。因为玛雅人信奉“女主内，男主外”的家庭生活，妇女在家烧烤玉米用的是三角形的炉架，与数字3相吻合；男子劳动的玉米田地则是四四方方的，与数字4相一致。因此，有人概括玛雅人给孩子抓周的原则是“女三男四”。

此外，他们还有一点不同于东方民族。玛雅社会普遍流行“试婚”，女婿要想抱美人回家，需要在准岳丈家进行长达7年的劳动。7年后只有女方父母认可，青年男女才能正式结婚。在这漫长的7年中，男孩要任劳任怨，不得有任何抵触情绪，更不得与女孩行房事。一旦触犯规则，他们的婚姻即会出现危机。

玛雅人遵守一夫一妻制，也容不得近亲结婚。只有玛雅国王才享有三妻四妾，且册封正位皇后的，一定要与国王存在表亲或血缘关系，如国王的堂姐妹或表姐妹等。

总之，在世界的另一端，玛雅人以其智慧、优雅和恬淡，为古代社会的角落处开辟出一片田园乐土。政局稳定，使得玛雅百姓普遍安贫乐道，奴隶们的负担也相对较轻，少有发生起义暴动的事件；相对开明的家庭生活，使得“阖家欢”的局面遍布于中美洲的大街小巷，男女之间的性生活也普遍纯净，因此玛雅人身体健康，很少生病。

但是，民族发展得越成功，反而越不利于对变局的适应和把握。玛雅人爱好文学和美术，却没想过将自己的故事编纂或绘制成完整的历史；他们精通计算，创制了历法，却没有引申出像样的科技发明，最终使得生产力的发展迟滞，以至于新石器时代在西半球晚于东半球数百年；对性生活的分寸，虽然让美洲大陆少有病菌的侵犯，可欧洲人把梅毒、天花等病菌带入这里后，他们便不知所措了。这种种因过于成功而带来的局限，也注定了玛雅文明终究会走向灭亡。

第二篇　蒙昧中的探索

第一章 中世纪时代

1. 查理曼帝国的扩张与分裂

西罗马帝国灭亡以后，欧洲历史进入了漫长的“中世纪”时代。当时的欧洲政权割据，军阀混战，法兰克王国在众多国家中脱颖而出。法兰克王国一直处于墨洛温王朝的统治之下，最初通过国王克洛维一世的杀伐和巩固，法兰克人的地位凌驾于高卢人、日耳曼人之上。克洛维率领全国臣民皈依了当时基督教中的最早教派——天主教，此举不但加强了和罗马教皇的同盟关系，而且让教皇没有因西罗马的灭亡而失去话语权。在欧洲，罗马教皇仍有着不可逾越的权威。

当墨洛温王朝由强盛走向衰落的时候，野心家矮子丕平当权，逐渐架空墨洛温的权贵阶层，千方百计地为自己的儿子查理铺平道路。为了实现自己的篡位野心，丕平不惜以肥沃的土地贿赂罗马教皇。取得教皇的支持后，他建立起法兰克王国的新王朝——加洛林王朝，他借助教皇的权威，摇身一变成为丕平三世，还常常对外发动战争，扩大自己的领土。

丕平三世的作为，使加洛林王朝完成了法兰克王国对欧洲西部大部分领土的统一，而且幸运的是，他有一个值得骄傲的儿子查理。查理继承王位后，进一步巩固了法兰克王国的权力，国力日盛，并开始了对邻国的兼并。

公元 768 年，查理成为法兰克王国的国王。他上台不久，就对巴德王国下了战书，随后率领大军开赴巴德的首都巴维亚。经过对巴德国王的战略欺诈，法兰克大军不费吹灰之力就迫使国王投降，并让他接受放逐的刑罚。攻克巴德，意味着法兰克王国的版图从法兰西、德意志起步，又增加了意大利北部的大片疆土。

查理继续向西挺进，西班牙成为法兰克军队新的侵占目标。但是要想进攻西班牙，必须跨越横亘在两国之间的比利牛斯山。公元 778 年，查理的军队开辟出一道狭长的路径，轻易越过了山脉，可是在大山的另一边，早已驻扎了大量西班牙官兵。这一次，查理的扩张遭遇了阻碍，损兵折将。

虽然遭遇失败，但法兰克人依然以查理这次大胆的军事行动为豪，一部名叫《罗兰之歌》的民族史诗应运而生，至今还为法国人啧啧称道。

虽然第一次攻势受阻，但志在必得的查理在 20 多年后再次攻打西班牙。这一次，法兰克大军大获全胜。伊比利亚半岛也纳入了法兰克王国的版图之内。

一生征战的查理，不再满足于做一个国王，他要拥有皇帝的尊号。于是，他开始积极寻求同东罗马教皇的合作。

当时的欧洲，虽然西罗马帝国早已灭亡，可灭亡的只是掌控世俗权力的王国机构，作为基督教的精神领袖的教皇，却一直在罗马城的圣彼得大教堂内享受着“国中国”的待遇，并具有不可忽略的权威。

公元 799 年，查理将与教皇关系不和睦的亲贵们全部处决，教皇利奥三世便在第二年封查理为“罗马人的皇帝”。4 年后，查理远渡不列颠群岛，征服了那里的萨克森政权。

自从查理称帝之后，法兰克王国就改为查理曼帝国，查理则和恺撒、亚历山大一样，拥有了“查理大帝”的美称。

公元 814 年，查理大帝去世，他的儿子采取分封制的做法，将土地分割给自己的几个儿子，各自管理自己的封地。这位国王一共有包括秃头查理在内的四个儿子，可是完整的王国却只有三块。因此，在查理大帝的儿子去世以后，这几个孙子反而为了争夺封地大打出手。经过一番厮杀，这几位不肖后人将一个偌大的查理曼帝国一分为三，分别叫作东法兰克王国、中法兰克王国和西法兰克王国。公元 843 年，他们签订了《凡尔登条约》，标志着查理曼帝国的彻底分裂。

三个王国在历经一个多世纪的发展之后，便成了法国、德国和意大利的雏形。中法兰克王国在东西两国的合力围剿下逐渐失势，版图仅剩亚平宁半岛的统治区域，不久便诞生出意大利这个国家。东法兰克王国延续至公元 919 年，萨克森公爵亨利一世夺取王权，建立起由萨克森王朝领导的德意志帝国。而西法兰克王国自秃头查理上位以来就一直处于混乱状态，直到公元 987 年，其后裔被卡佩公爵取而代之，法兰西王国也宣告成立。

2. 穆罕默德

在三大世界性宗教中，佛教、基督教先后诞生，并得到广泛的传播。除此之外，一些民族性宗教也在各自的国家内逐渐形成比较成熟完善的体制，如日本的神道教、中国的道教，以及亚洲、欧洲局部地区的萨满教等。而就在公元 7 世纪的阿拉伯土地上，最后一个世界性宗教——伊斯兰教也宣告诞生。伊斯兰教的创始人是穆罕默德。

穆罕默德，公元 570 年出生于阿拉伯半岛的圣城麦加，他与释迦牟尼和耶稣的尊贵血统大相径庭，是地地道道的平民出身。在他 8 岁之前，父亲、母亲和祖父先后撒手人寰，他只有投靠同样一贫如洗的伯父，在伯父家里以放牧羊群度日。虽然生活清苦，却锻炼了他的意志与品格，也增长了他的智慧和见识。

穆罕默德 25 岁时离开伯父家外出闯荡，凭借聪明的头脑很快成为一名优秀的商人。为了巩固创业基底，他决定迎娶一位年近 40 岁的富有孀妇。

家庭虽然不美满，但毕竟成了家；得到了妻子的大笔资产，立业也不在话下。可是旧的问题解决了，新的问题又出现了。

虽然阿拉伯半岛在公元前就已经有了最早的国家，但隔了数百年之久，却始终是分裂多、统一少。连年的战争和动乱，让穆罕默德无法把生意做得红火，他也怜悯在战争中流离失所的平民百姓，加之他生意上的合作伙伴一批批破产，这一切他看在眼里，急在心中。他深感商业不是拯救当前阿拉伯世界的良药，于是他试图以宗教宣传的形式，劝化处于浮躁中的阿拉伯贵族。

穆罕默德经过长期的努力，通过适度借鉴基督教，最终创立了伊斯兰教。他对百姓宣称，真主安拉是世界上地位最高的神王，主宰着人间的一切，只有信奉安拉，才能脱离苦海，获得幸福。凡是信奉安拉的人，都是“穆斯林”世界的兄弟，大家应当团结一致，放弃无休止的争斗。穆罕默德以安拉使者的身份布道，一时间应者云集。

穆罕默德在民间很快深孚众望，可麦加的贵族却将其视为眼中钉，更不能容忍伊斯兰教取代当地一直信仰的土著宗教。

公元 622 年，麦加贵族派出 500 名官兵捉拿穆罕默德，穆罕默德带着一位门徒逃走，他们徒步 12 天到达雅特里布，最终逃出虎口。

穆罕默德的这次徒步逃亡，在穆斯林史上被称为“徒志”，这一年，也被定为伊斯兰教的纪元之年。雅特里布也随之改成麦地那，意思是“先知者的城市”，后来和麦加、耶路撒冷一并称为“三大圣城”。

穆罕默德在逃脱搜捕后，以麦地那为根据地招兵买马，组建起一支规模宏大的穆斯林大军，号召穆斯林兄弟们对阿拉伯贵族展开伟大的“圣战”。公元 630 年，穆罕默德奇袭麦加，迫使贵族们承认他是阿拉伯世界的宗教领袖，他们也认可了伊斯兰教的合法地位。穆罕默德自此在麦加落脚，更积极地宣传伊斯兰教，使伊斯兰教也完成了国际化的传播。

公元 632 年，穆罕默德去世，他留在阿拉伯世界的是根深蒂固的“穆斯林主义”思潮。随着穆斯林队伍的壮大，伊斯兰教的教义学说也变得越来越丰富，其中以《古兰经》为圭臬。

《古兰经》不但对穆斯林的饮食起居做出了明确的规定，而且逐渐成为伊斯兰国家法律、文学和文化的集中源头。

穆罕默德在扩大宗教影响的过程中，采用的是游说和战争的手段，与佛教、基督教的智慧启蒙方法迥然不同，这也对阿拉伯世界产生了双重影响：由于对民众具有说服性和鼓动性，阿拉伯各地居民在成为穆斯林后，立刻化干戈为玉帛，国家自发性地走向统一。公元 8 世纪后，诞生了空前繁盛的阿拉伯帝国。

3. 中国唐朝

汉武帝以后的汉王朝再无大国风范，光武帝的“东汉中兴”一直未能超越西汉盛世，传承400年之久的汉朝最终在权臣曹操的独裁统治下走向终结。自此，中国历史进入到300多年的动乱时代，被称作“三国两晋南北朝”。

连年混战，权力更迭，少数民族的入侵，让中国农民的生产和生活变得步履维艰；但在另一个方面，动乱时代也让中国人的经济基础、意识形态产生了质的飞跃——佛道思想对儒家学说的冲击、均田制经济对固有占田制和屯田制的取代，以及少数民族与汉族的血统融合，反而让中华民族更富有朝气。

就在宇文家族掌控北方政权的晚期，外戚杨坚趁乱起事，最终夺取了皇位，在长江以北建立隋朝。公元589年，杨坚的一个出色的儿子杨广率军南下，灭亡南陈朝廷，中国最终回归到了大一统的局面。

杨广在继承皇位后，主持修建了大运河，方便了南北之间经济文化的相互疏通，但他并没有将主要目标放在民生建设上。他修建大运河的直接目的，是为了征讨高句丽王国。此外，这位皇帝任性奢侈，不得人心，所以隋朝成为秦朝后又一个短命王朝。

隋朝灭亡后，唐朝和以往的汉朝一样，汲取了前代的教训，发展生产。虽然唐朝在历史上的地位极高，但唐朝的开国皇帝李渊的成就，却远不及汉高祖刘邦。他唯一的“优势”，是有三个出众的儿子，长子李建成、次子李世民和四子李元吉。在三个儿子的鼎力辅佐下，李渊最终成为唐高祖，三个儿子分别被封为准太子、秦王与齐王。

三个儿子中，秦王李世民最有雄才大略。为了夺取皇位，他发动玄武门军变，杀掉自己的兄弟，迫使李渊在登基数年后让出了皇位。

虽然皇位来路不正，但李世民的确是一位好皇帝。他注重经济发展，整顿吏治，在军事建设上也很有建树。在他统治时期，社会经济虽然停留在恢复阶段，远远谈不上富庶，不过因他而来的“贞观之治”却不可不提。那时，政治清明，司法也相对宽宥，一年当中判处死刑的罪犯，最少的时候还不超过30个。

李世民在巩固儒家思想的基础上，也积极弘扬佛道文化，唐朝开始呈现出“三教归一”的文化格局，与同时代欧洲那种天主教垄断人文思想、阉割科学文化的局面相比，显然进步了太多。

李世民死后，他的儿媳武曌皇后，即后来的武则天，乘虚而入，迅速控制了政权局面，成为中国历史上唯一正统的女皇帝。武曌为了巩固统治，在大力任用酷吏的同时，也不忘为人民谋福利，虽然她的时代里宫廷斗争异常残酷，但伴随而来的也是国泰民安。

武曌之后，李家晚辈中出了一位能人，他就是玄宗皇帝李隆基。在武周政权被唐的国号取代后，李隆基延续了李世民时代的作风，重用人才，整顿生产，发展文化。他创下了唐朝的“开元盛世”的局面。比起“贞观之治”，“开元盛世”有两方面的进步：一是经济实力更强；二是唐朝的都城长安，成为世界第一的“国际化大都市”，其国际化水平，即便放在今天的中国，也仅有少数城市能与之相比。

“贞观之治”、武曌时代以及“开元盛世”，让唐朝在中国历史上成为继汉朝以后又一个奇迹。而且与汉朝相比，唐朝的政治更加安定、经济更加繁荣。

汉朝在中央设置三公九卿制度，容易令丞相逾越军权，末代的曹操权变便是深刻的教训。唐朝则采取三省六部制度，分化相权的同时，分工了职责，既有利于提高行政效率，又可以进一步扩大皇权范围。

汉朝在人才遴选方面采取察举制和征辟制，但随着吏治的混乱，容易出现门第关系封堵仕途道路的尴尬现象；唐朝则采取以进士和明经为主要项目的科举考试制度，即便是寒门弟子，只要有真才实学，就可以通过考试成为天子脚下的官僚，这种最大限度打破资源不对等现象的制度，在中国存在了1500多年，在世界历史上也影响深远。

汉朝的经济重心只在北方，南方仅仅处于开发阶段；唐朝时期的南北方经济均很发达，并形成了生产区域专门化的基本格局，特别是杨广开凿大运河以后，唐朝经济的“南北之音”拥有了空前便利的对话渠道。李隆基的盛世结束后，中国经济的重心开始从北方转移到南方。

民族关系上，汉武帝习惯依靠武力，唐太宗和唐玄宗则更倾向于“文”，在承认民族平等的基本前提下，给予少数民族的政治首脑以足够的朝廷恩惠和政治待遇，如吐蕃的松赞干布、突厥的颉利汗王、渤海国的大祚荣、南诏的皮罗阁等。

此外，唐朝的和亲政策也更趋于主动。比如，李世民将文成公主嫁给吐蕃赞普松赞干布。

汉朝未能成功将甘英送往罗马的疆域，唐朝却和几乎整个东半球世界都建立过良好的交往关系，阿拉伯、古印度、朝鲜、日本等皇族、商旅和僧人，都是中国的常客。日本的留学生和留学僧们尤其酷爱中国文化，以至于他们中的激进派成员策划了一场宫廷政变，又以一场“大化革新”改变了整个日本历史。唐朝以后，越来越多的外国人更习惯称呼中国人为“唐人”，而不再是“汉人”。

还有一点值得一提，在与印度进行佛教交流的过程中，一位叫玄奘的中国高僧，对两国的佛教文化的发展功不可没。玄奘出境，千里迢迢赶往古印度的那烂陀寺取得佛经，不但让中国的佛教文化变得更加发达，而且得以传承和发展。他撰写的《大唐西域记》，不仅深远地影响了东亚文化，包括中国文化、日本文化等的发展，促进了各国文化之间的交流，同时也为东亚文化能在世界文化中发挥积极作用打下了坚实的基础。

4. 诺曼征服

不列颠岛上的土著居民布立吞人和盎格鲁-撒克逊人最终摆脱了罗马人的殖民统治，在阿尔弗雷德大王、贝奥武甫等领袖和英雄的率领下开辟了属于自己的政权，可是，英国的社会发展进度，比起亚欧大陆上的大多数国家还是缓慢了许多。英吉利王国的疆域范围，也仅仅局限于英格兰一带，苏格兰和爱尔兰的大部分疆域与当时的英国并无半点瓜葛。

在英国的奴隶制社会亦步亦趋地发展的时候，法国境内的诺曼公国迅速崛起，诺曼人正是维京部族的一支，善于航海和战斗。诺曼底公爵威廉，是王子和灰姑娘的家庭中长大的骄子——他的父亲是前任诺曼公国的公爵罗贝尔一世，母亲却是皮鞋匠的女儿，在罗贝尔一世的身边只是一个女奴。由于出身尴尬，威廉自幼虽是公爵之子，却常常遭受歧视与不屑的眼光，以至于英国历史上偶尔会称之为“杂种威廉”或“私生子威廉”。

在这样的环境下，威廉养成了极强的自我保护意识，十分注重学习和历练。他自幼能文善武，作风朴实，毫无贵族子弟的骄娇二气。由于诺曼底没有他满意和开心的地方，所以他便想离开，前往他国另立朝廷。

在受尽惊吓的少年时光结束以后，威廉 7 岁时承袭了诺曼底公爵的爵位，威廉的父亲是英国国王爱德华的母亲的哥哥。1051 年，威廉访问英国时，爱德华曾答应让威廉继承他的王位。

1066 年，爱德华国王与世长辞，可是继位的却不是威廉公爵，而是王后之兄哈罗德。威廉没有得到他想要的权力，便有了对英格兰兵刃相向的想法。

这一年，北方的挪威国入侵约克郡，哈罗德二世御驾亲征，威廉眼见时机成熟，于是经过教皇默许后，率领一支军队乘坐战船登陆英格兰。登陆后，威廉在黑斯廷斯荒野上安营扎寨，准备随时迎接英王的挑战。

早已不再称呼萨克森公爵的哈罗德国王在击退了挪威的来犯之敌后，立刻匆匆忙忙赶回南方与威廉缠斗。哈罗德国王率领英军加强固守，而威廉则马不停蹄地展开轮番的猛烈进攻。

论兵力，双方几乎一样。但是，威廉的军队大多是骑兵和步兵，还包括许多弓箭手。哈罗德二世的军队则清一色都是步兵，而且不少都是临时招募的民兵，他们毫无作战经验，只是拿着木棍加入战斗。不过，英国人毕竟是在自家地盘打自卫反击战，加上英军处于高地，以逸待劳，所以威廉在黑斯廷斯战役的初期并没有得到甜头。

1066 年 10 月 14 日，出师不利的威廉再度发动进攻，他改变了战术，将弓弩手放在军队的最前方，骑兵则在后面紧随，伺机而动。只是，英军凭借坚固的盾牌阵顽强防守，使得威廉的进攻再次遭阻。

威廉见强攻不成，于是动用了计策，他假装不能再战而撤兵回国。哈罗德二世对威廉的狼狈外表深信不疑，被胜利冲昏头脑的他马上下令追赶。

英军能够战胜装备精良的诺曼军队，凭借的是高处防御的唯一优势，一旦深入黑斯廷斯平原腹地，则完全不是威廉的对手。哈罗德二世的失策正中威廉下怀，当英军进入黑斯廷斯腹地以后，威廉马上掉头，英军措手不及，猎人瞬间变成猎物，遭到大败后，又都退了回去。

回到起点的两军继续对战，哈罗德二世亲自披挂上阵，在战场上砍杀敌军。威廉在三次更换主帅后，也操起兵器杀上战场。就在两军处于均衡态势的时候，哈罗德二世被弓箭射中，遭受了致命伤。

战场上的一支飞箭，改写了英国的历史。群龙无首的英军一败涂地，威廉成为哈斯廷战役中的胜利者。威廉清理了战场后，将哈罗德二世留下的财物和战场上的一面王旗悉数送给了罗马教皇，教皇则正式承认，威廉成为英格兰王国的新国王。

威廉做了国王后，废除前任王朝的称呼，改称“诺曼王朝”。当了英国国王的威廉在新国土上大力发展社会经济，培养农业和手工业方面的人才，并且用武力肃清了国内的割据势力，杜绝北欧国家的入侵，英国的国力逐渐强盛，进而形成了以庄园经济为主体的封建社会。

历史上称这次征服为“诺曼征服”。这次征服之后，英国迎来了封建制度，告别了蛮荒落后的原始社会和奴隶社会。

5. 基辅罗斯公国

俄罗斯是世界上领土面积最大的国家，面积多达 1707 万平方千米。今日的俄罗斯联邦，经济不断发展，政治昌明，国防实力雄厚。而建国之初的俄罗斯，则充满屈辱、艰辛与风险。

当日耳曼部族在欧洲西部安居乐业的时候，东部的维涅德人还在冰天雪地中苦苦寻求着基本的温饱。由于文明的落后，维京人和日耳曼人便常常将维涅德人抓去充当家奴。

到了公元 8 世纪以后，“维涅德”这个部族称呼就销声匿迹了，鲜有人提起，更多人称其为“斯拉夫人”，一种蔑视性的称谓。在拉丁语系中，“斯拉夫”即“奴隶”之意。

斯拉夫部族经过长期分化，最终分成了三支：东斯拉夫人在今天的俄罗斯、白俄罗斯和乌克兰境内繁衍生息；西斯拉夫人建立起自己的国家，名为“波兰”；南斯拉夫则统治着匈奴骑兵曾经横行的巴尔干半岛。

东斯拉夫部族在公元 8 世纪、9 世纪之交，政权林立，部族之间常常遭遇战争。在内讧不断的同时，所有斯拉夫各部首领却还是不能有效防范外敌的入侵。

出自维京部族的诺曼人，有两人比较突出：一位是威廉公爵，他率领诺曼官兵出征英国，并在 1066 年做了英国国王；一位是留里克，他带着两位兄弟进入斯拉夫，来到欧洲东部的诺夫哥罗德，在这里建立起诺夫哥罗德公国，国号留里克王朝，这是俄罗斯历史上的第一个专制国家。

留里克家族嗜血好战，贪掠无度。在东欧平原上林立着的各公国中，唯有南方的基辅公国能与其抗衡。于是，留里克死后，兄终弟及，继承大公之位的奥列格大公于公元 862 年出兵基辅，征服当地军民。两大强国合并以后，更名为“基辅罗斯公国”。此后，东斯拉夫人正式被称为“罗斯人”。维京人以海盗职业为荣，而在北欧语系中，“罗斯”本意正是“航海者”。

奥列格大公在强国上笃信杀伐侵略，可他还是没能统一整个东欧，而且他的继承人更是一代比一代酷爱杀戮。留里克的儿子伊戈尔大公不但将战争视为生命，还永无休止地向百姓索取大量的蜂蜜、烈酒和肉类。

公元 945 年，在一次欺压民众的“盛大”活动中，忍无可忍的百姓发动暴乱，伊戈尔大公被当场打死。

伊戈尔大公离世，年幼的继承人斯维亚托斯拉夫却在哀痛之余深刻认识到，没有更强大的武力，自己的君主生涯很可能会重蹈父亲的覆辙。于是，这位青年领袖上台伊始，便显得极为暴虐。

公元 967 年，斯维亚托斯拉夫出兵保加利亚，大胜该国军队。可是，东罗马帝国却按捺不住，趁着大军在保加利亚展开鏖战之际派出使者请突厥人奇袭罗斯公国，罗斯军队只好撤兵。

斯维亚托斯拉夫之后的大公是弗拉基米尔·斯维亚托斯拉维奇，史称“弗拉基米尔一世”。这位大公的骨子里也流淌着好战的血液，但与前任大公相比，他显然在文明开化方面更有贡献。

罗斯部族以往崇尚多神信仰，文化格局混乱，难以形成意识形态层面的向心力。公元 988 年，弗拉基米尔一世率领基辅罗斯公国，接受了东罗马的基督国教——东正教。东正教有了文化市场，西欧的天主教便无法再一统天下，这就促成了宗教传播的多元化。

更重要的是，罗斯人有了统一的信仰，民心趋于统一，为以后国家政局的稳定奠定了一定的基础。弗拉基米尔一世是罗斯文明的领路人，这次“罗斯受洗”事件也将永垂史册。

不过，文化的昌明反而弱化了罗斯的武力，战斗兴趣略显淡薄的基辅罗斯公国，不久便由于疏于军队操练而吃了大亏。

雅罗斯拉夫一世继位之后，国内政局大乱，基辅罗斯公国于 1054 年重蹈了查理曼帝国的覆辙，被分割成三个小公国。虽然这时候的诺曼人不再骚扰他们，可东方出现了一些崛起的民族新秀，如突厥族的波洛伏齐人、马扎尔部族建立起的匈牙利王国以及后来居上、凶猛度远在前两者之上的蒙古人。

饱受侵略者荼毒的基辅罗斯公国历经 200 多年的内忧外患后，还是不可避免地迎来了覆亡的厄运：1237 年，成吉思汗的孙子拔都侵入罗斯公国，经过一番激战后，基辅失陷，蒙古人自此成为罗斯公国的统治者。

虽然基辅罗斯公国灭亡了，但今天的俄罗斯人和乌克兰人都将其视为政治文明的前兆，也正是这个公国，开辟了斯拉夫历史上的新纪元。

6. 阿兹特克的兴盛与印加的崛起

西半球的大陆，依旧上演着古美洲先民的历史独角戏。玛雅文明突然消失，虽然留给后人无尽的遐想，可是玛雅人远去其他星球的说法纯属天方夜谭，因为他们的文明已经被新文明所取代，这就是印第安部族三大文明中的第二座里程碑：阿兹特克文明。

从公元 810 年开始，玛雅王国的版图开始一步步缩小，代之而起的则是封建制的阿兹特克王朝。

传说在 1325 年，还只是一个小型部落的阿兹特克，出现一位能未卜先知的酋长，他的名字叫特诺奇。特诺奇带着族民迁居墨西哥谷地的一个湖心岛上，看到神鹰口中衔着一条蛇腾空而起，有感而发的特诺奇酋长便认为这是自家前途的吉祥之兆，于是选择在这里定居，建立起阿兹特克历史上的第一个城市，美其名曰“特诺奇蒂特兰城”。

阿兹特克的文明程度，从后世影响的广度来看，应该不如玛雅，但与奥尔梅克和玛雅的不同之处在于，阿兹特克实现了社会制度的巨变，从以往的奴隶社会，蜕变为相对发达和先进的封建社会。

阿兹特克人将农业提升到足可振兴国民经济的高度上来，统治者重视玉米的种植和渔猎技术的更新，凶猛的美洲麝牛开始成为印第安人的主食。在灰狼、美洲豹、棕熊甚至是美洲咸水鳄等猛兽面前，他们也完成了从猎物到猎手的转变。

不过，阿兹特克虽然属于封建制，奴隶群体却仍然存在。只是，这些奴隶已经不再是国王的财产和工具，而是一种民间的私营买卖。

当农民或手工业者面临颗粒无收或生意破产的窘境时，他们就会自愿卖身为奴，在富商或朝廷大员的家中打工糊口。此外，与玛雅时代的奴隶不同，阿兹特克的奴隶拥有财产权和婚姻权，如果工作出色得到主人的认可，他们甚至有机会成为主人家的上门女婿。女奴隶如果相貌出众，也有可能被娶作妻妾。而且，奴隶在赎身成为主人后，也可以雇用其他贫民为自己的奴隶。因此，虽然奴隶阶层仍然存在，但社会地位已大大提升。只要肯付出实际的劳动，奴隶也有翻身的那天。

阿兹特克的政治制度也颇具前卫性，虽然中央政府的高官主要依靠贵族世袭，但地方的基层官吏，则可通过民选产生。在某一基层单位里，民众聚集一堂，向中央派来的长官诉说心声，并道出最为拥戴的那位"准父母官"。这在封建社会中，是一种罕见的民主行为，不过这种民主归根结底也要为封建专制服务。因为选举出的官吏，也要得到国王的认可和批准，才能正式赴任。如果国王不喜欢这个人，或是他在贵族阶层中毫无背景，他的仕途之路也会被封死。

和中国人一样，最让阿兹特克统治者感兴趣的，还是"在祀与戎"。有所不同的是，阿兹特克人由于盲目地崇拜太阳神，将两种社会活动扭曲地结合在了一起：太阳神为了延续生命，要不断驱赶月亮和星星，而要想彻底将月亮和星星消灭掉，就必须要用凡间的鲜血供给。于是，阿兹特克人不断对外发动侵略战争，战俘不再作为奴隶，而是沦为了专为太阳神润嗓子的"饮品"。

1487 年 2 月 19 日，阿兹特克的祭司们在特诺奇蒂特兰城举行祭祀活动，4 天时间内杀害的殉葬人共计 2 万多！这些人被拉到刑场，被残忍地剜心剖腹并砍下头颅，连初次登陆美洲的西班牙殖民者看到这样的场面都毛骨悚然。可是，在阿兹特克的祭司和王公大臣们看来，这些牺牲者为世界光明的延续做出了巨大贡献，因此他们看到砍头挖心的场面，非但不觉得惊恐，反而十分欣慰。

阿兹特克文明如日中天的时候，南美洲的安第斯山脉的角落处，一个新的属于印第安人的文明时代拉开了帷幕，这就是印加文明。两大文明国家在同一片大陆上应运而生，却自始至终都对对方的来历和国情一无所知。造成这种尴尬局面的根本原因，在于封闭的经济形态和生产形式，这使得印第安人的交通业严重滞后。

农业生产本身固有安土重迁意识的局限，使得印第安人只愿意固守家园，不愿意“开眼看世界”。统治者受到太阳神教和自给自足经济成果的蛊惑，安于现状的同时也忘记了扩充领土，自然无暇吸纳外界文明。

在交通业方面，印第安人在陆地上依靠的交通工具主要是羊驼。印第安人依靠羊驼得到奶水、肉质以及货品运输的便利，但羊驼身材不够高大，耐力和爆发力都不足，所以不能充当坐骑。阿兹特克人和印加人只能徒步出差或旅游。

而美洲特有的真马类动物——西方马，则早在1万年前的更新世时代突然灭绝，不似欧洲野马、非洲野驴等真马家族的东半球近亲，在人类的保护和驯化下变成了家养的马和毛驴，可供主人骑乘。在西半球，能够驯化的动物没能挺过冰河时代，而现存的食草动物要么不适合当坐骑（如羊驼），要么野性难驯（如麝牛），这也成了美洲先民走出去的障碍，继而限制了印第安人的格局，造成了他们思想的狭隘和目光的短视。

近年来，有中国学者对清史提出新看法，认为清朝统治者的闭关锁国政策，不但不是造成中国落后的罪魁祸首，反而保护了中国人，避免了亡国灭种的悲剧。而印第安人由于“对外开放”，反而招致种族灭绝。这种说法看似合理，殊不知，若追本溯源，印第安人对西方殖民者近乎天真的开放友好，恰恰是千百年来的固土自封所酿造的无知，进而引发了亡国灭种的恶果。所以不论是中国人，还是印第安人，甚至任何伟大古老的民族，只要与世界潮流脱轨，都注定会走向衰败。

第二章　发展与纷争

1. 日本社会的发展与“大化革新”

在神秘的东方世界，当文明处于高度繁荣状态的中国正逐渐走向历史巅峰时，位于它东部隔海相望的另一个民族，也在贫寒与困苦中寻找着属于自己的方向。这个民族就是日本。

“日本”一词在日语中意为“日出之处的国家”，这个国家以太阳为图腾，将天照大神、须佐之男命等神灵作为自己的天父。在今天的中日国民心中，“徐福东渡”的故事早已家喻户晓，中国已经成为日本历史发展中不可或缺的“文明贵人”，每一位有良知的日本人对此也都深有感知。从神话传说回归到人类历史中，日本古代史的发展，显露出了在曲折和彷徨中亦步亦趋地前进的迹象。

在历经绳文时代、弥生时代以及飞鸟和白凤等文明的历程以后，告别石器时代的日本先民，在接受了中国的铁制生产工具和汉字经典之后，迅速从原始社会进入奴隶社会，虽然民族成分高度单一，但政权更迭仍旧频繁不已。

历经多年的艰苦奋斗，最终胜利的天平倒向了邪马台王国，王国的女王卑弥呼有着“巾帼不让须眉”的雄才大略，这位女王励精图治，首次统一日本，逐渐建立起日臻成熟的国家机器。

尽管卑弥呼女王将国家治理得井井有条，代表贵族阶级的“大人”、代表平民阶层的“下户”以及代表奴隶群体的“生口”“奴婢”“秽多”等，分别在各自的等级定位中各安其职。但在那个人治为本的专制社会中，政局的稳定、经济的繁荣以及外交的强势，大体依赖一位有为的君主，一旦失去这个基础，即便是盛世状态下的国家也会瞬间土崩瓦解。

卑弥呼女王死后，其继承人才干却和卑弥呼女王相去甚远。在他们手中，邪马台王国结束了女王时代的光辉，国力日渐衰落，直到它被后起之秀——大和王国所取代。

大和王国在政治、经济、文化等方面较之邪马台王国都进步许多，这种进步绝非仅仅体现在用“天皇”称呼国家元首上。大和王朝统治的中后期，日本统治阶级中的另一位女中豪杰——推古女皇脱颖而出，她积极向强大的中国抛出橄榄枝，学习其先进的政治文化，适当调整自己国家的社会经济关系，在大和王朝的大部分统治时期，“中国崇拜”在其意识形态中根深蒂固。

中国隋朝期间，曾有一位名为小野妹子（男性）的日本使节主动请缨求见隋文帝，以朝贺和纳贡的礼仪表达出对“天朝上国”的无比敬仰。自此，小野妹子被两国史书中记载为“日本访华第一人”。

小野妹子“访华”后，大和王朝更是掀起了学习中国的狂潮。此刻的中国已是唐朝，日本人大量派遣“遣唐使”，除了贵族成员自愿成为留学生，还有不胜枚举的日本佛教徒，摇身一变成为访问唐朝的“留学僧”。他们来到中国，享受中国皇帝赋予的优厚待遇，在这流连忘返的“礼仪之邦”中，尽情享受着隋唐文明的洗礼。

然而，大和王朝后继天皇庸碌无为，使得贵族阶层中的苏我氏悄然崛起。苏我马子在朝廷和战场上表现优良，功勋卓著，并取得了权力世袭的优厚待遇，但其子苏我虾夷和其孙苏我入鹿先后操控朝廷，到了苏我入鹿掌权的时候，大和王朝的政治空气已然变得污浊不堪。

暴力有余而智略不足的苏我入鹿不但挥金如土、大兴土木，而且将对自己不满的山背大兄等皇族成员尽数逼死，甚至还两次废立天皇，天皇在他的手中形同傀儡。更重要的是，苏我入鹿仇视唐朝的留学者，藐视先进的中国文化。

苏我入鹿在朝廷中不得人心，促使皇族中一位有过遣唐经历的皇子挺身而出，这就是史上著名的中大兄皇子。他本是前任舒明天皇的嫡子，却因苏我入鹿从中作梗而痛失皇位，眼睁睁地看着皇极天皇——一位智略平平的皇家少女——稀里糊涂地登上天皇的宝座，苏我入鹿和他退隐在家的父亲苏我虾夷还无时无刻不控制她和中大兄皇子的言行与活动。

皇极天皇屈服于苏我入鹿的淫威，但中大兄皇子并不软弱，他时刻等待夺权的时机，他在朝野中推出自己策划很久的仿效唐朝的政体改革方案。

中大兄皇子有一位好师傅，也是他最忠诚的部下——德高望重的中臣镰足。他年长中大兄皇子 12 岁，遣唐经验丰富，对政治充满理想，两人不但是忘年之交，而且都不满于苏我入鹿的飞扬跋扈，都渴望完成日本朝廷“中国化”的改造任务。只是，苏我家族在朝野中势力庞大，中大兄皇子只能在暗处伺机下手。

公元 645 年 6 月的一天，中臣镰足获悉高句丽、百济和新罗三个国家同时派遣使臣，要到日本访问，苏我入鹿与皇极天皇率领群臣大摆筵席，以示对邻国的友好。机敏的他马上意识到这是一次绝好的机会，于是建议中大兄皇子在当天趁着苏我父子防备松懈，发动政变。此刻的中大兄皇子也拥有佐伯子麻吕等敢死之士的相随，他自然对这位老大哥的话深信不疑。

苏我虾夷见皇子未到，意识到会有不测，在提醒儿子加强防备后，便先走一步。苏我入鹿只顾在朝鲜友邦面前吹嘘自己的“文治武功”，做梦也没想到中大兄皇子和佐伯子麻吕居然带着一支临时培训的地下武装突然闯入宫廷。苏我入鹿毫无防备，最终被中大兄皇子的佩剑砍伤，佐伯子麻吕则迎头赶上，杀死了这个万人所指的奸臣贼子。与此同时，中臣镰足也带着另一支敢死队包围了苏我虾夷的府邸，迫使苏我虾夷在家中自杀。

仅一天的时间，中大兄皇子便除掉了专横朝野多年的苏我氏，踌躇满志的他在安抚了三位来使后，于第二天便废掉了皇极天皇，拥立自己的舅舅做了新天皇，这就是日本历史上的孝德天皇。中大兄皇子亲任摄政大臣，控制了朝廷，并改年号为“大化”，意思是“伟大的变化”。

公元646年，中大兄皇子以孝德天皇的名义颁布《革新诏书》，标志着“大化革新”运动的开始。他与中臣镰足齐心协力，仿效唐朝的经济、军事和政治制度，进行全方位的社会改革。

在经济上，日本推出了“班田政策”，国家每隔 6 年将土地无偿分配给农民，并辅之以适量的财政补贴，农民在耕作期间虽然不能自由买卖土地，却有着高度的自主经营权。年满之后，农民将土地归还国家，并加收一定的利息。这样一来，农民劳动的积极性提高了，政府也从中收取了大量赋税，这就形成了封建土地所有制的雏形。

军事方面，日本实行募兵制，中央设五卫府，地方也各自设立军团，中央军归天皇控制，地方军则由分封在该地的藩王管理。国家终于有了一支强大的军队，但由于地方军权的过于放任，不利于日本维系统一的政局，拥兵自重的藩王和将军随时可能对朝廷倒戈，这也为后期日本的动乱不已埋下了祸根。

政治方面，在承袭天皇制的同时，加强中央集权，一切以唐朝的政治制度为模板，如法炮制。废除“生口”“秽多”等奴隶称呼，将其改编为农业和手工业的自由劳动者，同时废除贵族世袭的特权，加强天皇对百官的控制。

但值得指出的是，虽然奴隶主的贵族世袭特权被取缔了，皇族世袭的特权却保留了下来。在日本社会中，官的后代只能做官，民的后代只能为民，日本虽然广泛学习中国的政治，却排斥和畏惧科举制。

此外，取代奴隶主特权的，只是相对进步的封建等级制度。例如，中臣镰足在襄助中大兄皇子除掉劲敌苏我入鹿之后，被孝德天皇赐姓“藤原”，藤原镰足的后代在日本朝堂上享受数百年的优厚待遇，“藤原”这个姓氏，在当代日本也顺理成章地成为一个充满自豪感的大姓。

公元 701 年，年号早已改为“大宝”的日本，又在中大兄皇子和孝德天皇的合力主持下发布了新的《大宝律令》，以法律的形式保留了大化年间社会革新的全部内容。

历经半个世纪的探索，《大宝律令》的发布标志着“大化革新”的彻底完成，日本自此从奴隶社会进入了封建社会，国力逐渐强盛。而“大和”这个字眼，在日本历史和民族文化中的地位日渐提高，今天的日本人，习惯性地被称呼为“大和民族”。

2. 朝鲜的政权更迭

中国商朝的末代权臣箕子因不满纣王的暴虐，最终带领一批仁人志士跨越鸭绿江，来到一片未曾被文明所开化的处女之地。朝鲜半岛从此进入了“箕氏朝鲜”的时代，箕子不但教给土著居民先进的生产方式，还在本土建立政权和法律。朝鲜一改往昔的蛮荒，逐渐成为安康和谐的乐土，以至于孔子都曾说，“道不行，乘桴浮于海”。

当“箕氏朝鲜”的太平之世延续了800年之后，一个不速之客突然降临。汉朝叛将卫满为了躲避皇帝的搜捕，逃入朝鲜并得到国王箕准的收留，还得到国王赐予的军权。可是，这个曾经的“叛徒”并不领情，时机成熟后便赶走箕准，夺取了北部江山，北部朝鲜从此进入“卫氏朝鲜”的统治时代。箕氏残部则退守南方，与当地土民融合，逐渐形成了马韩、辰韩和弁韩等“三韩部落”。

卫氏夺了江山，但汉武帝却将卫氏人视为国敌，连年讨伐并发动战争，最终设下四郡予以管理。

汉武帝死后，汉朝国力下降，中国东北部的扶余国趁机崛起，国中有一位太子名叫朱蒙，他立志自主创业，最终在辽东一带建立政权，国名为“高句丽”。从此，以“高”为自己和后人的姓氏。

朱蒙去世后，其子高类利继位，他的两位兄弟高沸流和高温祚害怕新国王以反叛罪为由来谋害他们，于是带着10位亲信逃往南方，夺了箕氏朝鲜在西南部的一块土地。高温祚成为这个新国家的君王，他以10位亲信为开国元勋，遂以“十济”为国名。后来，随着国中亲贵大臣数量的增多，国号便从“十济”变成了“百济”。

退守东南的箕氏朝鲜虽屡遭北人的愚弄，但还是在剩余的领土上建立起新的国家，称为“新罗”。从此，朝鲜历史上进入了“三国时代”。三个王国相互杀伐博弈，在竞争中提升各自的实力。

在朝鲜三国中，高句丽建国最早，疆域最大，人口最多，因此在三个王国中实力最强。朱蒙做了国王后，扶余国将其视为叛国之徒，并发兵讨伐高句丽。高类丽则先败鲜卑，后胜扶余，表现出精干的军事素质。

高句丽的国土面积逐渐增大，高类利在中国东北部建立了一座名为“国内”的城市，并迁都国内，这座城市就是2015年被中国申请为世界文化遗产的历史名城——吉林省通化市集安市。

高句丽在漫长的发展中开疆拓土，一方面注重与中国政府保持友好关系，另一方面则拼命镇压疆域内的独立政权。

公元393年，高谈德继位，高句丽从此进入全盛时期。高谈德以其武功盖世，被高句丽人尊奉为“好太王”。他的继承人高巨连则坐享父亲留下的大好河山，因此寿命期颐，在位79年，国泰民安，他死后被尊为“长寿王”。

那时的国内早已更名为“丸都”，高巨连因避免与中国人发生冲突，于公元427年迁都平壤。

高句丽是一个高度集权的军事帝国政权，而南方的新罗则仍旧保持着中国商朝的彬彬有礼，虽然也厉行君主制，但“民主”却在这片国土中生根发芽。

在新罗政府中，朴、昔、金三大家族权势最旺，共同掌控朝廷的权柄。而在王位顺承上，也自发性地形成了三大家族轮流执政的政治格局。三大家族总体上看，团结多、斗争少，政治文明风气日盛。

高句丽如同斯巴达一般尚武，新罗则如雅典一样纯粹，百济的发展相比两国则显得举步维艰。没有强大的军队，没有优良的风尚，百济在两个强国的夹缝中生存，跟谁争斗都只能甘拜下风。

百济的历任国王都希望仗势中国的权威改变自己的弱国地位，然而中国自从东汉灭亡后，进入了数百年的分裂阶段，即便是如曹魏、北魏、辽东等中国境内比较强势的政权，也都大多被高句丽抢去做了靠山。在依赖中国而不得的情势下，百济只能另谋合作伙伴。

随着邪马台王国和大和王朝在日本群岛上的先后兴起，百济开始向日本政府示好，并在不久后与之结成了军事同盟。日本牵手百济，也方便在朝鲜扩张，从此，东亚三国进入了一个“战争与和平”新的阶段。

3. 东亚三国

当欧洲各国在中世纪的夜色笼罩下苦苦追寻光明的时候，东亚的中国、日本和朝鲜三国都走向了封建治世的巅峰：中国迎来了空前繁盛的大唐王朝；日本经过大化革新后，国力也逐渐强盛；朝鲜的百济和新罗也都蓄势待发。随着国力的强大和往来的增多，三国之间的摩擦也逐渐激烈起来。

早在公元 3 世纪时，日本的邪马台王国就蓄意入侵朝鲜半岛，并逐渐靠近百济王国，双方结成了军事同盟。最弱的百济有了日本做靠山，迅速改变了与其他两国对峙时的不利局面，而高句丽虽然在好太王、长寿王等雄略君主的杀伐和巩固下一度强盛，但隋炀帝开凿的大运河竣工以后，隋军三次征讨高句丽，虽未取得汉武帝时代的辉煌战果，却也使高句丽的国力一落千丈。

国力衰微的高句丽只好寻求与百济联盟，两国联军在日本的怂恿下进攻新罗，新罗王国难以抵挡，被联军连续攻取 40 多座城池。万分危急之下，新罗利用中国和高句丽之间的矛盾，很快向中国靠拢。

早已取代杨家天下的唐王朝蓄谋进军朝鲜半岛，在位的李世民更认为天下只剩下辽东没有平定，于是在贞观之治初见成效之后，于公元 645 年发兵辽东，以李勣为主将，征讨高句丽。

经过一番猛烈的进攻与血腥的厮杀，强大的唐军将高句丽的兵卒打得落花流水。虽然李世民最终因粮草供应困难、战线过长、战情过于持久等原因退出战斗，但此番大战，对于高句丽来说则是一次空前的灾难。雪上加霜的是，不久之后，高句丽王朝内部发生变动，以荒淫残暴著称的泉盖苏文执掌朝廷大权，让本已糟糕的朝廷变得愈加惨不忍睹。

新罗见识到了唐朝的厉害，于是马上奉唐朝为正朔。朝鲜半岛上有了东西两大强国的介入，使得百济与新罗之间的邻邦矛盾，直接衍生为唐朝与日本争夺朝鲜霸权的矛盾。

与中国人真刀真枪的实干相比，日本对朝鲜半岛的策略则更倾向于权谋。日本借助漂亮的外交辞令，在三国之间挑拨离间。事实上，日本人早已蓄谋吞并朝鲜，只是碍于国力发展一直未能实施计划。

孝德天皇的傀儡生涯结束后，大化革新的功首——中大兄皇子总算有了做天皇的机会。在藤原镰足等得力重臣的拥护下，中大兄皇子成为天智天皇，以雷厉风行著称的他，发兵朝鲜，但他不屑于和新军对垒，而是将矛头直接对准了强大的唐朝。

公元 664 年 8 月 27 日，历史上最早的中日战争不可避免地爆发了。双方在今韩国境内的白江口展开激烈的水战。唐高宗派遣大将苏定方，带着唐朝的一支威武水师联同新罗的少数军兵，迎战日军和百济组成的精锐劲旅。

天智天皇派遣的军队数量几乎超过了唐军的 10 倍，但唐朝的水军训练有素，加之船坚炮利，在战局之初就占据了上风，将兵力占优的日本水军打得狼狈不堪，落荒而逃。

战斗延续了半日之久，日军几乎全军覆没。乘胜追击的唐军开赴百济境内，失去日军支撑的百济很快宣告灭亡。随后，唐朝的辽东守军继续进攻高句丽，荡平百济的唐军也自南向北联合辽东的唐军共同进击，腹背受敌的高句丽也很快被打败。朝鲜半岛上的“三国”，最终以在唐朝支持下的新罗统一半岛而告一段落。

唐朝并没有将朝鲜纳入自己的版图。武曌专政后，唐廷内部陷入混乱，军队受此影响没能继续扩张，反而在与大食帝国的一次战斗中吃了败仗，自此唐朝放弃了外扩政策，一门心思搞起了国内经济和政权的建设。

日本在白江口战役大败之后，天智天皇在震惊之余，很理智地认为这是日军没能更好地学习中国的必然结果。他不但不痛恨唐朝，还发誓更加谦虚地向唐朝学习，并在国内继续革新制度。

天智天皇去世以后，他的弟弟恒武天皇袭位，全面承袭了天智天皇深化改革的治国路线，国家实力得以提升。可以这样说，白江口战役的失败，反而让日本未来几十年里的经济和政治更加富庶昌明，而在此后 1000 多年的时间里，日本再也没有对朝鲜有过任何非分之想。

至于朝鲜半岛，在两大强国偃旗息鼓之后，总算有了东山再起的机会。后高句丽、后百济再度兴起，与新罗又形成了“后三国”的格局，经过一番争斗，枭雄王建于公元 918 年夺取政权，以开城为都，国号定为“高丽”。高丽王国又于公元 935 年和 936 年先后荡平新罗和后百济，朝鲜半岛在高丽王朝的统治下，重新实现了统一。

高丽王朝统治时期，统治者重视调整经济关系，及时缓和社会阶级矛盾，而且中国在晚唐、五代、契丹和北宋等统治时期早已失去进军朝鲜的可能，日本则更是忌惮中国，直到丰臣秀吉上位之前，再也不敢兵锋西向。

内部统治的顺畅，加上外祸的消弭，高丽王朝在朝鲜的经营对后世颇有影响，“高丽”也开始成为朝鲜族人的通称。

4. 阿拉伯帝国

中国唐朝时期，武曌专政后，曾与“大食帝国”对战，这里的大食，就是亚洲西部和西北部空前强盛、影响和威望丝毫不亚于东罗马帝国和奥斯曼帝国的阿拉伯帝国。

阿拉伯帝国幅员辽阔，文化繁荣，历史悠久，是东西方跨度最长的帝国。据说，阿拉伯帝国的版图，最辽阔的时候达近 1400 万平方千米。

自从伊斯兰教得到传播之后，穆斯林们逐渐拧成一团，经过一系列的英勇“圣战”，一个规模庞大、政教合一的帝国逐渐生成。“圣战”取得的成果，即获取了包括西亚、北非、中亚乃至西班牙等区域的广大领土，公元 8 世纪还打败过当时最强盛的大唐帝国，俘虏大批中国官兵，并从这些战俘手中学会了熬糖技术。

经过长年的“圣战”，“哈里发”们最终让一个地跨亚、欧、非三大洲的帝国光辉一直延续至公元 9 世纪，几乎再现了亚历山大时代的雄威。

帝国的元首叫作“哈里发”，意思是“真主安拉的继承人”，由此可见其“君权神授”的色彩。在帝国的上层建筑体系中，哈里发既是一国之君，又是教派魁首，也是最高军事统帅。他们是“圣战”的领导者，也是盛世局面的维护者，直到 1258 年蒙古人的屠刀挥向他们的脖颈，阿拉伯帝国才无可奈何地坠入历史的尘埃，结束了其 626 年的生命。

阿拉伯帝国先后经历了哈里发、倭马亚和阿拔斯等王朝的统治。首先是哈里发王朝，开国君主艾布·伯克尔率先统一了阿拉伯半岛。在其继承人欧麦尔承袭大统以后，开始对东罗马帝国发动战争，从后者手中先后夺取了叙利亚和巴勒斯坦，随后又进军埃及，将大半个中东地区纳入帝国版图当中。

欧麦尔在帝国版图内统一行政管理机制，为国家政局的稳定和国运的绵长奠定了雄厚的政治基础。在后几任哈里发统治期间，波斯的萨珊王朝、北非的利比亚王国也成为阿拉伯帝国的手下败将。

经过哈里发政权的重大调整，倭马亚王朝取代哈里发王朝，继续领导阿拉伯帝国的扩张大业，先后征服了布哈拉、信德以及撒马尔罕等地。公元 711 年，又跨越直布罗陀海峡，一度进入安达卢西亚境内，与法兰克王国展开过激烈争夺战。

倭马亚王朝在拥有了西临大西洋、东到中亚阿姆河的辽阔土地后，便转杀伐为改革，仿效东罗马帝国的政治体制，建立起完备的军政一体化的封建制度。此外，在以土地为轴心的经济政策改革方面也很有成效。

文化层面，阿拉伯语被定为官方语言，伊斯兰教被奉为唯一有权利信仰的国教。倭马亚王朝的改革举措，促进了帝国政治的长治久安，但由于牺牲了非阿拉伯血统穆斯林的政治文化利益，以至于公元 750 年，波斯裔的政治家穆斯里穆趁乱起兵，推翻了倭马亚王朝，新的阿拔斯王朝继续主宰阿拉伯帝国的命运。

阿拔斯王朝虽然继续对外扩张，但方向有所变动。由于西部疆域已然十分广阔，阿拔斯王朝转而主要向东方进军，让吐蕃汗国臣服后，又在公元 751 年的中亚怛罗斯战斗中，重创了唐朝安西都护府高仙芝的大军，控制了大半个中亚。

在西方的小规模战斗中，最辉煌的成果则是公元 750 年占领坦桑尼亚境内的一处群岛。公元 762 年，新王朝的哈里发曼苏尔迁都巴格达，国力空前强大。这一历史时期，被中国史书称为“黑衣大食”。

和倭马亚王朝一样，阿拔斯王朝也注重社会改革，但仿效的对象不再是东罗马，而是毗邻的波斯帝国。

除了政体层面的效仿，阿拔斯王朝在经营中亚的过程中，尤其注重水利技术的革新，保证了新月沃土一带的农业得以持久发展。中亚的锡尔河、阿姆河以及埃及的尼罗河等，都成为灌溉农田的“母亲河”。

由于地处亚欧地带的必经之路，商贾的频繁往来也助推了阿拉伯帝国商业的繁荣。穆斯林的鼻祖穆罕默德本人就是商人出身，他的后代在商业领域中，也自然创造出不俗的成绩。

中世纪时代，阿拉伯商人遍布东半球，甚至巴格达成为世界商贸中心之一，却也招致了欧洲人的嫉妒，致使阿拉伯人有“高利贷者”的不雅之称，在欧洲文学作品中时常与“奸商”犹太人相提并论。

悠久光辉的阿拉伯文化，正是在阿拔斯王朝时代迎来了属于自己的巅峰。

公元 9 世纪，阿拉伯帝国的国际地位几乎不输给大唐王朝，但哈里发为了拱卫边疆，和唐朝皇帝李隆基犯了一个同样的错误：重用异族军官和战士。李隆基听信安禄山的谗言，提拔羌胡军官，结果正为安禄山的反叛提供了跳板，一场“安史之乱”挥霍了“开元盛世”的所有积蓄。

阿拔斯王朝的哈里发们为了提升军队战斗力，不惜大力引入突厥人充任国防主力。突厥族中，拥兵自重的将领们逐渐控制了阿拉伯朝政，反客为主地架空了哈里发们的权力。突厥族在帝国土地上为所欲为，各霸一方，让一度强大的阿拉伯帝国逐渐衰落，而阿拉伯的民众也趁乱不断起义，王朝统治日益危机四伏。

1055 年，突厥人的一支——塞尔柱部族组织军队杀进巴格达，哈里发的世俗权力被废黜，只留下了宗教魁首的虚名，表面上被称作“巴格达教皇”，实则形同傀儡。突厥塞尔柱人攻陷巴格达，意味着阿拔斯帝国已经名存实亡。虽然突厥族后来远征欧洲，将目标转向了东罗马的首都君士坦丁堡，但巴格达的命运也并未改变。因为到了 1258 年，蒙古将领旭烈兀成为巴格达的主人，他杀死末代哈里发后，阿拔斯王朝灭亡。

5. 德意志的建国之路

10 世纪早期，业已分裂出查理曼帝国体系的东法兰克王国，其怀抱中陆续诞生出若干个大小不一的公国，士瓦本、洛林、法兰克尼亚、巴伐利亚等，不一而足。其中脱离出来的东法兰克很快崛起，这就是著名的德意志国家。虽然一直处于分裂状态，但不可逆转的事实在于，德意志的发展和崛起为欧洲大陆的格局演变注入了一丝崭新的不稳定的因素。

不起眼的角落往往最能见证历史的奇迹，这一常态在德国历史上再度应验。一个叫作萨克森的小公国在一位素有“捕鸟者”之称的公爵的指挥下悄然崛起。据传，萨克森公爵因在野外捕获神鸟而自认为是天命造化，于是他建立起德意志国家，自称亨利一世。

德国建国之初并不太平，匈牙利、波兰、西班牙和法国等各大军事强国横冲直撞，加上本来四分五裂的德国版图，让亨利一世的创业之路充满荆棘。

亨利一世没有四处杀伐的能力，只能凭借灵活的外交手段平衡与各国的关系。可是，他的继承人奥托的对外态度则与他大相径庭，他认为在这个诸侯割据的欧洲大陆上，最终还要依靠实力说话。

奥托登基以后，第一件事就是大力发展军事，并对那些敢在德国人面前磨刀霍霍的列强施以颜色。他首先令德意志的其他公国臣服，随后团结这些公国的官兵反击外国军队，击溃了匈牙利，还侵占了意大利，使得在任罗马教皇约翰十二世都不得不亲自为奥托主持加冕，并美其名曰“奥古斯都”。

奥托开创了神圣罗马帝国的光辉时代。从此，奥托在德国历史上有了“奥托大帝”和“祖国之父”的美称。奥托大帝之后是亨利四世，他也是一个常胜将军，不过却因一场屈辱的“卡诺莎”之行，让德意志官兵首次受到羞辱。

不过，卡诺莎的失败，并没有阻挡德国人前进的步伐。亨利四世后的红胡子腓特烈，绝对是一位响当当的军事天才！20世纪的野心家希特勒都以他的绰号“巴巴罗萨”作为策划进攻苏联的代号。

红胡子腓特烈一生征战，单是对意大利发动的侵略战争就多达6次，连罗马教皇都对其唯唯诺诺。在那个教权大于世俗权力的历史时代，红胡子腓特烈能够取得这样的成就，实在是奇迹。

在欧洲大陆上，神圣罗马帝国成为德国的“第一帝国”，与威廉一世的“第二帝国”和希特勒的“第三帝国”相比，这个“第一帝国”虽然对外取得的军事战果不是最辉煌的，但延续的时间却是最长的，打破了中世纪的黑暗和沉闷，却也加剧了欧洲战火的进一步燃烧与蔓延。

尽管德意志仍旧没有实现统一，但在数百年后，两个强大的邦国迅速崛起，一个是奥地利，另一个是普鲁士。两个军事强国凭借各自的外交智慧扶摇直上，在30年战争之前的时代，两个邦国的强大，一直维系着德意志在形式上的繁荣和昌盛。

就在德意志国家进入神圣罗马帝国时代的同时，欧洲有很多国家都陆续崛起，主要包括法国、意大利、匈牙利、西班牙、葡萄牙以及北欧的瑞典、丹麦、挪威和芬兰等，这些国家先后成立各自的封建政权，在欧洲“你方唱罢我登场”。

在众多兴起的国家中，意大利的发展显得困难重重，其饱受德意志、法国和西班牙接二连三的入侵，进而也涌现出大批仁人志士，他们欲以文化救国，这也促使意大利成为近代精神文明的摇篮。

在其他强国中，匈牙利王国的建成颇具传奇色彩。马扎尔部族的7位同胞兄弟歃血为盟，于公元998年建立起一支好勇斗狠的匈牙利军队。据说，匈牙利人正是嗜血的匈奴人的后裔，虽说这种历史猜测尚没有确凿的证据，但匈牙利民族的好勇喜战，的确与匈奴人有着惊人的相似之处。

7个马扎尔族兄弟封土建国之后，匈牙利紧随德意志国家，成为欧洲一支不可忽略的割据势力。西法兰克出身的法兰西王国，在路易家族的率领下，也开启了封建统治的篇章。北欧的丹麦、挪威和瑞典同样势不可挡，这些维京人的后裔在阿瑟主神奥丁的护佑下，在冰雪天地里封土建国。

丹麦与挪威之间，始终上演着如同哈姆雷特与小福丁布拉斯之间的领袖战争，丹麦甚至一度控制英国，将其视为自己的藩属。国内的史料编纂，也始终热议着发疯王子为父报仇的故事，并被后代的欧洲文人屡屡编创加工，莎士比亚的《哈姆雷特》就是一个典型的例子。

而在伊比利亚半岛上，葡萄牙、西班牙也陆续崛起，并且成为率先完成中央集权的欧洲帝国。这两个国家，也在未来的地理大发现活动中，成了开辟近代文明的先驱。

6. 中国改革家王安石

11 世纪的欧洲，以德意志、匈牙利、瑞典、丹麦、挪威为首的军事强国渐次崛起，长时间的争斗，加剧了欧洲中世纪时代的黑暗。

同一时期的中国，虽然汉唐盛世的风光不复存在，文化产业高度发达、经济总量超过全世界半数以上的北宋王朝，本身固有的积贫积弱的局限也逐渐显露出来，但此时涌现出的一位改革斗士，却让中国的封建社会乍起一层激进的波澜——不但为保守的中国注入了一丝前卫的生机，还在 800 年后引起强烈的响应——马克思称呼这位“东方梭伦”为“11 世纪的伟大改革家”，他就是北宋政治家王安石。

王安石在诗词歌赋和为官为相方面都取得了不俗的成就，而最为深远的影响，还是他主持的熙宁变法。

北宋帝国重文轻武，一方面让中国的文化发展奔至巅峰，另一方面又导致了汉族人的孱弱。北宋以后，驰骋疆场的万军统帅不再是百姓心中敬仰的英雄，其社会地位甚至比不上一篇朗朗上口的文章。

军队久不操练，招募体制也极为混乱，通过“武举”而成为战士的人越来越少，豢养流寇和失业人口为义务兵、在罪犯中发配充军反而成为壮大军备的主要方式。这支国家军队虽然数量庞大，却毫无纪律性和战斗力，不但无力收复被契丹夺走的幽云十六州，甚至在契丹军队打到自家门口的时候，也要以“澶渊协定”为城下之盟，以银钱换取和平。

与军队规模的虚假庞大相对照的，正是政府中官僚机制的虚拟成熟。官僚数量的增多，使得从政人员的素质良莠不齐，大批贵族子弟常常通过恩荫制度步入仕途。这种“捷径化”的求官路线，让科举考场上的寒门学子的前途更加渺茫。虽然名臣范仲淹曾发起“庆历新政”来整顿吏治，试图化解这种尴尬局面，但不到一年便宣告落败。帝国的统治危机四伏。

王安石，字介甫，号半山，生于1021年，在文坛上，他是著名的“唐宋八大家”之一；在权力阶层，最高职位做到了副宰相。年轻时，他在地方担任知州，三番两次地谢绝朝廷宣他去往天子脚下的邀请。胸怀大志的他并非淡泊名利，更非沽名钓誉，而是一直在处心积虑地尝试一项伟大的社会活动。

在地方为官多年，他始终尝试社会改革，随着地方政绩的日益彰显，他才意识到自己入京的时间已到。虽然范仲淹的失利让他记忆犹新，但血气方刚的青年皇帝宋神宗的上台，还是给了他信心。

北宋熙宁二年，1069年，已经是副宰相的王安石在神宗皇帝的支持下开始主持变法，他在经济、政治和军事上进行了全方位的制度变革，让万马齐喑的北宋帝国迎来了新气象。

经济方面，王安石推出了“青苗法”和“募役法”。“青苗法”即在每年青黄不接的时候，政府贷款和发放谷物给农民，年底在农民那里追回贷款，同时加收不少于两成的利息。这样一来便提高了农民的劳动积极性，也有助于提高政府的经济收入，更能减少农业生产对自然的依赖。这种“信贷模式”的雏形虽然在欧洲早已出现，但在中国这种“农本商末”的经济背景下，王安石能率先提出，其成就与商业经济和庄园经济高度发达的欧洲国家和阿拉伯国家相比，自然要高出许多。“募役法”是让农民如何免去徭役。与唐朝时期的缴纳绢布不同，王安石主张百姓直接交钱即可免役，用货币取代布帛产品。这说明中国的商品经济业已发达，市民阶层的出现也早于欧洲，只可惜从北宋到清朝鸦片战争之前，中国的市民阶层始终不能实现社会地位的大翻身，一直没能实现资产阶级的性质蜕变。

除了上述两种法规，方田均税和农田水利的法制建设也颇具创新意义，并涉及税收制度和水利工程方面的知识。经济改革在王安石的变法中不是最主要的，却是最成功的，在很大程度上化解了北宋帝国“冗费”的财政危机。

政治方面，王安石主要在裁汰冗官方面做出了大调整。鉴于范仲淹的新政已经引发贵族士子们的高度警惕，因此王安石在改革上显得小心翼翼，也相对保守。他尽量避开与朝廷大员们的正面冲突，采取釜底抽薪的办法，在官吏来源处大做文章，这就是科举制度的改革。

王安石以前的宋朝，贵族子弟通过恩荫成为“二世祖”，让本来稀缺的官僚岗位与寒门士子的距离越发遥远。因而，他在考试科目的改革上，宣布直接用策论文取代诗词歌赋，提高务实的科举学风。更重要的是，即便是寒门学生中，若是学问做得好，可以直接来找王宰相，直接得到官职，这就形成了与“啃老”贵族们的有利竞争。

军事方面，因为王安石不曾在军队任职，所以改革上比较失败。他推行的“保甲法”，让百姓摆脱经济负担的同时，却加剧了兵役负担。武装人民进行国土防卫，“冗兵”之状更加混乱。而在宋帝国的意识形态里，“好男儿不当兵”的观念也早已深入人心，大批农家男丁被派往军区，导致农庄里尽是老人。虽然“将兵法”独具匠心，可这些依靠保甲而来的新兵，本身对这一政策心存芥蒂，在将官的训练面前又如何能提高积极性呢？

总的来说，王安石的变法有一定的成效，也尽量避免得罪权贵阶层，但很多怀揣政治理想主义的朝廷文员，大多抵触这些新法。文彦博、苏东坡等代表人物甚至坚决不配合王安石，他们的善意也被权贵阶层巧妙地利用，使得原本势不两立的两股政治派系共同抵制改革。

急于求成的王安石只好动用一些功利主义的政治投机分子，以至于新法的执行过程中，又出现不少危害百姓的行为。

宋神宗一度力挺王安石，可最终屈服于太皇太后和皇太后的哭诉，最后连他也认为王安石的新法会招致社会动乱。王安石的权位最终被保守党魁首司马光所取代。他的失势，标志着熙宁变法没能力挽狂澜，而继续贫弱的北宋帝国，也很快迎来了不堪回首的“靖康之变”。

王安石的变法虽然失败了，但在全球政治文明的篇章中，却留下了光鲜亮丽的一页。

第三章 中世纪的战乱

1. 十字军东征

基督教与伊斯兰教在亚欧大陆上的兴起，很快引发了教派之间的冲突。耶路撒冷一直被天主教视为耶稣降生的圣城，但一直被信奉伊斯兰教的穆斯林们控制着。自从矮子丕平对教皇以割让土地示威尊奉以后，教皇在欧洲的各大世俗国家中逐渐发挥了不可忽略的政治力量。为了夺回耶路撒冷，同时扩大天主教的影响范围，削弱伊斯兰教和东正教的势力，罗马教皇们联手欧洲各国的国王,在中世纪时代先后8次组建十字军,东征伊斯兰国家。这是世界史上极为黑暗和混乱的一页，进一步加剧了欧洲封建教会和世俗统治的衰落与穷兵黩武。

第一次: 1096年,罗马教皇组织10万名十字军战士兵分四路杀向东方，于次年进入东罗马帝国的首都君士坦丁堡，随后又开赴小亚细亚半岛。经过一番血战，于1099年7月占领耶路撒冷。罗马教廷在地中海沿岸建立了欧洲模式的若干国家，十字军的第一次东征取得了暂时性的胜利。

第二次：1147年，法国国王路易七世联同神圣罗马帝国的皇帝康拉德三世再度东征。由于东方的突厥塞尔柱人在1144年占领了爱德沙，引起了德、法两国的不满，而法国一直蓄谋夺取叙利亚的大马士革，因此联手德国发动第二次十字军东征。不过，好战的突厥塞尔柱人在小亚细亚轻易击溃了欧洲军队。突厥塞尔柱人的威名一时轰动了整个欧洲。

第三次：1189 年，当亚洲的大金国在为遍布石狮子的卢沟桥的竣工而舒心惬意的时候，远在德国的红胡子腓特烈却按捺不住了，他与英国金雀花王朝的“狮心王”理查德一世和法国国王菲利普二世，率领英、法、德三国联军挺进亚洲。但在巴勒斯坦、西西里岛等各大战场上，三国联军无一不遭到了史无前例的惨败，即便是腓特烈和理查德两位国王，也没能从穆斯林手中夺得耶路撒冷。虽然前三次东征战果不同，却都弱化了东罗马帝国的统治威严，加剧了它的衰败。

第四次：1202 年，这次东征由教皇英诺森三世亲自出马，目的在于控制整个埃及，将其作为进攻耶路撒冷和麦加的跳板。

虽然前三次东征，两次均已落败，可是这次由教皇本人指挥，全军士气依旧高昂。由于意大利贵族没有得到教皇的太多好处，因此拒绝配合其攻打埃及，十字军只好转战东罗马帝国。

十字军率先攻克扎拉城（今克罗地亚的扎达尔），随后攻入君士坦丁堡，进行了为期三天的血腥屠杀和劫掠。

1204 年，十字军取得胜利后，以君士坦丁堡为中心建立起拉丁帝国、雅典公国以及亚该亚公国，三国均为罗马教廷控制下的信奉天主教的傀儡政权。与此同时，意大利的威尼斯公国也割去了东罗马近一半的土地。东罗马国力一落千丈，但天主教、东正教之间的火并，却进一步助长了突厥塞尔柱人的崛起，使得后来的奥斯曼帝国能够一举攻克君士坦丁堡。

第五次：1217 年 4 月，英诺森三世联手低级贵族和没落的骑士阶层加入十字军。由于前几次东征耗费了大量的兵力和财力，所以教皇只好把团结的重点放在底层贵族的身上。虽然教皇还是得到了不少底层贵族的支持，以至于拉丁帝国也卷入其中，并且在 1221 年打进了埃及的首都开罗，但埃及的穆斯林官兵们却在国土内截断所有水源供给渠道，使得十字军最终功亏一篑。

最后三次东征，第六次的主要统帅仍旧是神圣罗马帝国和德意志王国的铁血君王红胡子腓特烈，后两次则由法国国王路易九世指挥。不过这三次征战，十字军早已成为强弩之末，收效甚微，亚非境内的所有傀儡政权悉数垮台。

欧洲历史上的八次十字军东征，并未帮助罗马教皇夺回“圣城”，还让欧洲民生遭到重创。为了组建十字军，连十几岁的男童也被雇用了，建立起臭名昭著的“儿童十字军”。

总之，十字军东征的200年，除了导致基督教徒与穆斯林之间的关系进一步恶化，同时产生了新的文化，间接地促进了欧洲文艺复兴的出现。

2. 蒙古铁骑

蒙古骑兵曾经是世界上最强大的军事集团，他们曾一度横扫亚欧大陆，让西方人至今对那场中世纪的“黄祸”都心有余悸。

蒙古族的历史由来已久，其最早的祖先可追溯至西汉初期，他们是东胡族的一支。冒顿单于壮大了匈奴汗国后，便屡屡打压东胡，然而东胡根基未灭，蒙古人就是东胡部族的后裔。当女真的大金国和西陲的西夏国都将目标指向南宋帝国的时候，北方草原上的蒙古部落迅速崛起，其中一个叫作铁木真的杰出领袖脱颖而出，他在13世纪初期统一蒙古各部，建立起强大的蒙古帝国。铁木真即“成吉思汗”，随后他开启了征服世界的征程。

成吉思汗是继亚历山大之后，又一个险些征服整个东半球世界的战将。早在他汗王甫立的时候，就将西夏国、西辽国和大金国视为蒙古帝国的藩属国，随后借助这些跳板，集中优势兵力，全面进攻西亚、中亚和欧洲等广大区域。

成吉思汗盯住的第一只“猎物”，正是中亚地区的花剌子模，这是一个伊斯兰国家，历史悠久，资源丰富。

1219年，有数百名蒙古商人被花剌子模国王杀害，成吉思汗以此为由，率领蒙古军队开赴花剌子模。他带去的蒙古大军有20万人，花剌子模的军队只有3万人，蒙古军队在兵力上占尽优势，加上在此之前他们从金国境内的汉族人那里学会了火炮技术，战斗力更强。

花剌子模军民们团结一致，直到最后只剩下了两名军人，却也始终不开城投降。蒙古人攻进城市以后，为了报复花剌子模的负隅顽抗，开始了无情的大规模屠杀，随后又放火焚烧了全城。即便如此，蒙古人还是不解气，他们开掘河道淹了这座丰华秀气的城市，逼得花剌子模国王逃往里海，不久愤愤而终。

击溃花剌子模，助长了蒙古官兵的斗志。成吉思汗曾经派遣哲别和速不台两位大将进攻西伯利亚的罗斯部族，起初因客观原因未能如愿。1223年，蒙古人二次回返，将罗斯部族的乌合之众打得落花流水，还侵吞了大部分领土，首都基辅也随之沦陷。

数年后，成吉思汗又率领10万大军攻打西夏国，重创西夏大军主力，为日后元朝军队顺利灭亡西夏和大金奠定了坚实的军事基础。

1227年，成吉思汗去世，他的帝国被一分为四：第一，钦察汗国，统治者是成吉思汗的长子术赤，疆域包括西伯利亚南部以及里海一带。由于钦察汗国是罗斯部族的主人，罗斯人出于对蒙古帐篷的好奇和畏惧，私下称钦察汗国为“金帐汗国”。后来，术赤的儿子拔都打入莫斯科村庄，扩大了钦察汗国的领土。第二，察合台汗国，统治者是成吉思汗的次子察合台，疆域主要在原来的西辽地区，即今天的新疆大部分和中亚的一部分。第三，窝阔台汗国，统治者是成吉思汗的三子窝阔台，疆域主要集中在额尔齐斯河至巴尔喀什湖一带。最后，成吉思汗的小儿子拖雷按照蒙古族“幼子守产”的家族制度，继承了原蒙古草原的大片疆域。拖雷的本土汗国地位最高，其余三个汗国都要受其节制。而拖雷的后代，在以后的征战中，表现也最为出色。

拖雷死后，他的儿子忽必烈继位。忽必烈和他的兄弟们继续扩充蒙古汗国的疆域，他的一个叫旭烈兀的兄弟远征中东地区，先灭掉了波斯帝国，随后又在阿拉伯、波斯的交并之处建立起伊尔汗国。

与此同时，钦察汗国的汗王拔都联合兄弟邦国再度远征欧陆，罗斯部族、保加尔人等均不是对手。尽管在此之前，罗斯族民的起义初见成效，甚至一度收复基辅，但随着这次蒙古大军的卷土重来，基辅再度成为蒙古人手中的把玩之城，克里米亚等战略要地，纷纷成为蒙古贵族的囊中之物。拔都占领基辅以后，罗斯人口称的“金帐汗国”在西伯利亚进行了近300年的封建统治。

1241年，蒙古人发动第二次西征，他们兵分两路攻打波兰和匈牙利，两国联合德国的条顿骑士团共同抵挡蒙古铁骑，可是依旧惨败。

1253年，旭烈兀再接再厉，对风雨飘摇中的阿拉伯帝国发动了最后一战。蒙古军队节节胜利，最终在1258年占领巴格达，杀掉了傀儡哈里发，阿拉伯帝国的末代王朝——阿拔斯王朝就此灭亡。这是蒙古人在西部取得的第三次辉煌战果。

其他汗国在欧洲和中亚西亚的战场上大显神威的时候，忽必烈也率领军队攻克了早已奄奄一息的西夏国、西辽国，仅仅用了半日时间便灭亡了大金国。忽必烈趁着功业日上，于1271年定国号为“大元”，取《周易》中“元亨利贞”中的“元”意。

蒙古军队在东亚战场上自北向南顺流而下，吐蕃、大理等国无不陨落，最后他们将矛头对准了曾与蒙军合作灭亡金国的南宋帝国。

南宋虽有文天祥、张世杰、陆秀夫等宁死不屈的爱国斗士拼死反抗，但被贾似道搞得面目全非的南宋早已不堪一击，于1276年不可避免地迎来了灭亡。在此期间，忽必烈还征服了朝鲜的高丽王朝，两次同高丽联合试图进攻日本，只是由于蒙古军兵不习惯海上的大风大浪，使得日本很幸运地过渡到源氏军阀就职镰仓幕府的时代。

3.《大宪章》

自从诺曼底公爵威廉征服英国以后，英国在进入封建王朝的同时，皇室贵族的血缘关系也注入了更多的“法兰西”基因。诺曼人成了英国和法国两个国家的主人，法国的语言和文化在英吉利海峡彼岸的输入，促进了英国封建文明的初具规模。

诺曼王朝之后，法国的安茹伯爵之子亨利被送往英格兰做了国王，补充了英格兰王位的缺失。亨利继位后，被称为亨利二世，王朝也从“诺曼王朝”过渡到“安茹王朝”。由于亨利二世的王冠上戴有一枝精致的金雀花，因此史书中更习惯称呼这个王朝为“金雀花王朝”。金雀花王朝是中世纪欧洲最强大的王朝之一，在法制建设和民主改革上，也比大陆上的所有国家先进了好几个世纪。

亨利二世自幼在法国长大，继位之初还不怎么会说英语，然而一旦熟悉了语言交流后，马上突显出圣君的本色。亨利二世致力于英格兰的司法改革，将司法权全部集中在王室手中，这就是英国《习惯法》的雏形。而在此之前，《决斗法》等一系列荒唐不堪的法律制度在英格兰盛行。《决斗法》的主要执行方式，就是被告与原告在法庭上徒手决斗，胜利的一方就是胜诉的一方。

亨利二世进行了司法改革后，英国的法制有了很大的进步，在一定程度上也削弱了罗马教皇对世俗权力的控制和干预。

亨利二世死后，他的儿子理查德一世于1189年承袭王位。理查德一世长于“武力”，素有“狮心王”之称。据传，他曾经将手臂伸到狮子的口中，不费什么力气便将狮子的心脏抠了出来。

故事归故事，但理查德一世确实是欧洲著名的常胜将军，其威望不在红胡子腓特烈之下。而且这位不精通英语的国王，特别喜欢狮子这种猛兽，认为君主就应该如雄狮一样，霸气十足，魅力四射。

理查德一世在欧洲征战一生，除了参与去往东方的几次十字军东征外，在欧洲范围内的战争大多取得了胜利。即便曾经被外国军队俘虏过，可对他无比崇拜的英国百姓，还是同意了敌军的要求，以比他们的要求高出很多的金钱赎回了他。

关于理查德一世的死因众说纷纭，最普遍的一个说法，是他在最后一场叛乱中，被守城的士兵用箭射死的。

约翰二世很幸运，由于理查德一世没有子嗣，他才有机会承袭王位。或许是为了感激哥哥的恩德，抑或是要立志和哥哥一样做一个无所畏惧的英雄，他也如理查德一世那样四处征战。只可惜，他的军事才华难以与他哥哥相比。连年征战，却连年铩羽而归，最后不得不割地以求取和平。长此以往，他割让出的土地不计其数，而连续对法国作战，也让彼此的关系，从诺曼人统治下的“难兄难弟”变成了互相敌对。

约翰二世在百姓心中毫无威信，在民间，百姓甚至顺口蔑称他为“失地王”。连年的战争和赔款加重了百姓的负担，更让英国的财政变得岌岌可危。

1209 年，志大才疏的约翰二世又得罪了教皇英诺森三世，教皇宣布开除他的教籍。趁着他灰头土脸之际，英格兰的多位王公大臣连同伦敦市民开始合力反对他。

1215 年 5 月 17 日，贵族们在市民的簇拥下进军伦敦，成为孤家寡人的约翰二世只能向他的臣民屈服。

6 月 15 日，英格兰贵族挟持约翰二世在兰尼米德签署《大宪章》，这是英国历史上首次大臣要求国王遵守法令的事件。

《大宪章》也叫《男爵法案》，旨在限制国王过分膨胀的权力。该宪章承认国王只是“同等中的第一个”，没有无限制的权力，在贵族效忠于国王的前提下，组成限制王权、关键时刻可以否决国王意志的政团机构，这就是历史上最早的“议会”。

当然，这不是最早的议会。最早的议会出现在公元930年的冰岛王国。冰岛的议会有上院和下院之分，每年夏天召开一次会议，直到300年后因丹麦和挪威的侵略才宣告终止。

值得一提的是，13世纪的英国，司法改革的成效和早期民主的起步，进一步削弱了英国的封建专制，使英国成为第一个开辟近代民主文明，且对世界产生重大影响的欧洲国家。

4. 英法百年战争

英国在 13 世纪出现了早期的议会，但在约翰二世以后的王朝统治岁月里，国王依旧发挥着重要的政治力量，与普通贵族相比，国王仍然操控着军政大权，甚至依旧有能力发动对外战争。

英王爱德华三世在 1347 年发动了一场争夺法国王位的战争，这场战争一打就是 100 多年，直到 1453 年英军在波尔多向法军投降为止。历史上称这次战争为“英法百年战争”，这是世界军事史上持续时间最长的一次战争。

法国的佛兰德斯是英国人出售羊毛的风水宝地，英国人在这里和法国人抢夺商业利益，一直都稳操胜券，加上英国王室在法国拥有大片领土治权，英国国王爱德华三世便蓄谋侵占法国国土，去往巴黎，做两个国家的国王。

早在 1328 年，法国国王查理四世去世后，因为断了子嗣，法国的卡佩王朝便拥戴菲利普六世继承王位，从而开创了瓦卢瓦王朝的基业。但爱德华三世却是查理四世的侄儿，凭借自己的血缘关系，他认为自己比菲利普更有资格成为法国国王。政治和经济层面的双向冲突，不可避免地导致了战争的爆发。

英军蓄谋已久，战备充足，法国刚刚经历王朝更迭，立足未稳，初期的战斗，法军连连败北，海军力量本身处于弱势，连国土内部的战斗也是英国人稳占上风。在法国境内，经过斯吕斯海战、克雷西会战、普瓦提埃之战等多次重大战役，尽管黑死病的出现让两国不得不休战 10 年，但最后法国还是在 1360 年被迫与英国签订了《布勒丁尼和约》。

4 年以后，查理五世成为法国的新国王，他大力雇用民间步兵，取代骑士兵团，辅之以野战炮兵和新舰队，于 1369 年开始反攻，并在蒙铁尔战役等数次战斗中取得胜利，迫使英军在 1380 年退守沿海一带。

担心丢失全部领土的英王趁机讲和，双方在 1396 年缔结了长达 20 年的停战协定。但随着法国贵族纷争与农民起义的纷至沓来，英军很快杀了回来。

1422 年，英王亨利六世和法王查理七世为了法国王位的争夺再度开火，这回又是英军占了绝对上风。6 年后，英军已经打通了进入法国奥尔良的入口，这个城市正是法国南方的军事要塞，形势对法国十分不利。

法国民众眼见敌国的入侵已经难以阻挡，纷纷组建兵团，开始配合政府共同反抗英军。这时候的英法战争，已经从王位和霸权的争夺，转变成法国人民的反侵略。在众多民间英雄中，有一位和东方的花木兰旗鼓相当的巾帼英雄脱颖而出，她就是法国历史上著名的圣女贞德。

1429 年，这位出身洛林郊区的十七八岁的少女会见了查理王子，凭借不输给男子汉的气概和魄力，很快取得了王子的信任。贞德率领民兵攻向奥尔良，去截杀在那里游荡的英国侵略军。

英王对一个凡家女子不以为意，不料战况一开，大出英军的意料。贞德在奥尔良战场上的英勇表现，令英军不得不丢弃大部分辛辛苦苦占领的要塞。贞德自此声名大噪，法国人民亲切地称呼她为“奥尔良姑娘”。

贞德解救祖国的义举固然可歌可泣，可是腐朽的法国国王却害怕她在民间的影响力过大，最终在勃艮第贵族勾结英国敌军的情势下俘虏了贞德——法国人以 2 万法郎的代价，将她卖给了英国人。

1431 年 5 月 29 日，英国教会在鲁昂城中，下令将贞德活活烧死。贞德就义的这一年，她还不到 20 岁。

值得欣慰的是，贞德的英勇鼓舞了法国人民，法国王室最终还是与民众团结起来，在战场上逐渐扭转颓势，直到 1453 年 10 月在波尔多制伏最后一支游弋在法国的英军。百年战争，最终以法国的胜利告终。

此后的英国，由于没有了进军欧陆的机会，索性一直在自己的英伦三岛内维系着金雀花王朝的统治。但随着争权夺利势头的扩大，爱德华三世的后裔也开始内讧，其中以兰开斯特和约克这两大家族的权势最大，他们分别以红玫瑰和白玫瑰为族徽，发生战争以后，历史上称这次英国内战为“玫瑰之战”。

这场家族内部的战争从 1455 年开始，一直延续了 30 年之久，最终兰开斯特家族的亨利七世与约克家族的伊丽莎白以联姻的方式，体面地结束了战争。任何一方，都不是这场战争的胜利者，而且双方都沦为家族的罪人，因为长年的混战，让金雀花家族的实力遭到了严重削弱。亨利七世上位后，开启了都铎王朝的统治，属于金雀花王朝的时代一去不返。

5. 欧非国家的边缘战斗

中世纪晚期，正当英国在内外交战中被搞得焦头烂额之际，欧洲大陆的其他国家，也在忙于属于自己的阶级纷争和霸权争斗。

在欧洲大陆上，一场轰轰烈烈的农民战争在一个叫“捷克”的年轻国家展开，民间领袖胡斯率领捷克农民，与德意志的教士贵族和本国的反动腐朽势力展开殊死抗争，在世界农民运动的历史上留下了光辉的一页。而与此同时，远在地中海彼岸的非洲，桑海古国等封建军事强国也在不断壮大。

（1）桑海国的兴与衰：当古老的埃及王国在非洲逐渐没落时，西部尼日尔河和提累河的交汇之处，一个叫作桑海的古国傲然崛起。虽然一度强盛，但很快被西部非洲的新兴强国马里王国取而代之。桑海成为马里王国的附属国。

1335 年，马里国王将桑海的两位王子扣留为质，进一步加强了对桑海的控制。这两位做人质的王子雄心勃勃，他们在马里王国装出效忠国王，国王对他们由提防转为信任，甚至还分拨给他们不小的兵权。

两年以后，马里国王去世，为争夺王位，马里王室内部发生混乱，两位王子趁乱起事，他们联络桑海国的旧部，成功夺取了早已是马里国都的加奥，而这座城市之前正是桑海国的旧都。桑海复国以后，大王子阿里做了国王，崭新的桑尼王朝宣告成立。

1493 年，桑海国内再度政变，掌权军人穆罕默德·杜尔成功篡位，以阿斯基亚王朝取代了桑尼王朝。这位篡位军人自称阿斯基亚·穆罕默德一世，为了洗清自己王位的不齿来路，他展开了一系列社会改革，官民矛盾和民族矛盾逐渐缓和，伊斯兰教成为国家统一信奉的宗教，桑海国在穆罕默德一世的领导下，很快进入了全盛时期。

但是，穆罕默德一世未能安度余生，他的王位最终被自己的儿子篡夺。此后，失去支撑的桑海国再度陷入混乱之中。

1590 年，北非强国摩洛哥入侵桑海，桑海国此后一蹶不振，最终在 17 世纪化为乌有。

（2）胡斯战争：公元 9 世纪，捷克和众多欧洲国家一样，在战火纷飞中艰难地建立起来。捷克地产丰富，资源取之不尽，因此引来德国封建贵族和教权阶层的垂涎。

早在 12 世纪德意志就开始向捷克移民，教士、僧侣和封建骑士贵族纷纷在这里攫取土地资源，捷克的耕地陆续转入德意志人之手，政治特权也被德意志的僧侣阶层占尽。捷克国王不但不组织抵抗，反而加紧谄媚德意志国王。与此同时，捷克的本国平民饱受剥削，阶级矛盾十分尖锐。

哪里有压迫，哪里就有反抗。捷克的农民阶层和手工业者中出现了一个名叫胡斯的英雄，他组建了一支民间起义队伍，打着宗教改革的旗帜，于 1419 年发动反对德意志贵族的战争，史称“胡斯战争”。

胡斯团结广大捷克平民发动反击，一度打得德国军队丢盔弃甲。胡斯战争的胜利，促使胡斯领导的军队规模逐渐扩大，不过内部却分成了偏右的圣杯派和偏左的塔博尔派。在捷克取得独立以后，以中低层贵族与市民阶层为主的圣杯派，却最终与封建势力勾结，轰轰烈烈的胡斯战争最终最后失败。

胡斯战争未能解决国内矛盾，却终究给捷克带来了民族独立。正如恩格斯评论的那样：“胡斯战争……给德国在捷克的势力以沉重的打击，保证了捷克在一定时期内脱离神圣罗马帝国而获得独立的政治地位。”

6. 奥斯曼帝国

自从在东亚被隋唐大军进攻之后，突厥族不得不向西迁徙。在突厥族的众多分支中，突厥塞尔柱一族曾经最为强盛。他们在阿拉伯帝国的军队中获得了强大的人力资源优势，取而代之只是时间问题。

1055 年，突厥塞尔柱军队攻克阿拉伯帝国首都巴格达，控制了哈里发的一切权柄。在接受了伊斯兰教的洗礼以后，全军士气更盛，军队继续向西推进，一直到达了小亚细亚半岛。

突厥塞尔柱部族的南征北战，为后期奥斯曼部族的强盛奠定了坚实的基础。在饱受蒙古铁骑攻杀之后，突厥塞尔柱人在 13 世纪末期开始衰落，他们的苏丹国分裂成 10 个小公国，其中有一个公国的国主就是埃尔托格鲁尔。

1288 年，这位国主去世，他的儿子奥斯曼继承权柄。奥斯曼自幼胸有大志，其政治才华远在父亲之上。他同伊斯兰教的权贵长老结成同盟，还做了苏菲教派长老的女婿。这位长老明确支持他的独立运动，全力为他的“圣战”增援。

有了伊斯兰权威教派的支持，奥斯曼在 1300 年自称苏丹，并且宣布自己的部落为独立的伊斯兰国家。经过 20 多年的杀伐血战，奥斯曼的政权组织最终取代了突厥塞尔柱帝国的统治地位，并且将疆土扩大到东罗马帝国的西部重镇布鲁萨，控制了马尔马拉海峡。

1326 年，奥斯曼迁都布鲁萨，国号为“奥斯曼帝国”，国家族民则被称为“土耳其人”。

不可阻挡的奥斯曼帝国在历代苏丹的励精图治下，国力蒸蒸日上，尤其是近卫兵团制度的建立，不断壮大着该帝国的军事实力。近卫兵团体制内，聚集了帝国境内最为精壮的青年男子，他们进入军队后以掠夺和杀戮为荣，连其全家亲属都能享受国家的优厚待遇。因此，近卫兵团的规模越来越大。

从 1331 年起，奥斯曼军队开始进攻东罗马帝国，100 多年间，双方互有胜败，但奥斯曼军队最终在东方人那里学会了火炮技术，凭借新式武器的运用，加上土耳其族民固有的勇猛，奥斯曼军队在 1453 年，也就是英法百年战争结束的那一年，占领了东罗马帝国的首都君士坦丁堡。

东罗马帝国灭亡后，君士坦丁堡遭到空前洗劫，许多文明毁于一旦。值得一提的是，当初的君士坦丁堡，即如今的伊斯坦布尔，成了土耳其共和国最大的港口城市。

占领了东罗马，为奥斯曼帝国在亚欧大陆上的双向用兵提供了跳板，在此后的 100 年中，奥斯曼帝国由于陆续出现了有为苏丹，对外作战屡屡获胜，欧洲的匈牙利、奥地利，亚洲的波斯、叙利亚、高加索、伊拉克以及非洲的埃及等，都成了奥斯曼人的手下败将。

苏莱曼一世成为奥斯曼帝国的苏丹以后，近卫兵团的扩张势头到达了极点。苏莱曼一世雄才大略，自从 1520 年成为君主，先后亲征 13 次，其中 11 次均获大胜。

1521 年，他率领大军打败匈牙利军队，占领匈牙利控制的贝尔格莱德。5 年后又派遣爱将摩哈赤彻底重创匈军，布达佩斯也成为奥斯曼帝国控制的城市。

在亚洲，苏莱曼一世占领高加索地区，重创伊拉克军队，控制了巴士拉—巴格达—阿勒颇—印度至地中海的重要商路。苏莱曼一世此举等于控制了东西方的海陆商道，亚洲人和欧洲人的相互来往越发困难重重。

奥斯曼军队的“亚洲之旅”，也在客观上传播了伊斯兰的宗教文化。他们的兵锋指向哪里，伊斯兰的宗教文明就弘扬到哪里，对于亚洲的中西部而言，这意味着伊斯兰教影响势力的扩大；而对于欧洲而言，由于亚欧大陆的陆地商道和海岸航线遭到近卫官兵的严密封锁，失去商业渠道的欧洲人只有另辟蹊径，但却在冥冥之中开启了地理大发现的伟大序幕。

第三篇　『全球化』的起步

第一章　地理大发现与思想大解放

1. 葡萄牙：开辟新航路的先驱

1143 年，欧洲西部伊比利亚半岛上的葡萄牙成为独立的封建王国。随着中央集权的逐渐成形和天主教传播、掠夺黄金欲望的日趋强烈，葡萄牙成为开辟新航路、创造近代全球文明的开山鼻祖。

自从 14 世纪奥斯曼帝国的庞大疆域横亘在亚欧大陆之间以后，欧洲人通往东方世界的传统路线被封死，意大利旅行家马可·波罗的一本《东方见闻》在欧洲各国的文化产品市场上轰动一时，却仍旧难以消弭欧洲人去往亚非古国实现各自的“淘金梦”。

葡萄牙王国的历史上曾有一位亨利王子，他对未来的王位不感兴趣，在将父王传授给他的权力转赠给弟弟之后，便一心致力于海外寻宝。至今，亨利王子的寻宝之举仍为葡萄牙人津津乐道。

及至 15 世纪，葡萄牙的封建王国实力逐步强大，而中国的指南针、罗盘等技术传入欧洲，更是便利了欧洲人在海洋上的探险。

1488 年，葡萄牙航海家迪亚士率领船队抵达非洲南部，虽然一度遭遇大风大浪，但由于他的船队很幸运地停留在了一个海岸的角落处，所以避免了葬身大海的厄运。大难不死的迪亚士遂将这个角落命名为“好望角”，意思是“美好的希望”的海角。

迪亚士发现“好望角”以后，索性直接为葡萄牙通往亚洲指明了一条道路——葡萄牙海军只需要借道非洲，穿越大西洋南部，转至印度洋，就能来到当时最富饶的亚洲国家之一——印度。

为了巩固这一成果，葡萄牙与邻国西班牙矛盾重重。西班牙王国也实现了中央集权，并且同样开始了对外扩张的事业，虽然国力不能和葡萄牙相提并论，但在人力和物力资源方面却优于葡萄牙。因此，葡萄牙也不敢轻举妄动，西班牙也是忌惮这个强悍的邻居，于是双方不约而同地采取了寻求教皇支持的策略。

罗马教皇亚历山大六世狡猾圆通，他在1493年5月划分出世界的两半，宣称亚速尔群岛和佛德角群岛以西100里格（1里格相当于近6000米）的子午线为分界线，并把该线以西的所有土地都划给了西班牙，以东的所有土地划给了葡萄牙。这条子午线，后来被称为“教皇子午线”。

一年以后，两国再度签订《托德西拉斯条约》。这条子午线被西移了270里格，这样一来，葡萄牙在绕道非洲、通往印度的航程上更加便捷了。而当时的西班牙国王，将希望全部寄托在一位名叫哥伦布的意大利航海家身上，出于对哥伦布的信任，其在条约中让葡萄牙占了不小的便宜。

印度在公元前虽然曾免遭亚历山大的马其顿铁蹄，但到了新时代，印度人即将面临被西方人侵略的危险，就像吠陀时代土著居民被上古西方的雅利安人奴役一样。

1502年，葡萄牙的另一个航海家达·迦马率领一支航海队伍抵达印度。历经一番屠杀、掠夺、吞并和传教后，印度开始被葡萄牙人蚕食。

与此同时，还有一位名叫佩德罗·卡布拉尔的葡萄牙航海家，于1500年侵入印第安人的世界，在南美洲东部大肆砍伐红木，并以此为稀缺资源，宣布这片广袤的西半球土地归葡萄牙王室所有，命名为“圣十字架”。

在“圣十字架”中，砍伐红木一直是主要事业，因此葡萄牙人开始称这片殖民地为“巴西”，葡语即“红木”的意思。1549年，葡萄牙在巴西任命了总督，标志着统治巴西的开始。

除了巴西之外，葡萄牙人在亚非地区更为活跃。在非洲西海岸的广大区域，葡国商人通过各种欺诈性贸易和天主教的宣传诱惑，在非洲掠夺了不少金银和黑奴。而在亚洲则先后占据了印度、印度尼西亚、马六甲、东帝汶等局部战略据点，此外还成为中国澳门境内不受欢迎的“租客”。

1553 年，一队葡萄牙航海商船在琼州海峡遭遇风浪，请求在澳门暂避风口，并希望能够晾晒渔网和货品。这些人为澳门的旖旎风光所动，索性与当地中国贪官汪柏勾结起来，欺瞒明朝政府，包庇葡萄牙人。

在进入澳门的后 300 年里，即便是有不断进入澳门的葡萄牙居民，且在澳门取得居住权，但他们终究还算老实，很少拖欠租税。然而，1842 年中国在鸦片战争中败给英国人后，葡萄牙人落井下石，反客为主，不再履行缴纳租税的义务。直到 1887 年 12 月 1 日，葡萄牙与清朝政府签订《中葡会议草约》和《中葡和好通商条约》，澳门彻底沦为了葡萄牙王国的海外殖民地。

2. 哥伦布与麦哲伦团队

葡萄牙先人一步，在世界各地的殖民扩张中已经尝到了不少甜头。而稍稍迟钝的西班牙，也无时无刻不加紧步伐，随时准备给予葡萄牙重创，取代后者成为新的世界强国。

葡萄牙已经在世界扩张的活动中占了先机，西班牙能做的，只有从葡萄牙的政治舞台上搜罗边缘化的人才，转而为西班牙王室服务。

上帝对西班牙着实眷顾，1492 年，一位来自意大利的航海家求见西班牙的国王和王后，并且道出了另一条通往印度的妙策。他就是克里斯托弗·哥伦布。他是意大利热那亚一位裁缝的儿子，可是自幼在大海航行方面表现出不俗的智慧和天赋。他在意大利的地理学家的证实中，确信了“地球是圆形的”的结论，于是他希望一直向西航行，这样肯定能够抵达印度。于是，他拜那位地理学家为师，还讨要了一张全球地理空间格局的地图。带着这张地图，他以为能够得到国王的宠爱。

在此之前，哥伦布曾投奔当时最强大的葡萄牙，希望葡国君主若昂二世能对自己委以重任。可是若昂二世对“教皇子午线”很满足，加上哥伦布急功近利，让他不很喜欢，于是，哥伦布转而去求见西班牙国王。

1492 年 4 月，西班牙国王与哥伦布签署了《圣达菲协定》，规定西班牙政府册封哥伦布为“大洋将军”，提供官兵和船只，全力支持他另辟蹊径，去往东方世界为西班牙攫取黄金。哥伦布本人，也可拥有这笔财富的 10%。

可惜，哥伦布大错特错，他所指向的东方世界，根本就不是亚洲，而是一直与世隔绝的美洲大陆。哥伦布一行登陆西半球大陆以后，错误地将古巴当成了中国的一座岛屿，将海地当成了日本，还把大陆上的土著居民叫作“印度人”。殊不知，这些“印度人”正是曾经接受玛雅文明洗礼的印第安人。

进入了这片陌生的土地，寻求黄金自然困难重重，加上本地印第安人的反抗、海面上飓风海啸的袭击，哥伦布的三次探寻都无功而返。而与此同时，葡萄牙在印度等地则掠夺了大量财富。

西班牙国王兑现了协定中的支援，可是哥伦布这位“大洋将军”却食言而肥，国王在恼火之余，把他当成了骗子。最终，哥伦布在忧愤中抑郁而终，可后来一位意大利航海家阿美利哥经过自身实践，证明了哥伦布发现的不是印度，而是一片从未知晓的大陆。

“阿美利加洲”的称呼，代表了阿美利哥的贡献。但由于哥伦布在一次错误的评估中为全球历史做了一件正确的事，后人依旧保留了称呼美洲为“西印度”的习惯。

数百年后，美洲历史上频频出现的“哥伦比亚”字眼，更表现出人们对哥伦布这位伟大失意人的怀想和尊敬。

哥伦布是西班牙从葡萄牙“挖”来的航海第一人，而数年后，又出现了一位航海家麦哲伦，他是葡萄牙人，但跟哥伦布一样，因不受王室重视，转而去往西班牙谋求发展。值得一提的是，他的航程不论是对西班牙国王，还是对世界“全球化”的发展，都意义非凡。

1519 年 9 月，在疏远了哥伦布后，西班牙王朝也给予了麦哲伦极大的恩惠。他在海外取得的一切土地和黄金，只要能够纳入西班牙，麦哲伦本人即可担任当地总督，并且拥有其中 5% 的财富。

麦哲伦带着他的船队浩浩荡荡地出发了，以坚定的意志跨越美洲海峡，并留下了一处“麦哲伦海峡”，进入美洲西部的大洋上时，因洋面风平浪静，麦哲伦便称这片大洋称为“太平洋”。麦哲伦为世界地理研究做出了卓越的贡献，可是他的船队规模也在不断缩小，有的人在惊涛骇浪中牺牲了，有的人因畏惧打了退堂鼓，回到了马德里。越过麦哲伦海峡的时候，麦哲伦只剩下了 3 艘战船。那时，船员和水手们无衣无食，甚至连船舱里的老鼠都捉光吃光了，但他们仍顽强地前进，不达目的誓不罢休。

1521 年 3 月底，麦哲伦船队来到菲律宾群岛。可惜，他被一系列胜利冲昏了头脑，居然介入岛上的部落战争，期望能够让岛民顺从天主教的统治，因而被部落蛮族官兵杀害，客死他乡。

不过，麦哲伦的团队忍住悲伤继续前进，最后只剩下载着 18 人的两艘船，带着香料越过了印度洋，穿过了好望角，最终于1522年9月返回西班牙。

麦哲伦团队花费了整整 3 年的时间，最终证明了地球的球状形态，在世界文明中具有里程碑式的意义。

3. 纪元交叠下的文学创作

在世界文明发展历程中，文学作为人类追求真善美的最高精神境界，其创作和传播始终未曾中断，战争、饥荒或专制等灾难来得越凶，文学反而越繁荣。

中世纪晚期到新时代初期的过渡时代，当东方文学早已告别了“罗摩衍那”“佛教经典”“唐诗宋词”时代的时候，西方文学反而在资本主义萌芽的促动下，得到了明显的发展，主题思想更是具有了鲜明的进步性。

欧洲中世纪时代的文学，大多是歌颂天主教和罗马教皇的作品。在漫长的中世纪社会中，“经院哲学”一直作为上层建筑中的主流意识形态而存在。这种哲学体系以算数学、几何学、天文学、文法学、逻辑学和辩论学等为主要科目，以神学为核心和灵魂，虽然在一定程度上有助于思想的统一，但这种统一多半归因于束缚，文学作品自然会受到严苛的限制。

在这种思潮的影响下，哲学不但是神学的“婢女”，文学也成为神学和哲学的双重精神附庸。在中世纪时期，教会哲学一直是欧洲文坛上的主要流派。

教会文学，又称“僧侣文学”，是由“当时的教士和修士写出的文学作品，体裁有基督故事、圣徒传、祷告文、赞美诗、宗教叙事诗、宗教戏剧等。大多取材于《圣经》的文学体裁，描写上帝万能、圣母奇迹、圣徒布道和信徒苦修等，创作目的主要是宣传宗教教义，鼓吹禁欲主义和来世思想”。在对有关天堂、地狱等虚无主义的论点上，教会文学的作者们极尽吹嘘之能事，通过愚民政策，来维护教会势力和封建地主们的腐朽统治。

然而，中世纪欧洲的世俗文学也并非形同虚设。由于受到封建骑士制度的深远影响，骑士文学是世俗流派中极具特色的一门创作，这种文学流派依附情书、小说或传奇故事的体裁，大力讴歌骑士英雄们锄强扶弱、解救美人、效忠王廷等多方面的品格，却也从根本上反映出维护封建统治的艺术目的，如英国的《贝奥武甫》等。

12 世纪后，随着市民阶层的兴起和发展，市民文学紧随骑士文学，成为欧洲各国，特别是法国最受关注的文学流派之一。但由于教皇与国王的严酷统治，市民文学通常以动物为主人公，对教会阶层进行讽刺鞭挞，同情小资产者，却也无视底层人民的利益，代表作如《列那狐传奇》。狐狸列那代表着中层市民，而“他”屡次戏弄的狮王则是封建反动统治的化身。此外，还有代表贵族阶层的灰狼、代表贫民势力的大公鸡等等。

1265 年，意大利佛罗伦萨的一个旧贵族之家诞生了一个非凡的男孩，他让中世纪的欧洲文学走向了终结。他就是长诗《神曲》的作者——但丁。

但丁自幼爱好诗歌创作和思维辩论，曾经以诗作《新生》震撼意大利文坛。青年时的但丁，在意大利政坛上是一位颇为活跃的政客，平日生活里是一位痴心的情种，他为意大利饱受法国、德意志的侵略而苦恼，为政党的“黑白”分化而痛心疾首，也为眷恋一生的单相思对象的遇人不淑和英年早逝而失神落魄。职场和情场上的双重失意，激发了但丁创作的愿望，并借助在佛罗伦萨流放的日子里，完成了《神曲》的创作，《神曲》也成为“欧洲四大文学名著”之一。

《神曲》共计 100 篇，包括 1 篇序言、33 篇《地狱》、33 篇《炼狱》和 33 篇《天堂》。在序言中，作者提及自己在森林中迷失方向，遭遇猎豹、狮子和饿狼的拦截，其中猎豹代表淫逸，狮子代表野心，饿狼则代表贪婪，三种劣质加在一起，构成了“嫉妒”，而这四种劣质恰恰是基督教中造成人类灾难的“四大根源”。

在但丁看来，在能杀死这些猛兽的“著名的猎狗”未曾出世之前，唯一的防御方法就是另辟蹊径。于是在古罗马大诗人维吉尔的引导下，师徒二人开始了地狱、炼狱和天堂的世界之旅。

《地狱》是《神曲》中的经典与核心之作，作者在地狱中勾勒出一片充满罪恶的阴森世界，表现出对古代先知们的崇拜敬仰和意大利政界灰色的切齿痛恨：这里有包括荷马、亚里士多德在内的“候判所”，有因无能而被废除的教皇，有为爱殉情的生死恋人，有被惩罚倒立或滚在油锅里的残暴教皇或无道昏君，也有数不尽的屠杀者、饕餮者、卖淫者、鸡奸者和红颜祸水者。

但丁将地狱想象成一个漏斗的形状，越往下走，道路越狭窄，灵魂生前犯下的罪孽也越深，直到进入了最底层，在与该隐、犹大、撒旦等罪无可赦者打完交道后，但丁才在维吉尔的帮助下逃出地狱，随后分别在炼狱接受烈火对傲慢的洗礼，最后在天堂的恒星天处，与心中不灭的女神长相厮守。

《神曲》是一部极具理想主义和人道主义的传奇诗作。在本部作品中，但丁热烈歌颂了基督的仁慈、人间的智慧与真爱，否认了宗教专制和王权独裁，甚至也反对了个人英雄主义。虽然保留了许多中世纪的思想残余，但《神曲》的出现，标志着欧洲中世纪文学已经进入了尾声。但丁，或许不是文艺复兴时期的第一位诗人，却一定是中世纪时代的最后一位诗人。

4. 文艺复兴

随着资本主义萌芽在意大利的发展和蔓延，欧洲近代出现了反对神权专制的民主思潮。

1453年，东罗马帝国被奥斯曼帝国攻陷以后，大批学者和知识分子逃往意大利，也顺势将丰厚的古典著作带到了这座火山林立、气候干旱进而导致民族性格极为躁动的半岛上。种种客观因素的共同作用，仿佛在意大利境内构成了一股呼之欲出的思想力量，试图吞没周边的黑暗，从而唤起一种不可预测的光明。

“文艺复兴”，并不是一个陌生的名词，但世人对其理解却争议重重。从学院派的立场解释，所谓的“文艺复兴”，就是欧洲的14世纪到16世纪，从市民阶层蜕变而来的新兴资产阶级，以复兴古希腊和古罗马文化为手段，呼吁新思潮的一种文化运动或思想大解放。这种文化运动从意大利开始，蔓延到欧洲各国，极大地促进了社会的进步，并滋生出一种崭新的思想，这就是崇尚人的价值的“人文主义”。

或许是新兴资产阶级实力尚弱，不敢表现出除旧布新的真正想法；或许是古希腊和古罗马文化本身就存在着与时俱进的艺术特质，当东罗马的学者们将这些遗产带往西欧的时候，这些饱受教会精神奴役的欧洲人，才惊叹自己原来是世界上最具精神财富的人。

总之，人文主义者们以古典的权威为庇佑，从而在文学、美术及音乐等领域中创造出很多新内容，且大多褪去了神性的色彩，代之而起的则是人性的光辉。

被称为“人文主义之父”的彼特拉克，与但丁、薄伽丘并称欧洲文学史上的“三颗巨星”，他的《歌集》等诗歌著作，以十四行诗的创作体制最为突出，开辟了欧洲抒情诗的形式审美之路，被誉为“诗圣”。

当但丁以《神曲》终结了旧世界后，彼特拉克以《歌集》开创了新世界。薄伽丘的代表作是《十日谈》，借助100个动人的故事，高度弘扬了人文主义思想，一句“幸福在人间”贯串了全篇主题。

繁荣的美术作品，在文艺复兴领域更是势不可当。著名的“文艺复兴三杰”，都是美术界的集大成者，达·芬奇的《最后的晚餐》《纺车边的圣母》《圣母子与圣安妮》《施洗者圣约翰》等画作，虽然素材均以神话为主，但形象特征却趋同凡人；米开朗琪罗在雕塑工艺上别出心裁，这位青年时代靠偷偷解剖尸体来了解人体的艺术家，对人体灵与肉的把握达到了无所不知的境地，且不谈他的《酒神巴库斯》《哀悼基督》两部作品，单是后期的一塑《大卫》，以其人体焕发出的无限魅力，足以震撼当时的美术领域；拉斐尔的名声稍显不足，但他在塑造圣母的亲民形象方面，始终在同行中独占鳌头。

意大利人才济济，让人文主义的影响力逐渐蔓延至整个欧洲，文学创作进入了空前发达的黄金时代。在法国和西班牙，拉伯雷与塞万提斯脱颖而出，前者的《巨人传》歌颂了人无所不知与无所不能的优秀本质，而后者的《堂·吉诃德》一经出版，直接令欧洲的骑士图腾荡然无存。骑士小说的创作也在欧洲文坛上销声匿迹。

除了小说，文艺复兴时期的诗歌创作也有所建树。英国的乔叟与法国的拉·封丹，都擅长写寓言诗，他们喜欢以动物为题材，歌颂人间的美好，否认虚无的宗教世界。或许在形式上，他们对12世纪的市民文学有所保留，但内容和主题的确有了质的飞跃。

英国继乔叟之后，又出现了一位伟大的文学家——威廉·莎士比亚。他的十四行诗的艺术高度较之彼特拉克毫不逊色，更重要的是，莎士比亚只算是业余创作诗歌，他最擅长的是戏剧创作。他的《哈姆雷特》《李尔王》《麦克白》与《奥赛罗》被称为“四大悲剧”，《威尼斯商人》《仲夏夜之梦》《第十二夜》和《皆大欢喜》则被称为“四大喜剧”，此外还有如《罗密欧与朱丽叶》这样的悲喜混杂剧。

在莎士比亚的戏剧世界中，抒情达意的沁人心脾、贵族血统的优雅纯正、内心世界的曲折复杂、历史文化的雄壮浑厚等，无不在其戏剧艺术的成就范畴之内。然而，最能够突出莎翁剧作时代精神的一句话，莫过于《哈姆雷特》中的“人是一件多么了不起的杰作”。

人的精神，在莎翁的戏剧中如影随形，如丹麦王子的复仇与思考、女法官的仁慈和智慧、君主的外强中干、王侯的多疑以及贵族同平民阶层的泾渭分明等。

从莎士比亚对文艺复兴的终结来看，文艺复兴的胜利，归根结底是“人文主义”的胜利，其打破了中世纪以来“神权至上”的思想。不过，对人的个性进行无限制的弘扬，这在数百年后看来却也显得矫枉过正，由“人文主义”衍生出了“个人主义”，无形中助长了人性中过于自我的一面，对社会的进步也产生了不可忽略的阻滞作用。

5. 郑道传、努尔哈赤与马基雅弗利

文艺复兴走过数百年的光阴，人文主义者们在思想文化和艺术创作的战场上大获全胜，但是从文艺战场上的胜利过渡到政治革命的成功，还需要经过漫长的岁月。欧洲国家特别是意大利的人文主义者们，将斗争的矛头对准了神权专制，而对于世俗阶级的人权专制，总体上看仍然采取支持、默许的态度。

人权专制先取代神权专制，然后再由资产阶级的政治力量取代人权专制，这是历史发展的必然，也是社会阶级前进的必经阶段。因此，人权专制的构建，正是民主政治的改革前奏，也应属于民主建设之路的一部分。

实际上，不仅是饱受人文主义思潮洗礼的意大利等欧洲国家如此，在出现了资本主义萌芽的东方封建国家也是如此，例如朝鲜和中国。

（1）郑道传：专治背景下的民主政体初探

1392 年，高丽王朝的大将李成桂废除恭让国王，建立起李氏王朝，定都汉阳（今首尔），并且委任郑道传为相国，开始设计全新的政体方案。

郑道传的政治改革以仿效明朝的封建政体为基础，但也具备了很多民主色彩。他主张像明朝一样设置国王控制下的“六曹”，以中央政府部门的身份充当国王与基层之间的沟通中介。与此同时，郑道传在文官中设置弘文馆、司宪府和司谏院，在军队中设立三军府，政权与军权得以区分，且在各自领域内实现“三权分立”，从而在君权受限的前提下，实现朝鲜特色的民主化政治。

为了继续弱化君权，郑道传也建议李成桂不要将强势优秀的后代立为

储君，以免影响专制独裁。李成桂本身宠爱生育幼子的娇妻，有意传位给娇妻之子，最终接受了郑道传的建议。李成桂最小的儿子李芳硕成为王储，郑道传的政治理想蓝图也几乎要实现了。

（2）努尔哈赤：共理家政的八大和硕贝勒

中国最早的资本主义萌芽出现在明朝晚期的江南一带，当时的东北还处在建州女真、海西女真和野人女真的混乱割据之中，生产格局连起码的封建经济形态都不具备。可是，历史的奇迹正在于此，中国东北这片地广人稀、开发迟滞、女真族四处混战的黑土地上，偏偏发生了一次最早的民主政治尝试。尝试者是后金汗国的创建者、大清王朝的奠基者——爱新觉罗·努尔哈赤。

1616 年，努尔哈赤建立了以八旗制度为主体的后金汗国，与明朝正式分庭抗礼。后金汗国的势力不断壮大，然而晚年的努尔哈赤却没有仿效汉族人那样让嫡长子继承，他决定以一套自创性的家族管理体制来保证后代避免因争权夺利而出现相互残杀的局面。

努尔哈赤在自己的子侄中挑选出 8 位最出色的战将，分为四大和硕贝勒和四小贝勒，四大贝勒即大贝勒次子代善、二贝勒长侄阿敏、三贝勒五子莽古尔泰、四贝勒八子皇太极；四小贝勒即十二子阿济格、十四子多尔衮、十五子多铎和幼侄济尔哈朗。

努尔哈赤规定，所有的家国财产均为八家平分，政治权力为八家共掌，八位王爷轮流协助汗王处理日常政务。此外，在八旗军队上，努尔哈赤做出了比较合理的分配：秉持“黄色为贵”的原则，努尔哈赤本人亲掌两黄旗，皇太极掌管两白旗，代善和他的长子岳托分别掌管正红旗和镶红旗，莽古尔泰和皇太极的长子豪格先后掌管正蓝旗，阿敏和济尔哈朗兄弟先后掌管镶蓝旗。

努尔哈赤在生命的最后阶段，还遵从“幼子守产”的家规，将两黄旗军队分给了宠妃乌拉氏的 3 个年龄偏小但能征善战、聪明早熟的儿子：阿济格、多尔衮和多铎。

（3）马基雅弗利：君主的智慧

晚于努尔哈赤几十年后，意大利也出现了一位政治学研究者，他叫尼科洛·马基雅弗利。他在毕生之年写成了《君主论》一书，最大限度地摆脱了神学和伦理学的束缚，为人权视野下的政治学和法学，开辟了崭新、独立的道路。

本书在君主如何巩固政权、控制局势以及夺取天下等多维度下，阐明了一国之君应当具备的政治素质。本书从历史经验出发，以“人性本恶”为假定依据，认为“国家的产生是出于人性本身的需要，并不是上帝的意志，从而否认了君权神授”。他大胆地将政治与伦理道德分离，认为政治的基础不再是伦理道德，而应由权力取而代之。在洋洋洒洒的26章中，前11章重点论述了守护权力的道行；12章到14章讲述了治理军队的奥妙；而最后的12章才是全书的核心——全面讲述只有马基雅弗利一人独创的术治理论。

马基雅弗利是近代政治思想的奠基人，他在《君主论》中的许多思想主张，虽然与资本主义民主法制并无关系，但在维护封建政体的前提下，却提出了很多颇具“开明专制”色彩的见解，如他的“狮子与狐狸的理论”，告诫君主必须懂得运用人性和兽性来使人民畏惧，而又不憎恨。他在法律、军队和财产保护等方面，也提出了很好的主张。

马基雅弗利的政治观念对后世影响久远，今天人们常用“马基雅弗利主义”来形容一个人久经职场、世故老练以及锋芒不露等特质。

郑道传、努尔哈赤和马基雅弗利，三人的政治实践、改革探究或论著诠释，都代表了封建末路与资本主义萌芽交替时代的东西方世界具有二重性的普遍思想，但是他们的性质和结局却各不相同。

从性质上看，郑道传的共和改制政策，是“末封建社会”里的“封建的民主主义”；努尔哈赤的八大贝勒共治国政之策，是“前封建时代”的“家族的民主主义”；而马基雅弗利的君主权谋理念，则是“前资本主义时代”的“开明的专制主义”。

从结局上看，郑道传和努尔哈赤是失败者，而马基雅弗利则是胜利者。因为前两者是对新制度的初步尝试，这种尝试，往往会因经济基础和生产机制的不成熟而失败：郑道传还没有将李芳硕扶到王位上，李成桂最强势的五儿子李芳远便篡了父亲的权，自己做了朝鲜国王，随后杀死郑道传、李芳硕，排挤了和他争夺权力的其他兄弟。

努尔哈赤死后，继承者皇太极却反其道地强化君主专制，大力推行“明朝化”改革，特别是在自己称帝、建立大清以后，重用汉族官吏，革除四大贝勒，架空诸多亲王，虽然巩固和发展了清王朝的基业，却让努尔哈赤的家族遗风荡然无存。

与之不同的是，马基雅弗利教会了欧洲君主们如何打击教权和巩固世俗王权，教权在中世纪晚期得以削弱，启蒙思想运动和资产阶级革命的发展更为顺利。

6. 法制建设、宗教改革与天文博弈

在文艺复兴时期，与思想解放和艺术创作同步进行的，还有法制的国际化建设、从天主教到各路新教的宗教改革，以及天文科学领域的一些屈服于真理的博弈。

在西方法制史上，最早的法典当属《罗马法》。《罗马法》是古罗马时代欧洲国家普遍遵循的法律规则，也是西方法制文明的典范之一，其名声和地位不在近代的《民法典》之下。在罗马贵族执政欧洲的漫长岁月里，《罗马法》以原始的商品经济为基础，内容比其他奴隶制和封建制的法律规则更加完善，并且着重体现出理性原则与平衡观念。

但是，随着资本主义萌芽的出现、国家政权数量的增多和各国、各地商业往来的日趋频繁，相对封闭和单一的《罗马法》已经不能适应新的经济政治关系了，于是一种能够在跨地区和跨国界的范围中普遍适用的法规，便在政治经济的需求中应运而生，这就是近代国际私法。

意大利是最早诞生近代文明的国家，因此“国际私法之父”也是一位意大利学者，他是首创“法则区别说”的巴托鲁斯。

巴托鲁斯将法律的属地属性和属人属性区别开来，其中法律的执行应当侧重关注属地属性。他巧妙地运用法律的域内外效力这个法律冲突的根本点，教会法官如何运用属地和属人之间的关系，合理协调国际角色。他在重新解释《罗马法》的基础上，进一步提出了国际私法的正确应用原则，认为“但凡代表主权的国王基于某种认识而为某一行为，他不应受任何法律的阻碍”。

宗教改革方面，随着天主教在欧洲民间的精神控制力的逐渐衰落，宗教改革运动也呼之欲出，这导致天主教的昔日权威一落千丈，代之而起的则是加尔文教和路德教两派。

1553 年，宗教学家加尔文在瑞士日内瓦进行广泛的宗教改革，各大教会在各国宣告生成。该教在相信《圣经》中一些假说和预言的前提下，反对“赎罪券”和宗教专制，并主张减免教会中的繁文缛节，摒弃祭台、圣像和祭礼等陈规旧俗，只承认“圣餐中有耶稣体血的德能，强调讲道，注重牧师和信徒教育以及信仰与社会生活的关系”。

加尔文教的信徒主要集中在苏格兰、瑞士、北欧国家以及后来的美国。其中加尔文教的一支——清教在英格兰脱颖而出，影响了英国都铎王朝的末代统治，也助推了英国资产阶级革命的形成与发展。

路德教的创立者是马丁·路德，这一教派是德意志宗教改革发展的必然结果。1529 年，马丁·路德在德国创立该教以后，基督教完成了从天主教独控时代到新教信仰时代的过渡。今天人们口中常提的基督教，泛指的就是这一新教门派。

16 世纪以来，这一教派在丹麦、挪威、瑞典、芬兰和冰岛等北欧国家广泛传播，在西欧和北美国家中，其社会地位也丝毫不输给加尔文教。

宗教改革相当于文艺复兴的升级版，在思想大解放的欧洲战场上，文艺是资产阶级不可取代的主要战场，宗教则是不可忽略的次要战场。天主教体系的瓦解，加快了中世纪时代的结束，有利于宣传进步前卫的资本主义思想。

唯心主义哲学有了量的积累，而这一时期的唯物主义科学，则有了质的飞跃。千年以来，当东方古国已经在发现哈雷彗星和太阳黑子、预测日月食、计量子午线长度等成就中踌躇满志时，欧洲天文学界始终坚持着古希腊托勒密的“地心说”，认为地球一定是宇宙的中心。

16 世纪早期，哥白尼提出的“日心说”得到了科学界的认同，也招致了教会势力的恐慌，“地心说”的荒谬性昭然若揭。哥白尼以他的质疑精神和求实态度，破坏、毁灭了旧时代的愚昧和迷信。

因此，即便不是最正确和最科学的“日心说”，也得到了另一位伟大科学家的支持——乔尔丹诺·布鲁诺勇敢反抗天主教会与经院哲学，还支持“宇宙无限说”，直接触及基督教义和教会贵族的底线，因此于1592年不幸身陷囹圄，1600年被大火活活烧死在罗马广场。

布鲁诺是近代历史上第一个敢为科学献身的殉道者，更是真谛的卫道士，他以一种“伟大的愚昧”赢得了后人的永恒纪念。甚至罗马教皇也在1992年为他平反。

近代天文学的博弈成功，原因在于，不仅有人甘愿牺牲，更有集大成者在钻研中有所成就。敢于质疑亚里士多德的伽利略，就是近代天文学的最杰出代表。他在数学和物理学上有着极高的天赋，他反对经院哲学用思辨哲学解答数学的机械方法，代之以实验的方式，认为只有实践才能诞生知识，所以他主张“只有能归结为数量特征的形状、大小和速度才是物体的客观性质”。

物理学方面，伽利略发现了自由落体运动的奥妙，推翻了亚里士多德关于铁球着地的主观臆断，比萨斜塔的实验与其他物理实验交织一处，对牛顿等后期物理学家的科研活动都产生了很大的影响。

不过，对于伽利略本人而言，最突出的成就莫过于推动了天文学的发展。他在著作中公开质疑“地心说”，承认地球的自转和公转，还亲手操作实践，做成了最早的天文望远镜，观察地球以外的太空世界。

1610年，伽利略用望远镜发现了木星的4颗卫星，因此这4颗卫星被称为“伽利略卫星”。可以这样说，在天王星和海王星未被发现的传统天文学时代，伽利略有资格站在天文学金字塔的最顶端，因为他为宇宙科学的发展做出了超出同时代天文学家的贡献。

第二章　新旧时代的交替

1. 西班牙殖民帝国

在 16 世纪初期的地理大发现时代，西班牙在开拓海外殖民地的事业上落后于葡萄牙，但有了哥伦布、麦哲伦等航海精英的辅佐，加上西班牙在土地、人口和资源上固有的绝大优势，其很快后来居上，取代了葡萄牙的霸主地位。

与葡萄牙那种占领地理据点、用欺诈性贸易活动盘剥当地土著居民的殖民方略截然不同，西班牙帝国主要以占领大面积的殖民地为主，在亚洲的菲律宾、太平洋诸岛、非洲东海岸的大片地区实行军队占领和无休止的产业输出，随后又将目光转移到地大物博的美洲大陆。

继阿兹特克帝国之后，美洲大陆上的印加帝国也逐渐走向兴盛，两大帝国在同一个历史阶段、相同的地理空间发展着各自的基业。可是由于印第安人缺乏可驯化的代步家畜，以至于两国之间少有往来，甚至彼此都不知道自己还有一个创造了辉煌文明的邻居。

1493 年，哥伦布带着第一批西班牙人登上美洲的时候，天真无邪的印第安人还认为这些人是传说中的“羽蛇神”下凡，对不断登陆的西班牙人表示欢迎。然而，他们非但没有等来“羽蛇神”，反而在 1519 年后遭遇西班牙军队的突然袭击。阿兹特克帝国的在任国王被殖民者囚禁，黄金、白银被劫掠一空。

阿兹特克帝国陨落以后，无孔不入的西班牙殖民者再度将矛头对准印加帝国。印加帝国的国王不知道西班牙官兵胯下的坐骑叫“马”，只认为这些家畜是和羊驼类似的物种，而且他们对白人手里的枪杆也一无所知。当西班牙强盗的步枪快马上了战场以后，印加的军队很快溃败下来。

这支西班牙殖民军的首领叫皮萨罗，他在几年前带着几百官兵和几门大炮就能在印第安人的土地上耀武扬威。随着战场控制力的增强，皮萨罗的贪婪欲望越发膨胀。这次袭击印加的战斗中，他又一次取得了胜利，并且抓住了印加帝国的国王。

国王被拘捕，印加帝国朝野震惊，大臣和将官们只好答应皮萨罗的要求，用丰厚的赎金把国王赎回来。他们用黄金填满了一个房间，又用白银填满了另外两个房间。可是得到金银的皮萨罗转身就不认账，最终还是将可怜的印加国王置于死地，只是让国王自由选择一种死法。国王为了留有最后的尊严，选择了最文明的死亡方式——绞刑。

在玛雅文明消失之后，印第安人的阿兹特克和印加两大文明，也在西班牙人的践踏下化为乌有。西班牙人在美洲越发强大以后，侵占了大量的美洲领土。在广袤的中南美洲大陆之上，除了巴西之外，大多地域成为西班牙的海外殖民地。从此，拉丁美洲的印第安人开始生活在屠杀、奴役和病魔的环境之中。

西班牙在世界版图中攫取了大量的黄白之物，王室的扩张欲望与其贵族生活的奢靡程度旗鼓相当。

1580 年，西班牙国王菲利普二世率领强大的军队向葡萄牙开战，占领了葡萄牙全境。自此，葡萄牙经历了 60 年的亡国惨境，直到 1640 年才获独立，但国际地位早已一落千丈。

值得深思的是，比葡萄牙强大许多的西班牙，在维系了近 100 年的光荣后，也迅速淡出了世界舞台的核心地带，先后崛起的荷兰和英国轻而易举地取代了西班牙的霸主地位，开始了新一轮的有关殖民与霸权的国际博弈。

2. 尼德兰革命与“海上马车夫”

尼德兰王国也是近代历史上一个比较强盛的殖民大国。尼德兰，原指莱茵河、马斯河、斯海尔德河下游及北海沿岸一带地势低洼的地区，领土包括今天的荷兰、比利时和卢森堡等，直到维也纳体系时代，比利时、卢森堡先后脱离荷兰而宣告独立。

不论是过去的尼德兰，还是今天的荷兰，都被称为“低地国家”，有着发达的金融业、乳畜业和工矿业。荷兰是世界上最“低”的国家，也是第一个拥有国歌的国家，同时素有“风车王国”的美名。在郁金香的芬芳笼罩下，这个看起来很小的国家，却是继西班牙殖民帝国后的又一个世界殖民大国。

在17世纪的百年岁月中，荷兰以“海上马车夫”取代“海上乞丐”的称呼，一直雄霸世界，直到历经数次海战，彻底败给英国皇家海军为止。

16世纪以来，不可一世的西班牙帝国在资产丰饶的尼德兰地区大肆搜刮财富，西班牙国王菲利普二世还在该地强行传播天主教，以加强对尼德兰的思想控制。由于尼德兰贵族的孱弱无能，广大百姓没有任何护佑，过着水深火热的生活，以至于被嘲讽为“乞丐”。在西班牙贵族的残暴统治下，尼德兰非但不能独立，连形式上的统一都难以维系。

1567年，西班牙派遣阿尔瓦带领近2万殖民军进入尼德兰，这也标志着尼德兰的殖民化达到了巅峰。司法独裁与军队镇压，令忍无可忍的尼德兰百姓自发组建了游击队，反抗阿尔瓦。

直到1572年7月，尼德兰北方各省获得了基本独立，开明贵族奥兰治·威廉被推选为总督。为了巩固革命成果，北方各省继续与西军混战，最终在9年后彻底粉碎西班牙的殖民渗透，尼德兰联省共和国正式成立。

在各省中，荷兰省的地域、经济和文化水平均在最前列，因此这个世界上最早的共和国，被称为“荷兰共和国”。自此，尼德兰分裂开来，虽然南方仍然处于西班牙的统治之下，但北方的荷兰已然独立。

尼德兰革命的胜利，使荷兰成为第一个资产阶级专政国家，荷兰人在独立以后，也开始发挥“经商”天分。

和西班牙帝国一样，荷兰共和国也走向了海外扩张的道路。凭借17世纪占据世界75%以上的商船吨位，新兴荷兰殖民者不但疯狂地从葡萄牙人手中夺过了马六甲、锡兰国等殖民地，还在西班牙人手中抢来了以新阿姆斯特丹为代表的美洲战略据点。此外，荷兰人还开拓了自己的殖民地，东印度群岛上的印度尼西亚、马来西亚以及巴布亚新几内亚等地均在荷兰人的控制之下。

只是，面对相对强大的中国和日本，荷兰人则不敢轻举妄动。日本矿产匮乏，但曲折的海岸线足可建造众多优良的港湾，机敏的荷兰人很快与德川幕府建立起外交关系，在避免与日本武士发生军事冲突的前提下，加强了与日本的经济文化交流，这也使得日本文化发展历程中早先占优的中国程朱理学的地位逐渐受到“兰学”的挑战。

而在中国，大明王朝虽是“百足之虫，死而不僵”，但由于明朝军队将主力全部调往辽东去围剿努尔哈赤建立的后金汗国，荷兰便趁火打劫，侵占了中国东南部的宝岛台湾，开始在台湾岛进行殖民统治。

38年后，大清取代了明朝成为中国的新政权，而一位名叫郑成功的“反清复明”斗士被逼到台湾。荷兰人经过一番大战，最终败给了郑成功，于是只好寻求大清皇帝的庇护。为了实现在中国的淘金梦，荷兰使者甚至对大清皇帝行叩拜大礼——数年前，英国使者正因拒绝这一礼数而被皇帝驱逐出北京。

还有一点不得不提，不论是日薄西山的大明帝国，还是清朝入关之前的后金汗国，都对荷兰的一件兵器情有独钟——西洋大炮。

明朝的文职将领袁崇焕将“红夷大炮”悬挂在宁远城楼上，在战斗中重创努尔哈赤的八旗铁骑；努尔哈赤被炮火炸伤后不久病逝，皇太极在八旗军中也引入了大炮制造技术，只是碍于“夷”字的敏感，清军顺口将这种火器改称为“红衣大炮”。

尼德兰革命，让荷兰告别了“海上乞丐”的时代；而殖民扩张的兴起，则使荷兰成为名副其实的“海上马车夫”。

3. 三十年战争

当荷兰步入资产阶级共和时代、开启帝国殖民大业的时候，欧洲大陆上的多数国家，依然在封建割据与混战交割之中原地踏步。三十年战争发生在17世纪初期，最终以德意志帝国的战败而告终。

三十年战争，结束了教皇与神圣罗马帝国皇帝控制欧洲的双核时代，使原本并不统一的德意志变得更加四分五裂，在这片本不广阔的土地上，并立着300多个邦国政权和100多个骑士领土，这导致了神圣罗马帝国名存实亡。

三十年战争，在客观上为克伦威尔的革命军团反抗英国王党部队，提供了一个相对安稳的国际环境，保证了英格兰议会在内战中的稳操胜券。

马丁·路德创建的新教在德国成了气候，冲击着天主教的统治地位。德意志的僧侣集团中，逐渐分化出新教和天主教两大政治同盟。天主教这一方，主要成员包括罗马教皇、德国皇帝鲁道夫二世和西班牙帝国的最高元首菲利普二世；新教的一方则包括荷兰、英国等国内占据政治优势的新教分子和清教徒。德国国内的教派纷争，随着各国干预势头的加大，逐渐衍生为各国之间的霸权纷争。

捷克的胡斯战争宣告失败后，捷克于1526年并入神圣罗马帝国的版图，不过捷克人民始终与德国统治者做着坚持不懈的斗争，直到1618年才初见战斗成果。捷克起义者在哈布斯堡家族的宫廷中公开袭击了皇帝的钦差大臣，将二人从窗口扔了出去，这成了三十年战争爆发的导火线。

德国天主教的暴徒军队血腥镇压了捷克起义军，随后强令捷克人一律信奉天主教，把德语作为“国语”。但是让德国贵族始料未及的是，统治集团内部竟然出了一位不满天主教徒的专横的、同情捷克起义军民的新教首领腓特烈。

腓特烈是英王詹姆士一世的女婿，在捷克起义失败后，他去往伦敦取得了岳父的支持，与其共同反对德国的天主教集团同盟。

1621 年，反抗西班牙天主教势力的荷兰共和国也公开反抗德国。而丹麦和瑞典由于蓄谋吞并德国北方的领土，也公开宣布支持英荷联军。

1625 年，拥有强大陆军的法国也卷了进来，与英国、荷兰、丹麦组成军事同盟，配合捷克共同反德。

1630 年，瑞典也加入了这个反德同盟，形势对德国越发不利。

尽管德国有华伦斯坦这样的将才，把强大的丹麦军队打得体无完肤，也导致瑞典国王在沙场上中计毙命，可是腐朽的德国皇室却忌惮他功高震主，最后暗杀了他。

西班牙和德国共同信奉天主教，眼见德国失势，加上要与荷兰清算，西班牙便加入了德国这一方。与此同时，信仰新教的法国国王路易十三决定参战，取代丹麦和瑞典的主力军地位。

在著名首相黎世留的斡旋下，法国的身边陆续站满了战友，英国、荷兰、瑞典甚至意大利的威尼斯公国都跻身该列。

1635 年，对西班牙宣战的法国，虽然出师不利，被准备充分的西军连连击退，但有英国和荷兰的经济支援，法军最终扭转了被动局面，于 1643 年的洛克瓦会战中重创西军。这场会战是三十年战争的转折点，此后法军节节进逼，迫使上任不久的青年国王菲利普三世退出战斗。德国失去了盟友，也不得不在 1648 年求和停战，双方签订了《巴伐利亚和约》。

三十年战争，是新教对天主教的一次重大胜利，这场战争沉重地打击了神圣罗马贵族和罗马教皇的专制统治，也极大地鼓舞了清教徒在英国的资产阶级中开展革命战争。但是，长年的厮杀混战，也造成德国的民生凋敝和财产损耗，给德国人民带来了空前的灾难。这是继十字军东征以来，欧洲历史上又一次因宗教冲突所引发的浩劫。

4. 历史拐角处的英国

尼德兰革命首创资产阶级共和政体，为世界提供了一个没有国王的政治模式。但是由于荷兰的世界霸主地位昙花一现，这场革命在世界历史上的影响力终究比不上取代它的英国。因此，世界近代史的开端，便是英国的资产阶级革命。

尽管历经百年战争的溃败和玫瑰战争的动乱，但英国议会无法体面地控制国王，所以只能任由都铎王朝的亨利八世大行专制主义之风，甚至纵容其屡次离婚。但是，亨利八世在离婚闹剧中敢于挑战教皇的权威，这也在一定程度上有利于清教徒势力架空天主教统治集团，英国的清教势力开始崛起。

尽管都铎王朝的统治远远没有达到摩尔“乌托邦世界”的那种纯粹，摩尔本人也惨死在亨利八世的屠刀之下。但客观地说，亨利八世在追求个人爱情的过程中，反而间接地削弱了教皇对英格兰的控制，封建王权专制的加强，在打击天主教派的同时，却能为未来的资产阶级革命减免些许阻力。

亨利八世百年之后，都铎王朝先后出现了两位女王，“血腥玛丽”和伊丽莎白一世。两位女王虽然很快结束了起初的合作友好，转为敌对，但不可否认，她们都是对英国颇有贡献的铁娘子。政治统治上的雷厉风行，让动乱不已的国家出现了少有的国泰民安，英格兰与苏格兰之间，也大有“南北对话”的趋势。特别是在伊丽莎白将玛丽排挤出权力的轴心之后，这位英明的女王甚至不惜牺牲个人的终身大事，以保全英国皇室的权力免遭外人垂涎。因此，在伊丽莎白女王的统治时代里，英国的国家经济和国际地位蒸蒸日上。

国内经济的发展，主要得益于新兴的资产阶级。本身有着发达的传统手工业的英国，在经济转型的过程中几乎没费什么功夫，便形成了拥有大批雇佣工人的手工作坊。除了资产阶级之外，农村中也有一大批暴发户迅速崛起，他们以繁荣的羊群养殖业为媒介。为了拓展养殖面积，不惜大力圈占土地，驱赶着失去生产资料的贫困农户，这使得“圈地运动”在英国农村成了“羊吃人”的恶作剧。

这些暴发户被称为新贵族，他们与资产阶级达成了默契的经济合作：新贵族提供大量的羊毛，供资本家在纺织工场里实现大批量的生产；而资本家生产规模的扩大，促进资本的原始积累的同时，也增加了对羊毛的需求，让新贵族们的腰包更鼓。而被新贵族们驱赶到城镇中的失地农民，只能出卖劳动力维系自身温饱，他们为两大经济集团创造了无限的社会财富。

在国内资本主义经济获得发展的同时，英国的涉外经济发展也是突飞猛进。凭借得天独厚的地理位置，拥有众多天然港湾的英国大力发展海外贸易，16 世纪中期就有了成熟的海外贸易圈。单是羊毛制造的大量毛呢，便在国际市场上备受欢迎。

伊丽莎白女王为了充实国库，也默许了各种灰色收入，以至于各路海盗肆无忌惮地在海面上横行。他们当中的一些人，如德雷克等，在抢夺大量财宝后，女王便出面直接参与分赃。16 世纪的大西洋、太平洋海面上，处处充满凶险与杀机。

对于天主教在英国的失势，作为第一强国的西班牙已经很不满了，如今英国女王敢在属于自己的殖民体系中搜刮抢掠，更让菲利普二世大为恼火。为了恢复天主教在英国的原有地位，并强迫女王停止这种非法的海盗生意，菲利普二世忍无可忍，在 1588 年派出了他的海上撒手锏——无敌舰队，要让英国海军有来无回。

西班牙海军自以为占有绝对优势，足以遏制英国女王。可战端一开，却出乎所有人的意料。小巧却精致的英国船舰，凭借机动灵活、炮火猛烈的优势，反而将无敌舰队的官兵们搞得焦头烂额。这场震惊世界的海战，以无敌舰队的大败宣告结束。自此，西班牙帝国在海上的霸权地位一去不返，17 世纪的海洋霸主宝座，唯有英国与荷兰有资格坐。

在排挤了西班牙之后，英国人继续自己的海外殖民事业，不过与荷兰相比，他们依旧落于下风。他们派出的殖民者因不愿对中国皇帝下跪而被驱逐，因此想说服日本幕府与其通商，却不料幕府早已和荷兰人攀上了关系。即便是在印度，英国人在刚刚踏上这片次大陆的时候，也面临着与荷兰、葡萄牙、法国竞争的压力。

英国人正要与荷兰人一决雌雄时，国内政权却发生了变动：万人敬仰的伊丽莎白女王与世长辞，这标志着都铎王朝统治的终结。来自苏格兰的詹姆士一世承继了王位，斯图亚特王朝正式起航。

王权的更迭，让可能爆发无限潜力的英国殖民产业陷入停滞阶段，而国内资产阶级和封建王党的纷争，却进入了白热化阶段。

5. 克伦威尔与“光荣”的革命

詹姆士一世从苏格兰远道而来，接替伊丽莎白女王，开始了斯图亚特王朝的统治时代。他死后，他的儿子查理一世继位。查理一世长于执政，骑术精湛，不屑于谈民生，对权力和征战更感兴趣。

查理一世多次对法国和西班牙发动战争，导致财政年年吃紧。早年的他，为了自己的权力不受任何束缚，利用极端手段解散了议会，破坏了积累的民主制度。如今资金紧缺，国中掌握大量资本的已不是封建旧贵族，而是资产阶级和新贵族。为了讨好资产阶级并从对方手中购置大批税款，查理一世于1640年重新召开议会，希望这些做议员的资产阶级政治精英能够念及国王的好处。殊不知，资产阶级早已识破了这位暴君的嘴脸，不但不出钱，反而提出了限制王权、减免苛捐杂税等诸多要求。

查理一世一气之下离开伦敦，去往北方召集大军，想用武力镇压议会的反抗。盘踞在东南方的议会也依靠清教徒的力量组建新军，英国的议会与国王之间，逐渐形成了清教徒与天主教徒、新经济集团与旧政治派系、火器步兵军团与王党骑兵之间的抗衡。

从宗教信仰、社会经济与军事兵种这三重角度上看，议会军似乎稳占上风，但实际情况并非如此。虽然清教徒们把守的东南方，经济产业基础雄厚，可以随时支援军队，可不杀不争的新教观念却让清教徒本身不愿投笔从戎，新贵族因握有大家大业也对战争滋生了厌倦心理，这让议会一方从内战一开始就凸显出不坚定的革命斗志。纵然议会军使用了最早的步枪，但技术操作仍不很成熟，在查理一世的铁骑大军面前，还是不堪一击。

议会此刻缺少的不单是强大的军队，还有优秀的将领。在这种情势下，“铁军”最高长官奥利弗·克伦威尔脱颖而出。这位有着清教徒与新贵族双重世家身份的军事大亨，青年时代便接受了良好的教育，在剑桥大学学了9年的法律。他能文能武，做起事来也雷厉风行。

眼见着议会军队在战场上连遭败绩，克伦威尔深刻地认识到：只有军队，才是解决问题的根本。于是，他在民间召集兵勇，组建“铁军”。这支部队起初只有60多人，但在战场上却鲜有伤亡，因而逐渐得到议会的关注与认可，更多的报国之士纷纷投奔“铁军”。

克伦威尔不赞成推广火器，仍以骑兵为主，与国王的强大武装“硬碰硬”。

克伦威尔的惨淡经营最终得到了回报。1644年，他率领自己的铁骑军团在马斯顿荒原一战中大败查理一世的王党军队。这场战斗的胜利，减少了议会中的动摇分子。为了稳定他们，克伦威尔在3年后又打赢了纳西比之战，查理一世仓皇逃回苏格兰，却被自己的旧臣绑送回了伦敦。

克伦威尔捉住了查理一世，便决定尝试一种新政体，保留他的王位，但自己控制实权。可是，查理一世野心不死，一直蓄谋“复辟”。克伦威尔获知后怒不可遏，他在1649年初便迫不及待地将查理一世送上了断头台。

掌握军权的克伦威尔再也不想和他共事过的文官们为伍，他解散了议会，于1653年成为英吉利王国的终身护国主，建立起与封建专制毫无本质区别的军事独裁制。

克伦威尔的内政相当失败，不过外交上却有很大成就。他以血腥的军事手段平定了苏格兰、爱尔兰的武装势力，自此英国的国土，从英格兰扩展为包括英格兰、苏格兰、爱尔兰和威尔士在内的广袤国土，扩大了英国的统治疆域。

1651年，克伦威尔还颁布了有利于英国海外贸易的《航海条例》，限制荷兰、西班牙等国的海洋霸权，甚至出兵重创了荷兰舰队，为英国日后雄霸海洋奠定了一定的基础。

1658 年，克伦威尔去世，英国又陷入政治动乱之中，连议会也无法解决。动乱的政局，让流亡法国多年的查理二世有了可乘之机，他向伦敦发出呼喊，承诺只要恢复斯图亚特的旧秩序，自己回去做国王，就能够满足议会的所有要求。

最终议会向查理二世妥协，他回到了伦敦，将克伦威尔开棺鞭尸，随即也忘却了对议会的一切承诺，屡屡弹压议会的政治活动，还要将天主教定为国教。

查理二世与议会势均力敌，他的“复辟”阴谋一直没有得逞，但议会也无力再次将国王赶下台。查理二世死后，其弟詹姆士二世继位。詹姆士二世也致力于恢复查理一世之前的一切，英国的历史似乎有了倒退的倾向。

无奈之下，议会向尼德兰搬救兵，这个救兵，就是尼德兰的威廉国王，他的妻子玛丽正是詹姆士二世的闺女。虽然与国王是直系亲属，但威廉夫妻是新教信徒，威廉因不满于西班牙的横征暴敛而早想离去。

1688 年，威廉夫妻在议会的邀请下，进入伦敦成为新国王，詹姆士二世则仓皇逃走。由于这次政变没有一兵一卒的伤亡，因而在英国历史上被称为“光荣”的革命，也被称作“不流血的政变”。

这场革命的“光荣”之处，还在于其在无形之中改写了全球历史。第二年，英国议会颁布了《权利法案》，议会与国王之间达成了共识，一种新的政治体制应运而生。

随着英国资本主义改革的日臻完善，“君主立宪”政体逐渐成形，君主和大臣们都要以宪法为准则，不再依托“人治”。此后，议会逐渐形成了以首相内阁为主导的行政机制，在政治活动中越发举足轻重。国王越发边缘化，逐渐沦落为“统而不治”的角色。

英国历史上有两位威廉，诺曼公国的征服者威廉和“光荣”革命迎来的威廉。前一个威廉，让英国进入到封建社会；后一个威廉，则又把英国带入到资本主义君主立宪时代，两者都促成了英国社会的蜕变与飞跃。特别是在这场“光荣”的革命结束以后，英国人在国际争霸中成了常胜将军，不但创立了纵横世界海陆的“日不落”帝国，让欧洲大陆上的各个强国均受其牵制，还在完善殖民体系的过程中，间接地传播了盎格鲁－撒克逊民族的语言文化。如今的英语，正是全世界使用最为广泛的一门语言。

6. 路易十四、彼得大帝与康熙大帝

虽然资产阶级革命的钟声已经敲响，但在 17 世纪出现的资本主义国家仅有荷兰和英国，在大多数亚欧国家中，封建专制的统治依然根深蒂固，而且都能做到与时俱进，或多或少地进行适度的社会改革，维护固有统治，减缓阶级矛盾。

（1）路易十四："朕即国家"

路易十三在三十年战争中出尽风头，提升了法国的国际地位，也让当时法国的最高政权组织——波旁王朝的统治达到了巅峰。

路易十四是路易十三的长子，是法国历史上赫赫有名的"太阳王"和"路易大王"。1643 年，路易十三病逝，年仅 5 岁的小路易在政局跌宕中继承王位。由于年纪尚小，其母安娜太后"垂帘听政"，继黎世留之后的新首相马扎然承担起辅政的义务。

当时的法国，已参加了三十年战争，外有与西班牙军队无休止的战争，内有以孔代亲王为代表的投石党人的叛乱。法国陷入了内忧外患的境地，马扎然纵横捭阖，与孔代亲王展开了多次激烈角逐。

最终，马扎然略胜一筹。路易十四在继位前夕，总算迎来了相对安稳的政治局面。

1661 年，马扎然弥留之际暗嘱路易十四取消首相一职，全面强化封建王权。年仅 24 岁的路易十四对教父的遗言深信不疑，厉行专制主义，打压各路权臣，最大限度地提升了国王的地位。

路易十四用"朕即国家"形容自己的地位，通过强化中央集权，使得

法国的君主专制程度达到了不可撼动的境地。

居住在凡尔赛宫的路易十四，采取了大刀阔斧的经济文化改革。在经济上，他将马扎然提出的“重商主义”发挥到极致。这种对外贸易理念，认为要想充盈国家财政，必须恪守少买多卖的原则，大力开拓海外市场。

在文化上，为了统一思想，控制人民，路易十四取消了宗教信仰自由的权利，全民一律信天主教。他用这种极端的统治政策维系了波旁王朝的统治，却也在客观上为法国资本主义的发展提供了一个安稳的国内环境。

至于在国际中，路易十四以好战闻名。

在他执政的72年，共发动了4次大规模的对外战争。1667年，其与西班牙为争夺尼德兰南部领土而激烈对战，最终大败西班牙；1672年，对荷兰开战也取得了胜利；1702年，为了让自己的亲族当上西班牙国王，参加了对西班牙的王位继承战，最终也达到了目的。只有在1688到1697年的大同盟战斗中，面对英国、荷兰、奥地利等多国联盟，法军寡不敌众，趁着交战双方均已疲惫，这场战争最终以平局结束。

（2）彼得大帝：“多面手”沙皇

钦察汗国在罗斯地区的统治延续了200多年后开始走下坡路，曾经只是村落的莫斯科趁乱崛起，最终发展成莫斯科公国，并在罗曼诺夫王朝的领导下建立起幅员辽阔的俄罗斯帝国。

历经开国沙皇伊凡三世、素有“恐怖”之称的伊凡四世等钢铁君王的强化统治，俄罗斯的国力逐渐增强，但坐落在东亚的大清帝国和横亘在小亚细亚的奥斯曼帝国，也都阻碍着俄罗斯的扩张。

在东亚，康熙皇帝率领的清军在雅克萨将俄罗斯守军击败，使其不得不与清政府签订了《尼布楚条约》，再也不敢越至额尔古纳河右岸；而在西方的亚述战争中，3万俄军居然无法击败6000人奥斯曼兵团。

1689年，彼得一世成为俄罗斯帝国的沙皇。和路易十四一样，彼得幼年也在惊恐中长大，养成了极强的防卫心理。他的几个哥哥能力平平，索菲娅姐姐倒是野心勃勃，她一度控制着莫斯科，小彼得则在乡野过着寻常百姓的苦日子。

为了防备姐姐的暗算，彼得在民间就懂得建立“童子军”。成年后，他得到了朝廷亲贵的支持，成功发动了一场政变，最终在这一年稳坐沙皇的宝座。

彼得一世苦于俄罗斯文明进程的相对落后，为了引入西方文明，打败奥斯曼帝国等老对手，他到国外游历，以军官、大臣、学者甚至是劳动工人的多重身份出现并渗透到西方文明国家中。

彼得虽然是贵族出身，却极能吃苦且善于学习。回到莫斯科后，他在俄罗斯推广全方位的西化改革，让俄罗斯人民接受了一次近代文明的洗礼。

彼得是一位“多面手”沙皇，俄罗斯诗人普希金曾这样夸赞他：“时而是院士，时而是英雄，时而是航海家，时而是木工。他以一颗包罗万象的心，永远充当皇位上的劳工！”普希金甚至还这样说过：“他一个人就是一整部历史。”

在俄罗斯历史上，彼得一世被冠以“大帝”的美名，后人都习惯称呼他为“彼得大帝”。

当然，作为一代铁血君王，彼得大帝并不满足于国内改革，他也多次对外发动战争。虽然暂时不敢撩拨康熙帝统治下的大清帝国，但在几次对奥斯曼帝国的战争中，则大多取得了胜利，撼动了奥斯曼在亚欧大陆的强国地位。

1700 年，彼得大帝还发动了对瑞典的北方战争，21 年后获得完胜，将瑞典赶下了“北欧第一强国”的宝座。

战争和改革，虽然耗费了大量的民间财富，也加剧了农奴阶层的负担，但对于俄罗斯而言，新时代的号角，已然被彼得大帝吹响。

（3）康熙大帝：千古一帝

1644 年，当克伦威尔在英国的马斯顿战斗中击垮王党军的时候，遥远的东方战场也发生了一场改变中国历史的战争。

大清朝的摄政王多尔衮联手前明遗将吴三桂，在一片石战役中大破大顺领袖李自成率领的 40 万农民大军，从此大清王朝入主中原，取代大明帝国成为新的中央政府。多尔衮在战场上大获全胜后，将年仅 6 岁的顺治帝和他的母亲接到了北京城。而中国历史上即将出现一个了不起的皇帝——康熙大帝。

康熙，即爱新觉罗·玄烨，因躲避了天花之灾而获得终身免疫，在顺治英年早逝后做了清朝的新君。

康熙帝从 1661 年继位到 1722 年逝世，在位时间长达 61 年，是中国历史上执政时间最长的皇帝。但是，他的幼年也经历过与路易十四、彼得大帝相同的遭遇，即权臣欺压少主。

表亲族中，跋扈勇武的鳌拜一度滥权弄政，年方 14 岁的玄烨利用与布库少年集训玩耍的假象，终于让鳌拜这位征战半生的巴图鲁将军身陷囹圄。鳌拜被囚，标志着康熙大帝亲政的开始。

康熙帝在朝中照例推行汉族王朝惯常的科举考试和博学鸿词科复试，大批汉族官员相继出现在朝堂之上和地方政府中。他重用汉官、借鉴汉制的决策，与皇太极、顺治母子的治国路线一脉相承，最终彻底消弭了努尔哈赤、多尔衮、鳌拜等前朝执政者视汉人为二等公民的错误思想。

尊奉孔夫子这个汉族人的文化楷模为“万世师表”，在缓和满汉矛盾的同时，也保证了中国文化的繁荣。

在长达一百多年的“康乾盛世”时代，纳兰的诗词、曹雪芹的旷世之作《红楼梦》等文坛大作陆续问世。此外，康熙帝注重调整经济关系和生产政策，在“滋生人丁，永不加赋”的观念的引领下，清朝的“摊丁入亩”政策很快深入人心，也促进了中国人口的大规模增长。

康熙帝吸取明朝皇帝不勤政而导致亡国的教训，将清帝勤政列入法定宗旨。他在亲政后不久便设立南书房，随时与朝中重臣“御门听政”，在进一步了解和解决民生疾苦的同时，将朝中的亲族会议架空，进一步巩固了皇权。虽然在康熙一朝，索额图、明珠等满族权臣依然位高权重，可谁也无法撼动君威。

康熙帝一生征战，但和路易十四、彼得大帝的好战不同，他是不得已而战，是为了拱卫国家的统一而战。在 17 世纪晚期到 18 世纪初期的历史时代，大清帝国的国力足可与奥斯曼帝国抗衡。而横向参照他国的发展概况，步入资本主义政治轨道的只有荷兰和英国。

第三章 “白种时代”

1. 东方封建国家

西方国家在地理大发现之后的岁月里蓬勃发展，而同时代的东方民族，封建社会却在经历了中世纪的繁华后日趋衰败，尤其是素有“文明古国”之称的中国和古印度。

康熙帝留下的“康乾盛世”纵然令人惊叹，可后期的大清王朝便从巅峰降至低谷。农民起义和“反清复明”的斗争风起云涌，清政府政治腐败，军队堕落，财政入不敷出。

印度在中世纪晚期进入了莫卧儿帝国的统治时代，虽然出现过诸如奥朗则布这样的雄略君主，但在他之后的统治期间，内部权争的激烈，加上葡萄牙、荷兰等西方国家的介入，让印度逐渐成为任人宰割的肥牛。

在莫卧儿帝国的几大当权派内讧不休的时候，不列颠人踏入了印度国土，先成立了东印度公司，后又大力训练和培养效忠英王的“土兵”。自此印度彻底沦为英国的殖民地。与两国命运相似的东方封建国家，还有日本和朝鲜。

（1）日本：丰臣秀吉“日本梦”的破灭

在经过镰仓幕府、室町幕府的专权统治之后，日本国分裂成了66个诸侯国，这就是日本历史上的“战国时代”。

军阀之间相互厮杀，逐渐可以区分强弱。在众多军阀集团中，以织田信长的军队最为强大，这源于他在与葡萄牙人交涉时接受了西洋兵器。在短暂的十几年时间里，他平定了66个诸侯国中的30多个。

织田信长死后，部将羽柴秀吉继续他未竟的统一大业。羽柴秀吉剿抚并用，最终实现了国家的统一。天皇为了犒赏他的丰功伟绩，赐姓“丰臣”，羽柴秀吉自此叫作丰臣秀吉。

丰臣秀吉做了日本的“关白”之后，统一了日本的度量衡、语言文字和宗教信仰，全民只能信仰神道教或佛教，随即驱逐所有的西方传教士和殖民者，这在很大程度上促进了日本社会的稳定和经济的恢复，也让日本免遭被侵略的危险。

丰臣秀吉也是个好战分子，他是第一个扬言要征服中国的日本人。但慑于大明王朝的强盛，他避其锋芒，首先进攻了朝鲜。

1592年，蓄谋已久的丰臣秀吉突发奇兵，大军开赴朝鲜半岛，一路烧杀抢掠，势如破竹。李氏王朝只好向大明帝国求助，明朝派出了李如松、邓子龙等良将率领远征军，支援朝鲜。

中朝两军联合，很快遏制了日军的攻势。朝鲜名将李舜臣运用龟船，在海战中连续重创日本海军，自己却也和明将邓子龙双双战死沙场。不过，李舜臣没有白白牺牲，丰臣秀吉想要入主北京的春秋大梦已无法实现，他本人也在忧愤中溘然长逝。

丰臣秀吉是一个有着“日本梦”的政治领袖，他的梦想有二：第一是将中国和朝鲜都变成日本的土地；第二是希望自己手下的“五大佬”能尽心辅佐自己的幼子。

李舜臣的英勇作战，粉碎了他第一个“日本梦”，而德川家康则粉碎了他第二个“梦”。丰臣秀吉死后不久，“五大佬”中为首的德川家康于1603年，将不到10岁的接班人丰臣秀次取而代之。自此，日本进入了德川幕府统治的时代。

虽然德川家族起初励精图治，为日本社会的稳定做出了贡献，但幕府奉行闭关锁国的政策，杜绝西方文明的介入，除了引进中国儒学之外，只有“兰学”才是合法的西学。对外交往和贸易的国家，也仅局限于中国、朝鲜、荷兰三国。锁国造成了日本封建统治的衰落和愚昧，武士道精神也逐渐在西洋火炮面前不堪一击。直到1853年，美国的佩里将军叩关入侵后，日本开始沦为半殖民地半封建社会。

（2）朝鲜：“朋党之争”中的李氏王朝

太宗国王李芳远在杀死郑道传、软禁父王李成桂后，开启了李氏王朝的盛世局面。王位传至世宗国王的时候，朝鲜有了文字和文字本身固有的音律、语法，文明曙光初现。不过，经历了短暂的封建盛世后，新国王的执政能力一代不如一代，王权的衰微，使得朋党之争渐盛。

两党之争，分别以儒生和亲贵为主体，在权力的争夺上无所不为，与中国唐朝时期的“牛李党争”颇为类似。争斗发展至高潮，形成了东人党与西人党之间的对立，而东人党内部又存在着南人派和北人派的矛盾。

纷乱复杂的政治局面，让百姓对朝廷噤若寒蝉。这些热衷于钩心斗角的政客对自己的政敌毫不手软，可是在面对丰臣秀吉的大军扫荡时，则个个无计可施，抱头鼠窜。

国难当头，能臣李舜臣有了用武之地。这位自幼痞气十足的贵族公子在步入仕途后，常常与同僚上司意见不合，以至于被普遍认为是恃才而骄。不过，盛气凌人的李舜臣发明了龟船，给了日本海军以致命的一击，在粉碎丰臣秀吉的“日本梦”上起了很大作用。

日本人被赶走了，朝鲜对大明朝的依赖与认同感也更强了，可是朝廷内部的朋党之争也很快死灰复燃。

17世纪早期，党争愈演愈烈，朝鲜国力衰弱到了极点，非但不能抵抗日本，甚至都无法阻挡后金汗国的进犯。

1628 年，继承努尔哈赤汗位的皇太极派二贝勒阿敏出征朝鲜，大获全胜，逃往江华岛的国王李倧料定自己难逃八旗军的掌心，于是主动求和，与阿敏签订城下之盟。

1636 年，皇太极改国号为大清，自己也准备登基。可是李倧派来的朝鲜使臣拒不跪拜，并声称与清国只是兄弟同盟，明朝才是真正的宗主国。盛怒之下，皇太极亲征朝鲜，这次他用兵神速，朝鲜国王连逃跑的机会都没有。

清军主将多尔衮在战场上生擒国王多位家眷，活捉的朝军战俘更是不计其数。但与阿敏的屠杀方式不同，多尔衮下令优待俘虏，将家眷无一伤害地归还给李倧。多尔衮此举在朝鲜引发强烈反响，李氏王朝被清军的仁义所感化，真心顺应了清朝，并改奉大清为新的宗主。但从此之后，朝鲜彻底失去了独立国家的地位，而内部统治的腐败也导致国力越发江河日下，除了仰大国鼻息以苟延残喘，再无作为。

2. 奥地利和普鲁士

三十年战争过后，战败的德国不再享受神圣罗马帝国的殊荣，王朝地位一落千丈，各大邦国在没有统一约束的情势下，纷纷扩充军备，争夺德意志的政治领导权。在相互厮杀的数百年时间里，奥地利和普鲁士两个王国迅速壮大，成为支撑德意志命运的“两大支柱”。

（1）奥地利：哈布斯堡王朝权力重心的转移

奥地利之所以能够在德意志的帝国体系中占据首要位置，主要是因为王朝的合法元首——哈布斯堡王朝，本身就是神圣罗马帝国的皇帝世家。鲁道夫一世在 1273 年成为神圣罗马帝国的最高政治领袖之后，哈布斯堡王朝的荣誉便不请自来。鲁道夫当了皇帝后，称作鲁道夫一世，他在位的近 20 年时间里励精图治，很快将德国打造成为一个欧陆强国。

1282 年，鲁道夫一世凭借已经掌握的父辈恩荫资源，将自己的两个儿子分封到下属王国中去做国王，其中长子阿尔布雷希特被分到了奥地利，次子鲁道夫被分封到了施蒂利亚。

哈尔布雷希特不忘父亲赐予的宝贵基业，大力发展奥地利的经济、军事实力。三十年战争之后，随着神圣罗马皇室统治的衰微，哈布斯堡家族的权力重心逐渐从罗马皇廷转移到了奥地利王国的王室。

17 世纪以后，一位具有哈布斯堡血统的女子登上了奥地利王位，这就是历史上著名的特雷西亚女王。她在任期间进行了广泛而又全面的社会改革，在不忘记加强中央集权的前提下，女王在一定程度上允许资本主义生产方式在民间扩大，并且适度减免税赋，减轻农民的劳动负担，这也多少缓和了阶级矛盾。但是，女王在军事方面并不成功，因为她遇上了强硬的对手——普鲁士王国的腓特烈大帝。

（2）普鲁士：富于朝气的霍亨索伦家族

早在德意志建国初期，普鲁士便被分裂为东西两大部分，东普鲁士的掌控者是阿尔伯特掌管下的条顿骑士兵团；西普鲁士则被波兰军队占领。

波兰军队还时不时进攻东普鲁士，在坦仑堡地区曾将条顿骑士击败。这时的普鲁士，与后来的主人——霍亨索伦家族并无任何关系，而且在波兰、匈牙利等国铁蹄的践踏下，这里的德国人民饱受侵略的荼毒，一直不能安稳度日。

不过在15世纪后，久居瑞士的霍亨索伦家族出现了一位名叫腓特烈的远见卓识者，他在一次叛乱中及时护驾，遭难的神圣罗马帝国皇帝因而免遭屠戮。

皇帝脱难后，不忘腓特烈救驾有功，把勃兰登堡公国赏给了他，还将其赐封为神圣罗马帝国的选帝侯。腓特烈后来还迎娶了条顿骑士团团长阿尔伯特的女儿。更让腓特烈欣慰的是，阿尔伯特没有儿子，他百年之后，只能从女婿中选择一位继承人。于是，极具声誉的腓特烈接管了东普鲁士。

腓特烈接手了岳父的江山，马上整顿军队，将条顿骑士兵团和自己手下的精锐劲旅并成一处，随时准备进军波兰。

1655年，波兰与瑞典因交恶而开战，瑞典国王古斯塔夫在当时素有威名，是后人眼中的“近代军事之父”，空有勇悍、战略不足的波兰军队当然不是对手，很快在交战中败下阵来。

趁着波兰军队的败北，腓特烈率军进攻西普鲁士，击溃了这里的波兰守军，将东普鲁士、西普鲁士和勃兰登堡统一为普鲁士王国。腓特烈选帝侯也摇身一变成为腓特烈一世。

腓特烈一世的继承者是威廉一世，威廉一世的儿子，则是德国历史上最英明的领袖腓特烈二世，后人称其为“腓特烈大帝”。

腓特烈大帝在少年时擅长创作诗词歌赋，很有艺术天分，而当威廉一世最终把王位传给他的时候，他立刻将学习重点转移到政治和军事上来，并且在登基之后，显露出高度的马基雅弗利主义思想。

政治上，不断加强王权，大力发展社会经济，也在一定程度上解放思想，宣传资产阶级先进文化。更重要的是，他所做的这些都是为了军事，好在有生之年让普鲁士称雄欧洲。因此，在特雷西亚女王统领奥地利后，腓特烈大帝马上以德意志家族不允许女人祸乱朝纲为由，对奥地利发动战争。

长久以来，奥地利稳坐德意志家族的族长之位，很多人都对腓特烈大帝此举表示担忧，不过通过两次战斗，普鲁士竟然从奥地利手中夺过了纺织业发达的城市西里西亚，而奥军却出乎意料地一败涂地。

腓特烈大帝将普鲁士带入了一个全新而又全盛的时代，欧洲争霸的几大主角中，从此又多了一个能手。

3. 欧洲混战

法国、普鲁士、奥地利、瑞典等欧洲强国都想夺取欧洲大陆的霸权，随之而来的便是无休止的征战。法国波旁王朝的路易十四、普鲁士的腓特烈大帝、俄罗斯的彼得大帝以及瑞典古斯塔夫国王的后代查理十二等，均在17世纪末18世纪初卷入战斗，无形中改变了欧洲的政治格局。

（1）没有胜负的大同盟战争

路易十四亲政后，大力提升国力，并很快开始了对外扩张。德国在三十年战争中不幸落败，以至于四分五裂的各邦国，成为强邻宰割的对象。

路易十四急于拓展疆土，自然不会放过分一杯羹的机会。奥地利作为德意志家族之首，成了法国首先进攻的目标。

1686年，奥地利刚与奥斯曼帝国打了一仗，亟待恢复士气，这对法国来说正是可乘之机。同年7月9日，奥地利国王利奥波德一世察觉到了路易十四的阴谋，慌忙组建同盟，寻求欧洲其他强国的援助。英国、荷兰、西班牙等国家不愿意看到法国壮大，于是纷纷响应奥地利的求助。

1688年10月以后，大同盟战争正式开始。奥地利携英、荷、西等盟军积极防御，德意志家族中的萨克森、巴伐利亚等公国也加入反法同盟。路易十四虽然兵强马壮，但终究一国难以同时对战如此众多的联盟国家，加上海军实力不如英军，数年后，法军逐渐陷入被动。

1697年，法国与反法同盟缔结停战协定，双方各让一步，这场为期9年的战争，以双方战平结束，但路易十四的声威因此受到了损害。法国的财力和兵力，也在漫长的战争中损耗巨大。

（2）西班牙王位之争

路易十四在大同盟战争中没有讨到便宜，但他并未气馁，仍然伺机而动，为法国的扩张大业殚精竭虑。

1700 年，英国、奥地利、荷兰等同盟国家再度和法国展开长达 13 年的战争，焦点是西班牙王位的继承问题。不过在王位继承争议的表象之下，隐藏的却是霸权之争和殖民地之争。

拥有哈布斯堡血统的西班牙国王于 1700 年病逝，由于没有留下子嗣，奥地利国王利奥波德一世借此想拥戴自己的次子查理大公去西班牙当国王，可是路易十四有心扶持自己的侄孙安茹公爵上位，法、奥两国再度交恶。

1701 年，围绕西班牙王位的争夺，法、奥两国展开混战。路易十四捷足先登，在把自己的侄孙变为西班牙的菲利普五世以后，伺机攻打西班牙的属地——尼德兰南部地区。荷兰当然不能坐视不理，转而与奥地利结盟。英国为了削弱法国在欧陆的军力，也宣布支持奥地利。

这次，路易十四吸取了教训，不再孤军作战，他拉拢以普鲁士为首的一大批德意志邦国以及葡萄牙、意大利，双方在意大利、尼德兰、西班牙和德意志等国境内激烈鏖战。

起初法军出师不利，但随着利奥波德一世去世，法军趁机大举反攻，连败奥军。而在 1711 年，英国、荷兰也和哈布斯堡家族产生了嫌隙，于是放弃支持奥地利。战争的最终结果是：菲利普五世坐稳了西班牙的宝座，但法国却只是象征性的胜利者。因为西班牙在欧洲的殖民地大多落到奥地利手中，法国的海外殖民地也有一部分被英国劫掠。

（3）瑞典的失势：北方战争

1689 年的一款《尼布楚条约》，让沙皇俄国再也不敢撩拨清帝国。同年，彼得大帝成为俄罗斯的沙皇。经过多年的海外学习，彼得大帝将西方的治军理念和军工生产机制引入落后的俄罗斯，从而提升了俄军的战斗力，连奥斯曼军队也不是对手。

1700 年，彼得大帝为争夺波罗的海区域的霸权，与北欧第一强国瑞典对战。瑞典国王查理十二年仅 17 岁，却遗传了古斯塔夫的好战品格，颇具军事才华。面对数量相当于自己三倍的沙皇部队，查理一世从容不迫，在里加战役和纳尔瓦战斗中重创俄军。

彼得大帝意志坚定，发誓一定要拿到波罗的海的统治权。1707 年，仍在交战中的彼得大帝力排众议，在波罗的海沿岸奇迹般地建立起新的国都——圣彼得堡。这座城市为当时的俄国人熟知西方世界起到了相当关键的作用。即便是在今天，她也是俄罗斯联邦的重要城市。

也正是在这一年，查理十二入侵俄罗斯境内，试图瓦解罗曼诺夫王朝的统治。虽然俄军没能抵挡住瑞军的攻势，但俄罗斯酷寒的气候救了沙皇。瑞军不适应这里的天气，最终在波尔塔瓦一战中被兵力占优的彼得大帝奇袭，瑞军遭到史无前例的惨败。100 多年后，拿破仑在远征俄罗斯时，也吃了同样的亏。

波尔塔瓦战役造就了彼得大帝军事生涯中的奇迹，但瑞典并未一蹶不振，双方仍不断对战。查理十二虽然善战，但终因年轻气盛、不懂外交策略，从而导致瑞典四面树敌。而彼得大帝则不断拉拢盟友，形势对俄军更加有利。

查理十二在远征挪威的战斗中丧命沙场，彼得大帝眼见时机来到，趁机扩大战果，并最终在 1721 年获得全胜。俄罗斯控制了波罗的海沿岸的大片土地，瑞典则逐渐从强国的舞台上黯然退场。

4. “日不落帝国”

欧洲大陆上的法国、俄罗斯、奥地利、普鲁士、西班牙和荷兰等国，都为争夺欧洲霸权混战不休。不过，这些国家的所作所为都是徒劳无功的，因为从16世纪晚期开始，英国成为欧洲乃至世界上的第一强国。

从17世纪开始，英国凭借发达的工业和海军，在世界各地建立起英属殖民地。截至19世纪，英国建立起“日不落帝国”，它的米字旗几乎插遍了全球大陆的每一片土地。

（1）英荷大海战

1588年，英国打败西班牙的“无敌舰队”，从而走向了海外扩张殖民的道路。然而，在17世纪初期，共和革命获得成功的荷兰先其一步，成为最大的海洋资源所有国。

克伦威尔处死查理一世，建立英吉利共和国后，继续发展英国的海上事业。他在1651年颁布《航海条例》，公开与荷兰分庭抗礼。荷兰大怒，与英国人在多佛尔海峡和地中海地区展开了第一场英荷海战。克伦威尔的军事才华在战斗中派上了用场，荷兰海军不幸落败。此战的胜利，让英国更有信心发展海外殖民地。

不过，荷兰终究是“海上马车夫”，海军实力还是优于英国。1663年，英国海军经过数年的蓄积，以为有了打败荷兰的资本，于是公开骚扰荷兰在非洲和北美的殖民地。忍无可忍的荷兰先后于1665年和1672年对英国宣战，这两次海战，规模更大，战斗也更激烈。两场海战，最终都以荷兰胜利而告终。

100 多年后，第四次英荷战争姗姗来迟，由于荷兰军队在北美战场上公开支持华盛顿领导的美国大陆军，英军不顾在北美战场上的窘迫，凭借实力大增的海军打垮了荷兰海军。1784 年，英国承认美国独立，荷兰军队在英军的打压下实力从此一落千丈。

（2）开拓殖民地

在与荷兰海军鏖战的同时，英国人没有忘记拓展海外殖民地。1600 年，英国在印度成立东印度公司，以此为阵地疯狂掠夺印度丰厚的资源。虽然在印度国土内，还有法国、荷兰和葡萄牙等竞争对手，但英国人长于外交，他们顺利地与莫卧儿帝国的几大实力派联络关系，并通过分化瓦解其他国家，巩固了在印度的殖民统治地位，以至于在 200 多年后，有了足以独吞整个印度的实力。

克伦威尔执政以后，北上征讨苏格兰大获全胜，随后又吞并了邻国爱尔兰。克伦威尔在位的时间很短，但他却为国家练就出一支强大的海军，所以英国才敢叫板荷兰。

荷兰在非洲、东南亚和北美的一部分殖民地相继丢失，比如美国的新阿姆斯特丹，英国人接手以后，便将其更名为纽约。荷兰人淡出西半球后，北美殖民地成为英国与法国的天下，整个加拿大和美国北方的一部分地区为法国所有，而英国的殖民体系主要集中于密西西比河沿岸的 13 块殖民地。

早在 17 世纪时，英国的一批清教徒乘坐“五月花”号轮渡来到北美，在印第安人的帮助下，学会了这里的种植和狩猎。但是英国人在这里站稳脚跟、体面地过起了“感恩节”以后，反而忘恩负义地驱赶和屠杀印第安人，不惜对印第安人施以种族灭绝政策。印第安人昔日的家园乐土，很快成为英国人的海外殖民地。

从 1607 年英国人开辟的第一块殖民地弗吉尼亚开始，100 多年后，13 块英属殖民地初具规模，而这片最初的领土，也在后来成为美国国土的雏形。

英国人在南半球也取得了丰硕的殖民成果。早在1600年时，欧洲地理学家曾预料，南半球的中央地带必然有一片大陆，以支撑地球的海陆均衡态势。英国的库克船长果然在1770年发现了澳大利亚，并将其命名为“新南威尔士”，澳大利亚遂成为英国的殖民地。

数年以后，英国人又踏足新西兰的南北二岛。大洋洲的棕色土著居民，虽然擅长使用毒镖和飞去来器，但这些兵器终究不敌英国人的洋枪洋炮。大批英国人来到这里，大力发展畜牧业，有袋类动物的天然乐园却因此遭到破坏。他们丢弃的流浪狗，在澳洲生态中也逐渐成了气候，进化成当今澳洲最凶猛的食肉动物——澳洲野犬，它们学会了捕猎袋鼠，同时又很快将澳洲大陆上曾经的顶尖掠食者——袋狼排挤至灭绝，使得袋狼只能退守至塔斯马尼亚岛。

至于在非洲，英国人除了疯狂掠夺这里的黄金和钻石外，紧随葡萄牙人之后，和其他欧洲殖民者一道做起了罪恶的黑奴贸易。在遍布奴隶制的非洲部落中，他们只需要少许廉价的礼物，就可以从酋长手中买到大批奴隶，用商船载着他们运往美洲进行贩卖。

在黑奴贸易中，英国赚到的奴隶收入远在其他国家之上，他们还在非洲、美洲和欧洲之间，开创了行之有效的海上“三角贸易”。

一本万利的黑奴贩卖，让英国的财政越发充盈，可非洲人民却在这罪恶的贸易中深受其害。数百年来，有一亿左右的精壮黑人成为黑奴贸易中的牺牲品。更可悲的是，这些黑人原本就是酋长的奴隶，每当贵族中有人去世，或是自己劳动不力，就随时会有截肢、砍头甚至丧命的危险。在“三角贸易”的大船上，一丝不挂的他们纵然熬过了恶劣的船舱环境，到了彼岸的土地，等待他们的也只有白肤色的新主人。他们悲惨而可怜的命运，在全球近代史的大部分时间里都未曾改变。

5. 七年战争

18 世纪中期，英国和法国成为欧洲最为强大的两个国家。随着全球陆地范围的显露，两国的争夺焦点从欧洲霸权直接升级到世界霸权。与此同时，两国在欧洲大力拉拢盟友，以襄助自己获取最终的胜利。

英国以支持腓特烈大帝占领萨克森为突破口，与普鲁士结成了军事同盟。法国则牵手奥地利、俄罗斯、汉诺威、意大利的撒丁王国，两大阵营在欧洲大陆上剑拔弩张，于 1756 年不可避免地发生了恶战，史称“七年战争”。

七年战争，是一场以英法为主要矛盾、欧洲很多国家竞相参与争夺欧陆霸权的一场战争，这是全球近代历史上最早的一次国际性的军事行动。英方的胜利与法方的失势，最终标志着英国名正言顺地成为世界第一霸主。

七年战争的胜利，特别是在接受了第一次工业革命的洗礼之后，英国在国际政治舞台上取得了压倒性优势，不论是老对手西班牙、荷兰、法国，还是后起之秀的美国，都无法与之抗衡。

七年战争爆发后，普鲁士在欧洲大陆独当一面，顽强抵抗着奥地利和俄罗斯等敌手的联合围剿，英法则在海洋、印度和北美等世界各大战场上战得天昏地暗。

腓特烈大帝在欧洲虽然以少战多，可是拥有非凡军事天赋的他，为普鲁士军队赢得了非凡的战果。普鲁士在七年战争中重在防止奥地利夺回西里西亚，因此德国历史上通常称这场战争为“第三次西里西亚”战争。

腓特烈大帝在英国的默许下悍然吞并萨克森，引发奥俄联军来犯，普军在加纳斯山麓地带以不到500人的伤亡代价，一举歼灭奥俄联军8000多人。加纳斯山大捷，让腓特烈大帝在欧洲的威望陡升。

在漫长的7年中，腓特烈大帝以一对多，自然不能维系起初频频告捷的局面。因而，在俄罗斯和奥地利的车轮大战下，疲惫的腓特烈采取了分化敌营的政策。他知道俄罗斯沙皇彼得三世极为崇拜自己，平生的夙愿甚至只是在自己麾下做一名将官。在普鲁士使臣的游说下，彼得三世最终反水，与普鲁士走在一起。盟友们大骂其“不义”，却又无可奈何。

普鲁士在欧陆的危局缓和下来，英法在世界战场上也逐渐分出了胜负。法军的海战实力不如英军，海上战局的主动权很快转到英国手中。在印度，英国有东印度公司为阵地，加上和莫卧儿亲贵的勾结，迫使法国在印度丢弃了大部分殖民地，只剩下了几个孤零零的据点。而在北美，法国在属地和驻军上占据很大优势，这是英军在七年战争中唯一吃紧的战场。

不过，美洲战场上的英军也不是等闲之辈。年轻的乔治·华盛顿，此刻也在英国殖民军队中率领一支英军在一些小规模的战斗中重创法军，有效防卫了俄亥俄地区的印第安部族的偷袭。他还曾被英国总督丁维迪派往法军阵营，与法国军官斗智博弈。

华盛顿在战斗中声名鹊起，成为总司令布雷多克麾下的得力将官，布雷多克死后，他承袭了其将位。

在华盛顿的助攻下，英军在北美战场上也取得了最后的胜利，法国不得已将美国的全部和加拿大的大部分土地拱手让给了英国。

七年战争，迫使法国屈居欧洲第二，英国成为名副其实的世界霸主。腓特烈大帝在普鲁士成为万人崇拜的“战神”，而令英国人没有想到的是，自己辛辛苦苦打下的西半球殖民地，却酝酿着一场空前的民族运动——一个叫“美利坚”的新民族拔地而起。

6. 工业革命

1688年，光荣革命取得胜利以后，资本主义政治制度在英国逐步稳健，不但使英国开创了近代全球史的政治文明，也助推它开启了产业革命。

从光荣革命到18世纪晚期，英国凭借先进的政治体制、不断扩充的海外殖民地和传统的航海贸易，积累了雄厚的资本。国际市场的扩大，依旧无法满足英国人对大国经济体制构建的需求。于是，从18世纪60年代开始，一场积极解放生产力、以现代化的工厂制度取代传统手工作坊经营的产业变革呼之欲出。这场轰轰烈烈的工业革命，从最富庶的英国开始，进而波及欧洲大陆、美国以及亚洲的中国和日本。

工业革命发端于英国最先进的棉纺织业。英国固有的棉毛资源、成熟的纺织工场以及国家政策的大力支持，都预示着纺织领域会有所突破。

1732年，纺织能人凯伊发明了飞梭，大大提高了纺织的速度和质量，自此为工业革命拉响了前奏。及至1769年，又一位名叫哈格里夫斯的能工巧匠以自家女儿的名义创造了“珍妮纺纱机”，自此揭开了工业革命的序幕。此后，又有骡机、水利织布机等先进纺织设备接踵而至，让英国的纺织工业很快摆脱了作坊。新生的工厂制度，成为工业革命的重要特色之一。

比工厂制更能体现出时代特色的是蒸汽动力原理的推广，这令资本主义国家在19世纪前半期进入了“蒸汽时代”。

磨坊机和铁制农具是封建地主们的主要生产工具，虽然稳定且自给自足，却终究缓慢而严重依赖自然因素。而资本家们运用蒸汽机，不但提高了生产力，还促进了自身的扩大再生产，资本积累的数值更是不可估量。

虽然蒸汽机在 18 世纪就率先问世，但由于使用效果不佳，起初并不被工厂主们看好。不过，瓦特的出现，让改良后的蒸汽机的社会地位逐步提升。

瓦特只是一个微不足道的小技师，幼时略显愚钝，在学校里常被同学欺负，20 多岁时也仅仅会识字，别无长处。但瓦特受到开水冒出蒸汽的启发，激发了他的探索欲望，最终促成了他的伟大发明。瓦特改良的蒸汽机，不但让英国的纺织业达到了一个超高水准的生产阶段，也成功将其推广到了其他生产领域。

当英国人苦思如何在纺织业以外的生产活动中使用蒸汽原理时，大西洋彼岸一个叫富尔顿的美国人给了他们启发。富尔顿发明了汽船，标志着蒸汽技术可以应用在交通业。于是在英国，史蒂芬逊很快研究出了历史上最早的蒸汽火车。尽管这最早的火车的速度只能达到奔马的水平，开往农庄的沿途常会吓到田间的乳畜牲口，导致了乳畜产量下降，但谁也不能否定它出现的意义。

美国人在政治上鼓吹孤立，经济生产上则坚持与时俱进。眼见着英国人在工业革命中收获如此丰厚，美国也展开了工业革命，且成就仅次于英国。

凭借西部地区丰富的新开拓的自然资源和社会优势，美国工业革命的成就绝非仅仅体现在富尔顿的一种交通工具发明上。在各种零部件的精工和运用上，美国的工匠们一样出类拔萃。

法国也是工业革命的发源地之一，拿破仑也以兴办大学、出台政策等多种手段鼓励法国工业的发展。但常年的战争，加上拿破仑本人对新技术的认知局限，导致法国虽然有着仅次于英国的资本原始积累，但工业革命的进程却不如美国快。至于普鲁士、奥地利、中国、日本和俄罗斯，这些国家的工业成果实在微乎其微。

普鲁士和奥地利处于德意志体系中，四分五裂的现状根本无法开展工业革命，更何况奥地利优雅的贵族生活，让他们头脑中想到的只有诗歌、音乐和美酒。

处于大清王朝统治下的中国，也有林则徐、黄爵滋、魏源等地主阶级中的开明人士，他们主张学习和引进西方的先进兵器及其他工业资料，以维护大清王朝的统治。然而，林则徐等人在政治仕途上的不顺，导致他们的建议只是些美好的幻想。即便数十年后迎来了同治中兴，兴办洋务也无非是汲取了西洋文明的一点皮毛而已。

处在德川幕府统治下的日本，依旧天真地认为武士道精神才是决胜战场的砝码，统治者们早已忘记了织田信长的成功。虽然广泛涉猎来自中国的《四洲志》《海国图志》等西方历史、地理和文化等方面的著作，却终究只是务虚，无法借助持久的工业变革来强化国力。

俄罗斯的沙皇们满足于四处扩张和搜刮殖民地钱财，东斯拉夫人越有战斗天分，反而越是对现代化武器不屑一顾，以为有了哥萨克骑兵，彼得大帝梦寐以求的黑海出海口就一定会在 19 世纪的后半期完全打通。

与上述各国相比，英国的国际地位日益攀高。在没有美国介入东半球事务的 18 世纪 60 年代到 19 世纪 40 年代，英国凭借工业革命的伟大成就，将所有民族都远远抛在身后，为大英帝国版图的扩大提供了强大的武装力量。英国人的殖民地扩展到亚洲的缅甸、泰国、马来亚和大半个阿拉伯世界，非洲的纵跨埃及和南非的两端。

到了 1840 年，在亚洲已经取得广阔殖民地的英国，又因大批鸦片被林则徐损毁而向大清宣战，并在两年后击败大清，取得了对香港岛的控制。

此外，在 19 世纪，英国先后发动了 3 次全面的议会改革，经济的发展将英国的政治推至更高的位置。

工业革命使得英国国内市场和世界市场变得更为活跃，一种崭新的生产理念——自由主义，在亚当·斯密的呼吁下应运而生。自由主义成功排挤了传统时代的重商主义，促成了全球化时代的来临。

工业革命，从英国的纺织业开始，在解放生产力的同时，也引发了矛盾——工人阶层不是工业革命的受益者，但他们付出汗水却最多。很多贫困家庭的儿童无法接受良好的教育，不得不尽早进入工厂。

此外，工业资本家们无视自然资源和环境，为了追求更大的利益而无休止地破坏自然，引来大自然的无情报复，让危及人类的环境危机在大工业的生产中愈发严重。

第四篇　资本主义的胜利

第一章　资产阶级革命的“白热化”

1. 启蒙思想运动和主战场的转移

文艺复兴，在欧洲引发了强烈的思想震动，以天主教为核心的封建统治变得摇摇欲坠。随着荷兰、英国等资产阶级革命的成功，一场新的思想解放运动，在17世纪末期悄然生成，及至18世纪达到了巅峰。

与文艺复兴时代那种以宣扬古典文化实现保护人文主义的文化战略截然不同，这场弘扬理性主义的启蒙运动，敢于直接用契约和民主挑战王权专制与“君权神授”，以上帝的仁慈来挑战教皇的淫威。除了声势浩大、影响深远外，还完成了文艺复兴没有完成的任务：文艺复兴在号召推翻神权专制的同时，却依然对人治封建社会抱有幻想，且没有规划出资本主义民主时代的真正蓝图。而启蒙运动不但做到了这些，还在18世纪晚期，陆续掀起了一番轰轰烈烈的资产阶级革命，敲响了封建统治的丧钟。

英国有着良好的民主传统和最为薄弱的封建约束，因此启蒙思想最早诞生在英国。思想家霍布斯在其有生之年写成《利维坦》一书，宣传了相对合理的宗教信仰方式，也表达出君主的来源非上帝赐予，而是社会契约。

霍布斯认为，信仰宗教，有利于巩固社会秩序，却不能为了单纯巩固秩序而信仰宗教。国家也是君主和人民在默契交往中形成的民族政权组织，因而君主的权威虽可保留，却不能不受限制。霍布斯提出了国家与社会的管理原则，但具体方略却鲜有见解。资产阶级革命爆发后，另一位叫洛克的思想家弥补了这个不足。

洛克主张以权力分割的形式构建一个新国家，与弥尔顿的诗人情结截然不同，他的思想很务实，称行政权和司法权只有让君王与议会分别承担，才是一个成熟的资本主义政体风貌。

洛克是西方国家最早提出分权学说的政治研究者，虽然他的分权理论的出现晚于郑道传与努尔哈赤，却为英国提供了一个极其可行的方案。

光荣革命后，《权利法案》约束下的英王再也不能像亨利八世或查理一世那样胡作非为，而权力的运用，反而对议会更加有利。议会中设置内阁，内阁中再有首相，这令英国至今虽然仍有国王，民主政治却早已高度繁盛。

除了霍布斯与洛克，笛卡尔的唯理主义也在此时深入人心。唯理主义等于是对唯物主义的发展和延伸，其对近代哲学和数学的发展进步有一定的积极影响。

18 世纪以后，随着法国国际地位的提高和路易十四时代开明专制的影响，启蒙运动在欧洲的主战场，从大不列颠共和国转移到了英吉利海峡彼岸的法兰西王国。伏尔泰、孟德斯鸠、卢梭、狄德罗等都是法国的思想元老。

在众多思想家中，伏尔泰是那个时代的泰斗，他原名叫弗朗索瓦・马利・阿鲁埃，他早年的著作在法国备受好评。他也去过柏林，受到过腓特烈大帝的器重，甚至敢于在国王的默许下抨击另一位同样受宠的科学家。

在柏林的日子，让伏尔泰对启蒙思想宣传工作更有自信，他离开普鲁士以后便定居瑞士，一门心思宣传进步思想。

在宗教信仰方面，他认为只有上帝才是全知全能的存在，他不但反对天主教的宗教迫害，而且对新教的排他性局限深恶痛绝。

在文史哲著作的成就上，伏尔泰的代表作主要包括《老实人》《天真汉》《议会史》《彼得大帝治下的俄罗斯》《形而上学论》《路易十四时代》等。

虽然他生前并无人身危险，但死后却遭到天主教会的报复，遗体被搁置在一个小礼拜堂内，直到法国大革命时期才被共和政府运回巴黎。

伏尔泰之后，以著书立说闻名的思想家是卢梭和狄德罗，前者是才子派的精英，后者则是学院派的楷模。卢梭的《爱弥儿》《论人类不平等的起源和基础》《社会契约论》《忏悔录》等不但将启蒙运动推至巅峰，对后期的浪漫主义文学也有一定的启发作用。

卢梭痛恨人类的不平等，他高举社会契约、人民主权两大旗帜，公然向封建专制叫板，君主若是为非作歹，人民理应收回本该属于自己的权力。

1749 年，卢梭参与狄德罗《百科全书》的撰写，主要负责音乐学和经济学部分。而狄德罗在同一时代，名声与卢梭旗鼓相当。狄德罗的《百科全书》在法国盛极一时，启迪了法国人的智慧，扩大了平民阶层的视野，也把自己推到了“百科全书派”的领袖位置。

孟德斯鸠与卢梭等人的著作风格存在很大差异，他专门从法理学的角度为国家政权的构建献计献策。在他的法理著作中，最具社会影响的是《论法的精神》，书中发展了洛克的分权学说，提出了真正的民主国家要恪守三权分立：国会掌管立法权，君主掌管行政权，大法官则应在司法独立的前提下全权负责司法权。

启蒙思想运动的思想精华，很快传播到欧洲以外的地区，可是传播后得到的效果却迥然不同。

在亚洲，康熙大帝时代的顾炎武、黄宗羲和王夫之等中国启蒙思想家早已逝世，而吉田松阴、福泽谕吉等日本启蒙先驱尚未出世。值得一提的是，在大西洋彼岸的北美殖民地，有两位思想家恰逢其时：托马斯·潘恩与本杰明·富兰克林。

潘恩的一本《常识》，以不可阻挡的态势激起了美国人民的反英情绪。他认为美洲移民的先祖是欧洲人，不是单纯的英国人，更何况美国一个偌大的洲陆，又岂可对一个蕞尔小岛低三下四？

美国民间迅速衍生出“自由之子”的反殖民运动，这让那些穿红军装的英国“龙虾兵”很是焦头烂额。

富兰克林则以花样翻新的科学实验，证明美利坚是一个无比优秀的民族，根本不需要接受英国的管制。于是，启蒙运动的理论主阵地，从最初的英国转移到法国；政治试验的主战场，又从法国转移到了新生的美国。

2. 美国的独立

英国人在北美洲站稳了脚跟之后，商品市场的统一、英语的广泛运用以及13块殖民地之间的频繁往来，让美利坚民族逐渐形成了一个人口众多、文化认同得以统一的富有朝气的民族。

100多年前，他们还是逃荒到此的穷光蛋，如今在驱走了印第安人后，他们借助勤劳的双手和广阔的土地发家致富，还购买了大批从非洲运载来的黑人奴隶。英国殖民阶层、美利坚土生的白人以及黑人奴隶，成为美洲开国历史上的主要角色。

殖民阶层以总督为最高管理者，土生白人中的精英可以进入殖民地议会，但与不列颠本土的议会不同，这里的议会受到总督的节制，只有参政的权力，却无决策的地位。

尽管美利坚人在殖民地只能屈居为二等公民，但在七年战争期间，他们还能做到积极配合殖民官兵奋勇作战，迫使法军在北美放弃了大部分领土。诚实、早熟的华盛顿，就是在七年战争中逐渐成名的。

最初进入英军的他，只是一个土地测量员，由于在战场上屡立战功，逐渐有了统领军队的权力。在打败了法军后，只读过小学的他娶了一位颇有资产的孀妇，并以此为跳板，加之自己的聪明远见，他逐渐成为远近闻名的“土豪”。

华盛顿是一个淡泊名利的人，他仅仅想从殖民军队中谋个一官半职而已。可英方总督在殖民地推行的新政策，却让他最终走上了“造反”之路。而且殖民地的大多数资本业主，对英王的举动都颇为不满。

原来，在七年战争结束以后，英国人不但不给土生白人任何好处，反而加紧了对他们的盘剥和压榨。各殖民地的高层官员通过滥用印花税、土地兼并等多种手段，将本地资产阶级和大地主们的资产变成英王乔治三世的私人财产。更可恨的是，英方还不允许美利坚人自由移民，各殖民地间的商品交易也要服从英国政府的意志。

崇尚自由憎恨霸权的美利坚人民当然不会容忍这样的行为，自从潘恩的《常识》在启蒙运动中被美国人民普遍接受以后，他们的反英情绪日渐高涨。民间组织起诸如“自由之子”之类的武装暴动，通过各种方式羞辱英国的殖民官吏，甚至敢于破坏英国人输入到这里的商品。

18 世纪 70 年代，反英运动达到了高潮，美国的民间暴动组织不仅敢于潜入停泊在波士顿的英国商船，将囤积的茶叶全部扔进大海，甚至在一个叫列克星敦的偏僻地方，以武装冲突的方式打了英国人一个冷不防。

“波士顿倾茶事件”，成了美国独立战争的导火线；而列克星敦的枪声，则标志着战争的开始。

战端一开，美国人的英勇远超英军意料，英军的攻势并非势如破竹，反而在邦克山战斗中损失了 1000 多人，可杀死的美国士兵却不足 500 人。英国当局开始向美洲战场上增派兵力，以柏高英、霍欧等高级将领为首的 3 万英军入驻北美，美国的形势越发严峻。

1776 年，美国人在临时国都费城召开大陆会议，发表了《独立宣言》，明确提出美国的独立，13 个殖民地自此成为 13 个美利坚邦联。此时，大陆军的组建初具规模，可还缺少一位最高统帅。华盛顿在大陆会议上表现活跃，加上以往小有名气，最终被推举为大陆军总司令。

华盛顿率领的这支大陆军装备极差，士兵不但没有齐整的戎装，连草鞋都不能保证一人一双，很多民兵操起猎枪就兴致勃勃地投入了战斗。

看着这样的队伍，华盛顿有些信心不足，于是他委托远在法国的富兰克林，希望他能依靠出色的雄辩才能在欧洲国家争取更多的军事支援。

富兰克林告诉华盛顿，欧洲的西班牙、荷兰等国，尤其是法国，无不对英国深恶痛绝，它们都是英国的手下败将，随时准备报仇。但它们并不看好美国军队，担心万一英军迅速取胜，会惹上麻烦。

华盛顿听出了富兰克林的弦外之音，他知道，要想取得支持和同情，美国人民必须显示出自己的实力。

1777 年，华盛顿声东击西，在萨拉托加战场上生擒 5000 英军。萨拉托加大捷，改变了北美战场上的局势，美军逐渐掌握了战争控制权。法国、西班牙等欧洲国家也纷纷对美国抛出橄榄枝，英国的军事行动受到联合牵制，战局也变得越发被动。

1781 年，新的英军统帅康华利驻守约克镇，他麾下有 7000 名士兵。虽然他寄希望于扭转被动战局，但由于美军在 4 年来节节胜利，他不得不做出随时坐船逃离西大陆的打算。

而令他大失所望的是，在华盛顿的节节逼近下，他不但没能守住约克镇，甚至连逃跑的计划都没能实现。英国舰队镇守在约克镇，随时接应很有可能败退下来的康华利残军，却遭遇法国海军的袭击。这样一来，英军在海上的撤退路线被切断了，康华利的数千大军无路可走，最后只好向华盛顿投降。

约克镇战斗的胜利，结束了美洲战场上的大规模厮杀局面。美国已经成为名副其实的胜利者，英国在苦苦纠结了两年后，最终与美国签订《巴黎和约》，正式承认美国独立。

3. 新政权，新探索

1776 年 7 月 4 日，美国脱离英国走向独立，并以坚强不屈的作战迫使英国放弃了美国的属地，接下来让美国人劳心劳力的，就是如何建设这个新政权。

华盛顿在独立战争中控制军权，战斗结束后，一些将领便明确表示，拥护他做这个新国家的国王。华盛顿和很多美国人一样，厌恶专制强权而渴望自由，他谢绝了各位将领的好意后返回家园，不想再干预任何权力中的事务。

美国独立后，独裁专制的问题因华盛顿得到解决，可无政府主义却让美国局势动荡，国无宁日。迫于这种形势，13 个邦联最终在费城召开会议。经过一番理性与智慧的商讨和博弈，13 个邦联最终组成一个联邦，美利坚合众国正式宣告成立。

在美国的开国史上，1787 年的宪法是一部很具历史意义的国家宪法。在资本主义的法制史上，它是第一部成文的宪法，即便是在所有的资本主义宪法中，它的出现也仅仅晚于 1689 年的英国《权利法案》。

《宪法》规定，美利坚合众国的联邦政府为总统共和制，国家总统拥有政治、经济、军事、文化和外交等方面的行政权力，而以上议院和下议院为主体的国会拥有立法权和决策权，最高法院拥有独立的司法权。

除了中央政府外，13 个邦联一律改称州，每一个州设有州长，并拥有州以内的地方宪法、议会和行政机构，但军事和外交权归中央所有。

此外，美国公民在形式上拥有人身安全、财产保护、宗教信仰自由、民主公投和参与政治等各方面的基本权利。

美国新政权的建立，在当时引发了强烈的反响，就中央政权机构的格局上看，这种“三权分立”的治国理念，正是对孟德斯鸠分权理论的成功实践，为法国大革命的爆发提供了有效借鉴，更是鼓舞了拉丁美洲的独立战争。

美国的中央以集权为主，地方则以分权为主，“三权分立”与“地方分权”的有效结合，使美国的资本主义经济和政治的发展很快进入一个高速和高效的发展阶段。

至于新国家的第一任总统，选民曾一度看好两位启蒙思想家——本杰明·富兰克林和托马斯·杰斐逊，可最终的总统还是那位深受拥戴、早已交出军权的华盛顿总司令。

民众选择华盛顿，并非单纯为其人格魅力或军事才华所折服，最重要的是他诚实的品格。

1789 年，华盛顿成为国家总统，在连任两届总统后及时下野，为美国民主风气的延续做出了绝佳的榜样。

华盛顿并不愿意当总统，但只要做了，就一定会对人民和国家负责。在他上任的那年，法国大革命爆发，英法这两个数百年来势如水火的国家再度交战，而大洋彼岸的联邦政府，围绕欧洲战局也分成了两派，亲英派的财政部长汉密尔顿认为英美同属盎格鲁民族，应当尽释前嫌，联英讨法；国务卿杰斐逊则以独立战争中法国的慷慨支援为由，声明应该马上对英国报以殖民统治之仇。

理智的华盛顿力排众议，认为建立不久、一穷二白的美国不宜卷入欧洲战局，应该潜心休养生息，何况在北方的加拿大殖民地中驻扎的英军依旧对他们虎视眈眈。

华盛顿没能平息两位得力助手的论争，而汉密尔顿和杰斐逊的两派之争，也成为美国两大执政党的雏形。数十年后，共和党与民主党轮流执政，成为美国政治的一种特色。

华盛顿之后，约翰·亚当斯、托马斯·杰斐逊、詹姆斯·麦迪逊等人先后成为总统。杰斐逊以其浪漫情怀，为美国思想文化的开明做出了贡献，使他有资格跻身于“四大总统”之列。

麦迪逊上位后，进行了比较得力的法制改革，更加完善了美国社会的法制，他被誉为“美国宪法之父”。当然，与华盛顿这个“美国国父”相比，他的地位还是相形见绌。早在 1800 年，美国人为了纪念去世已一年的国家奠基者华盛顿，将首都从费城迁到一座新的城市，这座城市就以“华盛顿”来命名。200 多年后，华盛顿成为美国的政治和文化中心。

19 世纪初期，英国殖民者对美国也发动过一次大规模的战争，攻势之猛，让美国东部的半壁江山一度沦丧。但美国人民以高度的爱国情怀，顶住了英军的进攻，捍卫了国土，取得了第二次英美战争的胜利。

在交战中，“山姆大叔”对爱国军民的热情支援和慷慨赞助，让这个原本普通的美利坚平民成为整个国家和民族的昵称。

巩固了政权的美国，进一步拓展国土，大举西进，或购买，或吞并，或强夺，使得英国、法国、西班牙等北美西部的殖民地上遍插“永不落”的星条旗。旗面上的 13 颗星，在 19 世纪末期发展为 50 颗。

在新拓展的疆土中，从拿破仑手中买到的路易斯安那州的丰富资源，提升了美国的经济实力；而阿拉斯加州的石油开采潜力，足以让起初看不起这块土地的俄罗斯人后悔莫及。

19 世纪以后，美国的国土面积、经济实力、军备力量和政治民主建设都有了不同程度的大发展，但在空间经济、种族待遇和外交等方面，还是有不少问题。

空间经济方面，美国的先进工商业集中在北方，南方仍旧停留在以种植园为特色的农业发展阶段。

种族待遇方面，美国宪法赋予人民的平等和民主，并不包括黑人奴隶和被不断驱赶的印第安人，甚至不允许黑人享有平等尊严。而英裔白人在同种族兄弟中难以名状的优越感，也困扰着美国白人之间的情感发展。

在外交方面，华盛顿的审时度势，让美国避免了陷入欧洲战争的泥潭，却也埋下了“孤立主义”的祸根。对欧洲事务的过于冷淡和闭目塞听，在一定程度上延缓了美国的发展节奏，导致美国在整个 19 世纪终究没能成为世界性大国。

1816 年，詹姆斯·门罗出任第五任总统，美国借助东西两大洋的天然屏障，南北方两个无主权国家的零威胁之便利，正式进入“孤立主义”时代。

4. 法国大革命

法国的启蒙思想家们为自己的国民勾勒出未来政治文明的理想蓝图，却一直没有付诸实践的机会。直到美国独立战争的胜利，才极大地鼓舞了法国的资产阶级，他们将率领国中的三等公民共同反抗一、二等级的教士和贵族，伺机取代波旁王朝。

此刻的波旁王朝，早已不是路易十四时代的盛世了，路易十六在早年登基的时候，就因惧怕扛起千斤重担而在王座的角落处失声嗟叹。历史证明了，他平庸的个性根本不适合做一个君主。

路易十六的兴趣不是政治，而是修锁，他整日在宫廷中与他的锁匠好友交流解锁与做锁的窍门。几年前，路易十六接受美国来使富兰克林的提议，将法国军队派往北美，支援华盛顿的大陆军。法军耗费军力不说，自己的百姓反而都看到了一个可以没有君主的国家，纷纷站在资产阶级这一边，开始联合反对他的统治。

1789 年 5 月，路易十六在巴黎召开了三级会议，旨在对资产阶级提出增税的要求。可是，资产阶级将他和工农市民们的一致想法和盘托出，建议国王应当轻徭薄赋，并给予三等臣民一定的参政权益。路易十六无法忍受这样的挑衅。谈不拢的三级会议，成为法国大革命爆发的导火线。

7 月 14 日，资产阶级发动巴黎市民联合反抗波旁王朝，目标就是进攻关押进步人士和无辜囚徒的巴士底监狱。巴士底监狱的攻克，迫使软弱的路易十六答应资产阶级掌权的要求，君主立宪派上台执政，自此开启了资产阶级管理国家的新时代。

资产阶级的当权者们开设制宪会议，并颁布了具有先进宪法性质的《人权宣言》，明确提出了公民平等、财产保护、经济自由等多项进步条款，制宪会议在后来的法制建设中遭遇理论瓶颈，最终被立法议会所取代。但不论是制宪会议还是立法议会，都代表着资产阶级的政治利益，总之都意味着路易十六的大权旁落。

软弱的路易十六根本不敢与君主立宪派对抗，可他的妻子却比较难缠。法国王后是奥地利的公主，生活上奢侈腐化，在娘家也很有煽动性。在这位王后的暗通下，奥地利大军以帮助波旁王朝复辟为由，公然反抗资产阶级在法国建立新政权。普鲁士、俄罗斯等不愿意看到除了英国外，再有第二个民主国家，也纷纷支持奥地利。英国为了保证自家先进政体的一花独放，更不愿意法国告别封建专制，于是介入欧洲大陆，第一次组建起反法同盟，指挥欧陆各国对法军协同作战。

反法盟军节节逼近，君主立宪派的当权派碰上了钉子，出师不利让他们失去了民众的拥戴和支持。资产阶级另一阵营中的吉伦特派挺身而出，以国民公会取代立法议会，成为新的当权者。

吉伦特派不但在施政纲领上比立宪派更前进了一步，在经济上赋予了公民更多的利益，而且在1792年的对外战争中，还重创普鲁士军队，取得瓦尔密大捷。此外，吉伦特派发现了路易十六勾结外寇、试图里应外合以实现复辟阴谋的信札，借助本次战争的胜利，吉伦特派宣布将路易十六送上断头台，而后建立起瓦尔密共和国，史称法兰西“第一共和国”。

第一次反法同盟在瓦尔密吃了苦头，但第二次反法同盟很快重建起来，继续在四面八方骚扰法国。吉伦特派继续组织抵抗，可是连年征战让法国百姓苦不堪言，吉伦特派和国民公会为了保证自身利益，却不愿采取紧急措施来满足巴黎工人的经济要求，甚至不理会最高物价限令。失去民心的吉伦特贵族就此也失去了权势，于1793年被雅各宾俱乐部的基层贵族们取而代之。

雅各宾派吸取前任领导的教训，以救国委员会取代国民公会的同时，将统治重心转移到了安抚民心上来，如规定最高物价、限制投机活动等，其中最具进步性的是按人口分配土地的决策。

雅各宾派主张实行小农经营制度，满足了农民对土地的需求，较之吉伦特派的按户籍分配纲领更易得民心。这项小农土地所有制，也为后来的拿破仑所继承，这样一来，法国农民相对富裕，也愿意跟随皇帝远征欧洲。

不过，雅各宾派在政治上的作为却并不适当，他们因惧怕保守反而过于激进，达到了恐怖统治的境地，罗伯斯庇尔将埃贝尔、丹东、马拉等昔日的革命战友纷纷处死，造成了自己的孤立，随后也被新的政敌送上了断头台。

数年的离乱，让法国人民再也不堪忍受，他们宁可接受一个软弱的督政府，也不愿再接纳一个强势的政权。

1794 年爆发了“热月政变”，雅各宾俱乐部被督政府关闭。两年后，督政府成为法国政权的最高代表。虽然资产阶级的各路党派纷纷因执政不力而退出历史舞台，但三大政治派系在各自执政期间取得的革命果实，却在督政府时期得以大部分保留，这也促成了法国大革命的最后胜利。

法国大革命长达五年之久，是近代史上规模最大、影响最广泛、让封建君主们最为恐慌的一次资产阶级革命，它上承美国的建立，下启拿破仑帝国的形成，虽然动乱不休，却让法国人民和资产阶级共同经受了一次革命的洗礼。

督政府在巩固政权方面有所作为，但如今的法国仍然要面临英、俄、普、奥等国家的联合进击，因此督政府也最终是昙花一现。

5. 拿破仑和他的帝国

督政府上台执政，标志着政权从资产阶级激进民主派转入温和派手中。然而，督政府不能有效维护大革命的成果，最终只能被实权派取而代之。

1799 年，革命战争中初露头角的拿破仑·波拿巴夺取了法兰西政权，自任为法兰西的终身执政官。由此，大革命的成果不但得到保护，还借助连绵的战略扩张广泛传播。

1769 年，拿破仑出生在科西嘉岛，这里是法国统治下的殖民地，他早年并不喜欢以法国人自居。在布里埃纳军校就读期间，他只会讲科西嘉语言，拙于法语，加上个头矮小、貌不惊人，常常受到战友的取笑欺辱。带着切齿的“复仇”决心，他专注学习，所以成绩优异，特别是在数学和历史上，表现出了惊人的天赋。

1784 年，拿破仑转投至巴黎军官学校，专攻炮兵学，并进入拉斐尔军团，拥有了炮兵少尉军衔。继续深造的拿破仑，更注重自身的文化修养和认知视野，在训练之余常常手不释卷，通读各种社会科学书籍。在军事论著中，他尤其喜爱亚历山大和恺撒大帝的，对普鲁士国王腓特烈大帝的火炮与步兵相结合的战术也大为赞赏。

1789 年，法国大革命爆发，充满热情的拿破仑加入了战斗。1793 年，他在土伦战役中打败王党军和英国的联盟，自此在法国军界成为一颗耀眼的明星。三年后，屡建奇功的拿破仑被法兰西共和政府派往意大利地区，出任意大利方面军司令，他以远征阿尔卑斯的光辉战绩，让奥地利军队闻风丧胆，也阻挠了英国在南欧的扩张计划。

1799 年，拿破仑在推翻督政府后，很快建立起中央集权的资本主义帝国政体。尽管在遥远的拉丁美洲，海地的独立让法国痛失一块肥肉，但颇具声威的拿破仑还是在 1804 年建立起法兰西第一帝国，自封为第一帝国的皇帝——拿破仑一世。

为了进一步巩固大革命的成果，拿破仑在经济、司法和学术教育等方面均做了大刀阔斧的改革。

在经济上，拿破仑积极响应工业革命，法国工业和信贷服务业因此初具规模。在农业上，恢复雅各宾俱乐部实行的小农土地所有制，满足了农民对土地的需求；在司法上，颁布《民法典》，虽然其诞生的日期晚于《权利法案》和《1787 年宪法》，但最终却成为资本主义的立法典范，历史地位不在《罗马法》之下；在教育上，兴办科技大学，鼓励科研教育，大力培养科技人才。

拿破仑还致力于军事建设，除了让法国拥有一支强悍的革命劲旅，还培养了一批出色的将领，例如法国大文豪维克多·雨果的父亲。

拿破仑帝国的建立，让英国、俄罗斯、普鲁士、奥地利等国倍感恐慌，于是第三次反法同盟于 1805 年组建完毕。

尽管此前拿破仑在特拉法尔加海战中被英国皇家海军击溃，但在此后的大陆战斗中，法军几乎所向披靡，战无不胜，以至于俄罗斯的亚历山大一世、奥地利的弗朗西斯二世以及普鲁士的腓特烈三世不得不亲征，以阻挡拿破仑的铮铮铁蹄。

拿破仑毫不畏惧，成功驱逐了俄罗斯的东方干涉，更是将奥地利、普鲁士等德意志成员打得叫苦不迭。

1806 年，法军进入柏林，神圣罗马帝国从此彻底灭亡，柏林被拿破仑洗劫一空，拿破仑本人在欧洲的声威也达到了极点。

在此期间，身为法兰西帝国皇帝的他，还兼任意大利国王、莱茵邦联的保护人、瑞士联邦的仲裁者，并分封他的多位兄弟去往那不勒斯、荷兰、威斯特伐利亚等国做了国王。

1807年后，不满足的拿破仑继续拓展帝国疆土。他将军队开往早已衰落的西班牙和葡萄牙两大帝国，吞并了两国的土地后，疯狂驱赶当地居民，战争性质已经从维护革命成果转变为大国争霸与非正义的侵略。

即便如此，对于西班牙、德意志的众多居民而言，拿破仑不仅仅是一个祖国政权的终结者，更是一位法国革命精神、资本主义文明思想的客观传播者和间接弘扬者，他在当时的欧洲，仍然有着非同寻常的影响力和人格魅力。而法国人民，更是将其视为百年不遇的民族英雄。

拿破仑几乎战败了所有欧陆国家，只有海峡北面的英国，依然是一根锐利的眼中钉。法国海军不占优势，且吃过败仗，拿破仑便放弃制海权，对英国实行大陆封锁，阻碍英国商品在欧陆流通，企图让得不到商品输出和工业市场的英国自行毁灭。

大陆封锁初见成效，英国经济一片萧条，可是俄罗斯却表示不满。19世纪初期的俄罗斯，虽然在女沙皇叶卡捷琳娜二世的改革和征战下取得了殖民扩张的重大胜利，还与普鲁士共同瓜分了波兰，大破奥斯曼军队，得到了华沙和君士坦丁堡，但俄罗斯的农奴经济本质并无任何变化。平民购买力的不足，让俄国市场严重依赖英国的商品。此时拿破仑以封锁商品输出的方法剿杀英国，自然也让俄罗斯陷入瘫痪。

此刻在位的亚历山大一世开始接近英国，拿破仑渐渐对沙皇不满，并于1812年率领50万大军入侵俄罗斯。

俄军在名将库图佐夫和布吕歇的指挥下，实行大面积的焦土抗战。在东欧战况逐渐不利、情知莫斯科不能防守之后，沙皇政府举国迁都，将一座座繁华的城市付之一炬：迁走市民，携带财物共同出逃，最后一把火烧了整座城市。这样一来，拿破仑的法军占领这些城市以后，既不能获得物资，也无法建立傀儡政权。随着法军在俄罗斯东部的逐渐深入，战线越来越长，形势开始对法军不利。

冬季的到来，让西伯利亚成为一片酷寒之地，不适应气候的法军不堪寒冷，滋生出多种疾病，加上物资补给的不足和延滞，全军变得毫无斗志。库图佐夫、布吕歇等俄军统帅看准时机，对法军展开了最后的反攻。

1812 年年底，拿破仑带回巴黎的法军不到 3 万人。攻打俄罗斯的失败，结束了拿破仑帝国的巅峰时代，此后拿破仑对反法同盟的战事从进攻转向了防守。

1814 年，法军在德意志的莱比锡战场被反法同盟击败，拿破仑被迫退位，波旁王朝宣告复辟。然而，拿破仑雄心不灭，卷土重来，建立起“百日政权”，可在 1815 年的滑铁卢战役中，还是被英国的惠灵顿灭了最后的威风。拿破仑被流放到地中海上的圣赫勒拿岛，于 1821 年辞世。

拿破仑最后的失败，意味着资本主义势力在欧洲仍不能战胜封建势力，加上常年的征战厮杀，他在法国所主持的工业革命和军事变革中，也出现过几次错误的预料和决策，无法如英国和美国那样发展工业革命。不过他的帝国世界，为后人留下了一幅传奇的画卷，他的《民法典》也将永垂不朽。

在维也纳会议的重整下，波旁王朝还是复辟了，法国连同英国、普鲁士、奥地利、俄罗斯等国成立了神圣同盟组织，这种欧洲新秩序，被称为“维也纳体系”。

在神圣同盟的成员国中，英国开始呼吁“光荣孤立”的外交政策，不断策动欧洲各个强国之间相互牵制，以维护大陆上的均衡格局。俄罗斯更以焦土抗战勇斗拿破仑为资本，成为神圣同盟的盟主。

但是这个“维也纳体系”只代表封建君主和贵族们的利益，它自组建伊始，便不断面临挑衅，南美洲的玻利瓦尔、圣马丁在西半球开创了各自的解放事业，而比利时和卢森堡也脱离荷兰，宣布独立。当然，对维也纳体系冲击最厉害的，还是“后拿破仑时代”的法国。波旁王朝在复辟后很快又被推翻，接着是七月王朝、法兰西第二共和国等政权，它们在历经短暂的统治后，也先后退出了历史舞台。

拿破仑和他的帝国世界早已瓦解，但他并非后继无人。他的侄儿路易·拿破仑·波拿巴于1851年控制了第二共和国的局面，成为共和国的终身总统，次年便迫不及待地成为法兰西第二帝国的皇帝，称作拿破仑三世。

这位终身总统和他叔父一样，有着光复法兰西、重整欧洲秩序的远大理想，但不论才略、胆识还是魅力，他都无法跟他叔父相提并论。法兰西第二帝国只维持了18年，之后法国进入长达70年的较稳定、经济复苏的法兰西第三共和国时期。

第二章　声势浩大的革命巨浪

1. 独立运动中的“大哥伦比亚”

英国联络大陆上的封建反动国家，在击败拿破仑后建立起神圣同盟机制，标志着维也纳体系时代的开始。但这个体系由于自身的反动性和保守性，从建立之初就不断遭遇民族独立运动的袭扰。

意大利、比利时的民族革命，法国国内的民众暴动，都让英、俄、普、奥等盟主苦不堪言。虽然意大利人组织的革命于 1821 年被奥地利军队镇压了下去，但比利时、卢森堡脱离荷兰而导致尼德兰体系分解，以及法国民众推翻七月王朝，都在不同程度上撼动了维也纳体系。此外，欧洲以外的地区依托于地理优势，也不断反抗维也纳体系——拉丁美洲就是独立战争的策源地。

早在拿破仑登基加冕的前夕，法国人在 18 世纪从西班牙人手中夺取的海地就爆发了黑人领袖杜桑·卢维杜尔领导的黑人奴隶起义。虽然领袖不幸牺牲，但黑人们最终推翻了法国的殖民统治，海地正式宣布独立，成为世界上第一个黑人共和国。

杜桑起义不是反抗维也纳体系的独立运动，但这场运动却和美国独立战争收到了相同的效果，即极大地鼓舞了南美殖民地人民。在南美各国，除了葡萄牙占据着巴西之外，其余的国家都是西班牙的属地。

1820 年，葡萄牙国内爆发资产阶级革命，王室陷入了危机。为了留有后路，国王若昂六世被迫暂居巴西。次年，王室贵族和资产阶级妥协，葡萄牙开始实行君主立宪制，若昂六世因此被新成立的国家议会所饶恕，得以返回里斯本，但佩德罗王子却留在巴西做了摄政王。

佩德罗王子不愿意接受议会的约束，在这里又目睹了辽阔的土地和丰富的物产，索性拒绝议会的邀请，以复辟王室的名义宣告巴西独立。

1821 年 12 月 1 日，佩德罗登基加冕，成了巴西帝国的皇帝，史称“佩德罗一世”。4 年后，葡萄牙不得已接受了巴西独立。此后的葡萄牙，所拥有的涉外土地只剩下了中国澳门和非洲的几座岛屿。

至于在西班牙控制下的殖民社会阶层中，来自马德里的殖民官吏是这里的最高统治者，黑白混血和印欧混血的后代只能从事工、农、商领域的基层工作。而早已灭国的阿兹特克、印加帝国的印第安农奴，以及从非洲运载来的黑人奴隶，只能在无休止的劳动中承受西班牙白人的皮鞭之辱。

土生白人夹在这些阶层中间，虽然与西班牙白人官吏血统密切，却不能和他们平等分享权力，因而南美洲的独立运动，正是由土生白人中的军事精英策划组织的，随即便出现了两位革命斗士——圣马丁与玻利瓦尔。

圣马丁是西班牙副总督的儿子，军官出身的他，早年深受卢梭思想的影响，也参与过反抗拿破仑的战斗。为了推翻西班牙的殖民统治，圣马丁在两年时间里组建了一支由黑人逃奴和混血居民组成的武装部队，于 1817 年翻越安第斯山，打响了智利独立的第一枪。

屯扎智利的西班牙守军猝不及防，很快被圣马丁所率领的 5000 军队重创，智利于 1818 年 2 月宣布独立。圣马丁厉兵秣马，继续挥军北上，先后解放了秘鲁与阿根廷。

玻利瓦尔的名声比圣马丁更大，他于 1783 年出生在委内瑞拉，父母早丧，幸得亲属开明，让他接受了良好的教育。

1807年，拿破仑率法国军队入侵西班牙。玻利瓦尔趁着南美洲殖民统治的松懈，组织了一支军队开始了解放委内瑞拉的战斗。玻利瓦尔于1811年解放玻利维亚后，率领军队继续南下，先后解放了加拉加斯、哥伦比亚、厄瓜多尔、玻利维亚和巴拿马等更多的国家。

尽管他缺乏华盛顿的军事韬略——一生经历大小战斗472次，才在漫长曲折的解放大业中创造出“大哥伦比亚共和国”——但他是一位矢志不渝的斗士，面对强大的西班牙殖民军也毫不退缩。

玻利瓦尔在南美洲获得了极高的声誉，还有“解放者”的称号，这让圣马丁有了急流勇退的意识。

1822年7月25日到27日，两位革命领袖在厄瓜多尔进行了一番会谈，圣马丁将自己的所有军权转交给玻利瓦尔，间接襄助玻利瓦尔取得拉美独立战争的最后胜利。

玻利瓦尔解放了南美洲，可他孕育的“大哥伦比亚共和国”却不幸流产。西班牙作为一个封建殖民帝国，在南美殖民地实行的也是老一套的封建经济生产机制，如最盛行的种植园生产。这里不似北美殖民地那般接受英国式的行政管理，其有着属于土生白人的议会，实行的也是相对进步的工商业经济政策，因而美国的独立运动有着良好的群众基础和民主基础；而西班牙控制下的南美殖民体系，除了维系腐朽落后的封建经济外，商品贸易被垄断，即便是各殖民地之间也不允许任何自由贸易，以至于经过数百年发展的南美洲，连个统一的市场都没有形成。

至于政治管理，则只有封建体制里走出的总督大人，属于资产阶级的议会却形同虚设。在这里，资产阶级不够强势，所以南美洲的独立，只能依靠玻利瓦尔、圣马丁这些地主出身的土生白人军官。

南美洲即便独立，也不能走邦联组合成立大国的统一道路，更不可能迅速完成资产阶级的社会民主改革，自然也无法如美国那般迅速发展。这就为拉丁美洲在19世纪再遭西方列强的欺凌埋下了隐患。

果不其然，1830 年，玻利瓦尔在厌倦了一系列的政治斗争后，辞去了共和国总统的职务，而他治下的共和国，也很快分裂成今天的委内瑞拉、哥伦比亚、厄瓜多尔和巴拿马。

2. 欧洲大革命

拿破仑帝国发动的一系列欧洲战争，虽然带有侵略性质，但带去的取代封建主义的资本主义，还是具有极大的进步意义的。

1815 年，拿破仑被以英军为首的第七次反法同盟击溃，波旁王朝最终成功复辟。普鲁士、奥地利也维护了霍亨索伦与哈布斯堡家族的地位，俄国沙皇更是以神圣同盟盟主的高调姿态，对西部国家的元首们指手画脚。维也纳体系还成立了以奥地利首相梅特涅为核心的组织，以防资产阶级东山再起。

起初，维也纳体系不得人心。比利时、卢森堡和南美洲国家的先后独立，都是对该体系不满的表现。

波旁王朝复辟之后，在法国继续推行一系列倒行逆施的策略，更加众叛亲离。法国政局的动荡，激发了文学家们的创作激情，巴尔扎克、司汤达、雨果都以各自的方式控诉了现实。

1830 年，波旁王朝苦苦挣扎了十几年后，再度倾覆。阴谋解散议会的查理十世遭到全国人民的反对后，被迫逃往英国。

同年 8 月 7 日，金融资产阶级扶持奥尔良公爵，成立了一个新的王朝，称为奥尔良王朝。波旁王朝在本年 7 月被推翻，故这个王朝又有“七月王朝”之称，以纪念查理十世的退位之窘。登上王位的奥尔良公爵，从此被称为菲利普一世。

不过，令人慨叹的是，七月王朝取代波旁王朝，政治统治上终究是“换汤不换药”，法国人民依旧处在水深火热之中。在历经 18 年的统治后，七月王朝也遭到了法国军民的强烈反对。与此同时，欧洲各国的殖民地国家和平民阶层纷纷起义，于 1848 年将欧洲革命带入了一个巅峰阶段。

法国资产阶级始终蓄力试图推翻七月王朝的反动统治，但在法国革命之前，奥地利和它的殖民地中却更早爆发了民族主义的革命。

1848 年 1 月，奥地利屡屡弹压下的意大利人民发起反抗，南方的西西里岛掀起了反抗奥地利殖民统治的斗争。

意大利革命之后，法国人民也在 2 月掀起了“二月革命”，外强中干的七月王朝在革命浪潮的冲击下，很快被资产阶级成立的新政权——法兰西第二共和国所取代。

1848 年的欧洲大革命，从西西里革命发端，在法国“二月革命”的胜利下直接进入巅峰阶段，也直接增强了奥地利的殖民地国家对宗主国的反抗信心。

受到 1848 年革命热潮的影响，奥地利的革命形势空前高涨。维也纳境内的平民由于早已恨透了梅特涅的反动组织，趁着革命大潮迅速展开武装暴动。梅特涅为保命，男扮女装连夜出逃。而奥地利的殖民地内，捷克、匈牙利等国内的日耳曼人和马扎尔人也揭竿而起，腐朽的维也纳体系在革命风暴中摇摇欲坠。

奥地利的封建贵族以“中庸的和平”、政治联姻与优雅奢靡的文艺生活为特色，在如此动乱的局面中自然无计可施。虽然捷克的革命因内部资产阶级领袖的叛变很快失败，意大利的革命也被镇压了下去，不过匈牙利革命在一位名叫裴多菲的爱国诗人的精神鼓舞下，显然要比捷克的声势浩大很多，奥地利眼见无法再遏制匈牙利。

匈牙利人的高昂斗志，引发了东部俄罗斯的愤怒与恐慌，在维也纳体系中，沙皇一直是梅特涅的政治靠山。如今梅特涅垮台了，沙皇自然不会坐视不管。当匈牙利革命胜利在望时，沙皇派出宪兵开始镇压，这使得匈牙利的独立战争最后失败。

匈牙利革命的失败，标志着1848年的欧洲革命瞬间从巅峰降至低谷，法国，奥地利、普鲁士、丹麦等国依旧维系着传统的封建与殖民相结合的殖民统治。但这场革命却让世界人民都看到了封建统治的残暴、落后和腐败。

虽然封建主们在欧洲暂时站稳了脚跟，但随着工业革命成果的全球化扩散，资本主义的先进性很快被世界各国所接受，因此在欧洲以外的国家中，陆续掀起了此起彼伏的资产阶级革命或改革，随后回归至欧洲，让暂时获胜的欧洲封建阶级不可避免地走到末路，要么在改革中被宪法约束，要么在革命中彻底失权。

3. 亚洲革命

工业革命让西方发达国家尝到了甜头，而很多古老的东方古国却日渐贫困，科学与经济的高速发展，非但没能解决全球人民的贫困问题，反而使其更为严重。

亚洲作为人类文明的摇篮之一，古印度文明、古波斯文明以及中华文明都诞生于此，面临新兴资本主义国家的征服，她们当然不会像尚有原始社会制度残余的非洲民族那样坐以待毙，而是展开激烈的反抗。工业革命后的19世纪50年代，亚洲国家先后掀起了阵阵革命飓风。

19世纪，荷兰和西班牙早已走向边缘和衰落，因此亚洲革命风暴，在两国的殖民地境内率先刮起。

荷兰控制下的印度尼西亚半岛上，出现了一个爪哇国与宗主国分庭抗礼；菲律宾人民则致力于反抗西班牙的殖民统治。虽然两国无法与欧洲的英国、法国和俄罗斯对抗，但抵御殖民地的民间组织还是绰绰有余的，加上施用分化计谋，两国总算保住了在亚洲的属地。不过，三个文明古国的发难，让英国这样的第一强国都有些焦头烂额。

（1）波斯："正义王国"里的巴布教徒

早已告别波斯帝国时代的伊朗，发展至19世纪中期，其政治陷入了内外交困的局面。西方强国垂涎波斯丰富的石油及矿产资源，趁着波斯政府孱弱纷纷袭入此地，其中以英国和俄罗斯尤甚。波斯百姓不堪疾苦，在无法利用革命抗争的情势下，只有寄希望于"正义王国"的降临。

1844年，赛义德·阿里·穆罕默德开始为波斯人民所熟知，这一年，他 25 岁。很多人不知道他的全名，但都知道传说中的“巴布”就是此人。在波斯语中，“巴布”即“大门”之意，建立“正义王国”，必须从上天赐予的这个“大门”进入。巴布传教，使民间的追随者逐渐增多，“巴布教”逐渐成为一股不可小觑的宗派力量。

起初的巴布，并不想发动暴动，只是希望能够以柔性的宣传手段换取政府的同情，主张波斯的贵族和子民能够在“共餐制度”的护佑下，实现民族团结，在促成穆斯林兄弟的友善平等的前提下，让侵略者一步步退出波斯国土。但即便如此，波斯统治者还是惶恐不安。1847 年，巴布被捕，次年，政府又借助舆论欺骗的手段镇压巴布手下自发形成的武装起义。巴布教起义就此失败。

（2）中国：“上帝”之子洪秀全

与巴布的温情相比，有一个自称是“上帝”之子的中国农民，虽然信仰拜上帝教，却真刀真枪地与清王朝斗争了十几年，这个农民就是洪秀全。

洪秀全早年科举仕途不畅，一次偶然的机会，得到了传教士有关传教的佳作，这改变了他的后半生。在那个属于“上帝”的世界里，有一个人人平等的大同环境；而现实的凡间社会，却处处充斥着“阎罗妖”。于是，洪秀全与杨秀清、石达开等平民枭雄和基层小地主，于 1851 年开始反抗清朝。封邦建国之后,组织起军队北上袭扰大清王朝,直到定都天京,成立太平天国。

洪秀全的太平政权具有很多独创性和民主色彩，颁布的诸多法令对反封建和弘扬资本主义有着积极的理论意义，遗憾的是，洪秀全虽不似巴布天真，但过于土气迂腐的阶级局限也无法让他成为真正的先行者。

在天京政权稳定的日子里，洪秀全似乎忘记了教义中的平等理念，反而在朝野中大搞分裂主义与集权主义，最终瓦解了本已成型的政权格局。

清军此刻大力提拔曾国藩、李鸿章、左宗棠等汉族民团领袖，西方国家也纷纷组建“洋枪队”“常胜军”等小规模军队，协助清政府共同镇压太平天国政权。就这样，轰轰烈烈的太平天国运动于 1864 年归于失败。

洪秀全领导的这场太平天国运动，是中国历史上为期最长、规模最大、给予地主阶级打击最沉重的一场农民起义，虽然与近代中国反复倡导的“民主”“科学”等先进思想并无关系，却也有其独特的历史意义。

（3）印度：“印度贞德”詹西女王

七年战争结束后，英国逐渐成为印度的唯一宗主国。在英国的殖民体系中，印度为其所提供的资源储备最大，创造的财富也最多。

有压迫就必有反抗，数百年来，印度人民始终在为民族解放而与英军斗智斗勇。

英国为了巩固在印度的统治，直接训练印度官兵为“土兵”，为英国服务，是由英国人控制的印度“伪军”。在这些土兵中，有信奉禁食牛肉的印度教的，也有信奉禁食猪肉的伊斯兰教的，可是狂妄的英军却把猪油和牛油涂抹在屯扎在密拉特的土兵们的弹药上。宗教信仰底线不能保全，激发了土兵们的反英情绪。1857 年年初，从这些密拉特土兵的起义开始，印度民族大起义全面爆发。

土兵首义成功后，迅速占领重镇德里，印度人民的反抗斗争很快波及全国，其中以詹西城的反英斗争最为悲壮激烈，一位女强人出现在战场上，她就是印度历史上赫赫有名的詹西女王。

詹西女王原名阿克希米·葩依，因她是詹西王公的妻子，故有此称呼。在起义爆发之前，詹西王公已经去世，而英国殖民者却伺机吞并了他的所有财产，甚至不允许葩依与之商量讨要。

久有光复祖国之心的詹西女王趁着密拉特事变，很快在詹西城中组织民众反抗英军，一场英印之间的大战开始了。

詹西女王的起义军在军备和军马数量上都远不及英军，但印度军民的奋勇厮杀还是使得英军夺占德里的时间有所延迟。即便德里最终还是沦陷敌手，可詹西女王很快转战至瓜廖尔继续组织战斗。

1858 年 6 月，詹西女王组织印度军民在城郊袭击英军的一支骑兵团，终因实力悬殊太大而中刀身亡，年仅 23 岁。轰轰烈烈的印度反英大起义，最终也以失败告终。但詹西女王在历史上留下了“印度贞德”的美称，她的反抗精神无时不激励着每一位印度人民。

纵观三场亚洲民族革命，三国领导者分别是传统阶级中的教派领袖、农民精英和开明豪绅，波斯和中国的革命侧重于“对内”，即以反对国内腐朽的政府为主，以打击外寇为辅；印度的革命运动，则出现了统治阶级与被统治阶级走向联合的现象，反抗的对象只有英国殖民统治。印度人民虽败犹荣，他们的不断起义导致东印度公司必须拿出大笔开支去镇压，最后造成恶性循环，致使东印度公司陷入重重危机之中，也是它最终覆灭的原因之一。

4. 林肯与南北战争

在封建反动势力的疯狂镇压下，欧洲大革命归于沉寂。不过，欧洲之外的先进国家由于率先受到启蒙思想和工业革命的洗礼，掀起的资产阶级革命要么取得了重大胜利，要么有封建阶级自主接受资本主义性质的社会改革，前者即林肯时代的美国，后者即末代幕府——德川庆喜控制的日本。

独立后的美国，经过西进运动的领土扩张，加上工业革命的成果，社会经济得到突飞猛进的发展。然而，美国工业的发达主要得益于北方资产阶级的励精图治，而南方各州郡却依然是传统落后的种植园经济。由于对廉价劳动力的需求更大，南方种植园主对黑奴的需求远在北方之上。北方的黑奴陆续得到了解放，成为自由择业者，南方的黑奴面临的则是更加繁重的劳动，且没有读书学习的机会，没有恋爱婚姻的自由，甚至在家中不允许成群活动。而且每天都有黑奴因劳动繁重而累死的案例。

面对如此野蛮的社会形态，一些黑人逃奴开始组织反抗，甚至连一些如约翰·布朗等开明的白人，也公然组织黑人和少数白人反抗政府。约翰·布朗的起义虽然失败了，却引发了强烈的社会反响，进一步加深了白人与黑人之间的“仇恨”。

北方工厂主致力于解放黑奴，而让他们不满的是，南方的种植园主不但在虐待黑人上变本加厉，还习惯于将大批的工业原料卖往英国，并从英国买入工业产品。工业原料换取现成产品，在国际贸易中处于劣势，并阻滞了北方工业在国内市场的发展。南北方经济形态的矛盾，逐渐引发为阶级政权层面的矛盾，美国有了分裂之险。

1861 年，共和党出身的亚伯拉罕·林肯出任美利坚合众国的第 16 任总统。林肯出身低微，父亲只是一个卑小的鞋匠，他从小因要糊口而做过各种工作，即便有心参与政治，却在议员选举上屡屡碰壁。但无数次的失败，最终还是助推林肯走向了成功。林肯以解放黑奴的誓言、统一南北市场的执政规划以及北方资产阶级利益的代表身份，成功登上总统的宝座。

然而，这对南方各州而言，则意味着一场政治灾难。于是在同一年，南方 11 个州公然宣布独立，并选举代表南方奴隶主利益的戴维斯做了新总统。一场南北之间的国家内战，一触即发。

面对国家的分裂和黑奴悲惨的命运，林肯不畏战争，只是战端一开，形势对北方不利。虽然北军的经济和军事装备都远在南军之上，但由于准备不及南军充分，加上加拿大地区的英军一直对北方虎视眈眈，举棋不定的北军一度失败。

1864 年，为了激励人民参与战斗，林肯颁布了《宅地法》，鼓励百姓用劳动换取报酬，特别是西部广袤的土地，农民在一地劳作时间达到 5 年，便可变成本地地主。此举让北方更得民心，于是很多白人青年纷纷参军入伍。更重要的是，林肯在此法令中规定国内所有黑人全部成为自由民，也可以加入联邦军队。

黑人为了自己的前途，当然会踊跃参军，他们与北方的白人兄弟站在一起，组成了一支不少于 50 万人的大军，并在葛底斯堡战役中大获全胜，瞬间扭转了一度不利的战局。一年后，南北战争落下了帷幕，北军取得了内战的最终胜利。

战争的胜利，让林肯在美国人民心中更具威望，却也招致南方余孽的憎恨。在一次剧院观看演出时，他遇刺身亡。不过，这位“平民总统”，因解放了所有黑奴，维护了国家统一，而有资格成为“四大总统”之一。马克思曾经这样评价：“在美国历史上和人类历史上，林肯必将与华盛顿齐名。”

南北战争以后，美国的工业发展势头更盛，淘汰了传统农业后，美国的国力蒸蒸日上。而美国内战结束的两年后，加拿大人民经过不懈斗争，也摆脱了英国的殖民统治，成为一处效忠英王的自治领地，取得了有条件的半独立地位。

自此，英国的驻军撤出加拿大。这样一来，美国在西半球的国际环境更加安全。南方交通的便利，北方后顾之忧的消除，让美国有了向南美洲扩张侵略的便利条件。

5. 明治天皇统治下的日本

1853 年，在美墨战争中崭露头角的准将佩里，率领一支海军舰队驶往日本的横须浦贺港。一向久居乐土、在闭关锁国中忘乎所以的日本人面临此景大为惊讶。佩里几乎不费吹灰之力便征服了德川幕府，迫使幕府与美国签订条约。

佩里叩关，标志着日本丧失主权独立，开始沦为半殖民地半封建社会。在美国打开日本国门后不久，俄罗斯、英国、法国和昔日一度与日本亲善的荷兰，都将侵略的魔掌伸向了日本。软弱无能的执政者——德川庆喜，对西方列强先后示好，这让本已落后的日本陷入了更困窘的深渊。而他在本国境内，则疯狂镇压爱国青年对西方侵略者和自身统治的反抗，著名的爱国斗士吉田松阴都未能免去一死。

德川世家在日本执政已达 200 多年，后期庸碌无为的统治，导致德川幕府越发不得人心。德川庆喜上台后，朝廷大臣和地方的将军、大名等强藩纷纷将希望寄托在大权旁落已久的天皇身上。此时在位的天皇，正是年轻却胸有大志的睦仁。

睦仁虽然在江户深居简出，却对外面的世界了如指掌：英国人、美国人、法国人在日本国土蹂躏百姓，地方那些主张尊王攘夷的强藩对此束手无策。睦仁抓住了强藩和百姓对幕府的不满，于 1867 年趁机起事，顺利推翻了德川庆喜的幕府统治，从此让日本回归了天皇统治的时代。

第二年，睦仁天皇定国号为“明治”，意为“向明而治”。为了振兴国家，明治天皇不但大力提拔大久保利通、木户孝允、西乡隆盛等年轻有为的改革激进派，还派出以岩仓具视为首的考察使节团，去欧美各国学习先进的政治、经济和军事制度。

岩仓等人在国外政治军事天堂陷入了“始惊、次醉、终狂”的境界，而奋守国土的天皇陛下则率领将军大名们，将盘踞国内的西方侵略者逐一驱逐出境。日本自此成为第一个摆脱西方国家欺凌，走向近代化富国强兵之路的东方国家。

在西方国家一直求取真经的日本人，其实早在1868年就进行了一场足以改变日本历史的社会改革。这次改革与中世纪的大化革新截然不同，后者仿效中国实行封建化的改革，而这次“明治维新”则仿效西方国家，进行资本主义化的改革。

这次改革，有很多政策都颇有新意：为了巩固中央集权，天皇宣布“废藩置县”，地方强藩的武装军队为国家所有，藩王的属地均被改造成以县为最高行政单位的地方区划；经济政策上，政府宣布土地允许农民自由买卖，为土地商品化的改制奠定了基础，改善了农村中小农经营发展缓慢的窘境，而在城市中则大力鼓舞实业，扶持近代企业的发展；在社会秩序方面，日本废除了封建等级制度，贵族、平民和奴婢阶层取得了形式上的平等待遇，武士跻身于国家军队，浪人则成为新的自由劳动者，这就缓和了社会矛盾；在思想文化上，日本积极引进西方启蒙思想，拓宽了国民视野，以福泽谕吉为代表的一批近代思想家，为日本人在近代社会的开放活跃做出了不朽的贡献。

此外，明治天皇不忘封建专制之弊害，赞成君主立宪政体，并于1888年颁布了朝廷钦定的《大日本帝国宪法》，在一定程度上促进了日本的法制文明，而日本也就此成为第一个拥有宪法的亚洲国家。

在明治维新的改革浪潮下，武士阶层成为历史，但军队倡导的武士道精神则被保留了下来。明治天皇深知只有强化国防，才不会被西方国家侵略。为了建造一支强大的海军，天皇夫妻节衣缩食，甚至每天只吃一顿正餐。朝臣百姓也纷纷慷慨解囊，捐赠或多或少的财物，大力赞助国家的国防大业。

“明治维新”的杰出领袖大久保利通，甚至还提出了更激进的国策，即鼓励日本国民与西方移民通婚，以此来优化大和民族的基因与血统。此后的日本人，最大限度地效仿西方，逐渐厌倦了贫穷落后、任人宰割的东方兄弟诸邻，包括曾经不可一世的大清帝国和奥斯曼帝国。

鉴于此，福泽谕吉提出了“脱亚入欧”的发展国策，这充分展现出大和民族爱与强者为伍的文化性格。

军事实力大增，让日本避免了被西方强国入侵，却也滋生了军国主义思潮。日本强大以后，天皇重用的股肱之臣和腰缠万贯的企业家，大多转变自掌握军权的强藩。维新改革成功后的日本，逐渐滋生了对外扩张的念头，这个曾很不起眼的蕞尔岛夷，在立志于“布国威于四方”后，非但不报复西方国家的侵略之仇，反而对东亚诸国心生邪念。

为了完善对外扩张的战略规划，日本军方研制出一套“大陆政策”，先征服朝鲜，继而夺占中国台湾，随后渗入中国大陆，以中国东北为后方战备基地，从而征服全中国。最后再以中国为跳板，从中亚、西亚长驱直入，直到征服欧罗巴和美利坚等强势民族。

随着“征韩派”势力在朝廷的得势，朝鲜的李氏王朝于1876年在江华岛被迫与日本签订条约并开埠通商。接着，日本在进军台湾时出师不利，可却轻而易举地勒索了清政府50万两白银，这也让日本看到了大清帝国的软弱。

1894年，日本在甲午战争中大败清军，连大清朝最倚重的北洋水师也在威海卫战役中全军覆没。日本从清朝手中夺占了台湾和澎湖列岛，也将朝鲜作为自己的“保护国”，蚕食了15年后，彻底将其吞并。

甲午战争后的日本，国力大增，直到1904年，日本在日俄战争中以弱胜强打败了俄罗斯，开创了亚洲人打败欧洲人、黄种人战胜白人的先例。中国深受本土厮杀之苦，却也因此备受激励，看到了欧美人并非不可战胜的事实，大清朝的一些有识之士也意识到了立宪相对专制的优势，因此康有为、张謇等立宪派趁势而起。而日本打胜了日俄战争，标志着俄罗斯的远东霸主地位自此转至日本。

6. 强悍的德国

1848 年的欧洲革命烈火灼伤了奥地利，普鲁士成为德意志中实际上的首席邦国。德国工业革命进展不顺，让更多人意识到，德国要想崛起，不再充当法国、俄罗斯或英国的附庸，必须走兼并统一的道路。而随着奥地利的衰落和普鲁士的崛起，德国人将普鲁士视为统一的救星，于是，一场残酷却带有进步意义的统一战争开始了。

受 1848 年革命的影响，普鲁士王国不得不与时俱进地颁布宪法，还像模像样地设置了议会，但普鲁士绝非君主立宪制国家，而是由以往的君主专制制度演变成了君主与首相共同掌管朝廷政务的格局，议员们大多没有发言权。

特别是到了 19 世纪 60 年代后，普鲁士出现了一位雷厉风行的“铁血宰相”——俾斯麦，他的出现，让宪法与议会变得更加弱势，但却为德国的统一迎来了千载难逢的契机。

俾斯麦认为，慷慨激昂的议员演说根本不能解决实际问题，真正能让德国统一并强大的途径，无疑是“铁和血”，即武器和伤亡，简而言之就是战争。这种残酷手段的推行，与俾斯麦个人的成长经历是分不开的。

奥托·冯·俾斯麦出生在一个没落贵族家庭，在课堂和考场上，他是一个成绩优异的孩子，尤其擅长德语和历史。而走出课堂，他则是一个令人生畏的“混混”。

在大学期间，俾斯麦十分好战，与人有过 27 次决斗。毕业之后，他女友的父母曾厌恶他学生时代的名声，但在见识了他豪饮的奔放性格和对文学的侃侃而谈之后，反而十分欣赏这位准女婿。成家之后，俾斯麦便谋划立业，最终通过不懈努力，从普通议员、驻俄大使、驻法大使一直晋升为国家首相，并深得国王威廉一世的信任。

俾斯麦上任后，对于议员们的务虚作风厌倦不已，很快着手发动了统一战争。1863年，他为了解放受控于丹麦的两个小公国，与奥地利联合发动了对丹麦的战争，轻易打败丹麦，夺回了两块土地。为了庆祝这场战争的胜利，奥地利与普鲁士各分得一个：奥地利分得的土地资源丰富，普鲁士分得的土地则濒临波罗的海和北海，战略地位更为重要。奥地利拓展疆土，是要继续维系奢靡优雅的贵族生活，而普鲁士则暴露出统一的雄心。

其实，奥地利也察觉到了普鲁士的强势，可是哈布斯堡家族一致认同“宁要中庸的和平，不要辉煌的战争”，显贵的家族血统不需要以战功体现，其凭借的只是连续不断的政治婚姻。

奥地利国王弗兰茨·约瑟夫一世自幼胸怀大志，可贵族教育的呆板落后和他挚爱的茜茜公主在数年前的惨死，加上1848年的革命，让这位国王从此精神崩溃，本就天资平平的他，在政治博弈上更加庸碌无为。因此，他根本想不到与自己联手击败丹麦的普鲁士会迅速掉转枪口，对准自己。

战况可想而知，萨多瓦一战，奥军兵力略占优势，却反被普鲁士大败。与此同时，奥地利奴役下的意大利也趁机起事，驱逐亚平宁半岛上的奥地利驻军，奥地利不得不退出德意志体系，从此沦为二流强国。

1870年，在稳住英国之后，俾斯麦发动了统一德国的最后一战，他将矛头对向了第二帝国统治下的法国，在法国国庆节期间故意以外交言辞激怒拿破仑三世，色当会战由此展开。志大才疏的拿破仑三世不幸沦为俘虏，法军被训练有素、准备充分的普军打得节节败退。

普法战争，让法国损失了66亿法郎的赔款和阿尔萨斯、洛林两块土地，法兰西第二帝国宣告灭亡，新生的德意志第二帝国正式成立。威廉一世从普鲁士国王，摇身一变成为德意志第二帝国的皇帝。

与之相比，虽然奥地利在 1867 年与匈牙利、捷克、斯洛伐克等殖民地合并，组成了奥匈帝国，约瑟夫一世从奥地利国王变成了奥国皇帝，可其实力终究无法与德国相比。

老成智慧的俾斯麦最终遭到新皇帝威廉二世的排挤，但他留给威廉二世的却是一个强悍发达的德国。德国的统一，改变了欧洲大陆的政治格局，德国在工业和军事建设上有了更为平稳的发展空间，以至于在 20 世纪初，其经济生产总量超越英法，位居欧洲第一、世界第二。

7. 意大利：从“弱国之首”到“列强之末”

意大利是一个富有灵性却命途多舛的国家，它引领了文艺复兴，却在历史上屡遭侵略和蹂躏，法国、西班牙、德意志在中世纪都曾多次入侵意大利。当然，恺撒大帝所创造的罗马帝国，与今天以罗马为国都的意大利并不是一回事。

拿破仑兵败以后，奥地利占据着意大利北方的大片领土，法国、西班牙也时常在亚平宁半岛上滋事。半岛的民族革命屡遭弹压，意大利人民将更多希望寄托在南部相对稳定、在19世纪中期实现局部统一的撒丁王国身上。

首相加富尔苦思对策，希望有朝一日能换取意大利的民族解放。与此同时，马志尼、加里波第等民间传奇英雄也时常在草泽荒野中侵扰奥地利贵族。遗憾的是，意大利的每一次革命，最终都遭到奥地利军队的镇压。

加富尔与加里波第都有振兴意大利的梦想，但由于出身和政治立场不同，两人几乎一直相互对峙，没想过精诚合作。加富尔在民间的威望虽说远不及加里波第，但他毕竟是一个独立王国的首相，更具实力，也能更体面地向欧洲强国求取外援。

加富尔口若悬河的外交辞令一度说服了法兰西帝国元首拿破仑三世，为了占领加富尔许诺割让给法国的萨伏依和尼斯，拿破仑三世没怎么考虑就与撒丁王国联手，向奥地利发动了战争。

虽然法国也垂涎意大利的领土，但在加富尔看来，奥地利毕竟是意大利最大的敌人，而撒丁王国一时又兵力不足，此刻借助法国围剿奥地利，正可以“以毒攻毒”。

加富尔在促成法撒联盟后不久与世长辞，但他倡导的盟军却连连告捷，奥地利军队在意大利遭遇了有史以来第一次惨败。

1866 年，普奥战争爆发，奥地利主力军在萨多瓦被普鲁士战败，意大利趁机将奥地利驻军悉数驱逐出亚平宁半岛。这样一来，意大利唯一的威胁就只剩下法国了。

撒丁王国虽然不怕奥地利，但法国毕竟是一个硬手。就在撒丁王国的新首相举棋不定之际，来自西西里岛的一支红衫军让撒丁王国实力大增，也更有决胜的信心了。

原来，矢志不渝的加里波第一直在民间招兵买马，并成立了一支能征善战的军队，由于这支民兵武装身披红衫，因此有“红衫军”之称。加里波第在意大利南方不断取得游击战的胜利，功成之后建立起两西西里王国。

为了更体面地抗击法国，为国家统一减轻阻力，加里波第索性带领红衫军“归顺”撒丁王国。虽然失去了政权，却壮大了意军的力量。

1870 年，普法战争爆发后，合二为一的意大利军队趁机袭击了屯扎在意大利的法国驻军，一年以后将其驱逐出境。撒丁王国终于有资格改称意大利王国了。

统一以后的意大利，工业基础薄弱、自然资源匮乏、官民矛盾尖锐，因此为了发展资本主义、转移矛盾，意大利在独立后也走向了扩张侵略的道路。

不过，意大利民族崇尚文化艺术与竞技体育，缺乏尚武精神。虽然意大利王国也致力于建立一支强大的军队，但这个民族固有的散漫、迟钝、清高的性格，却成为意军对外作战时的短板。从 19 世纪 70 年代到第二次世界大战结束，意大利军队在与其他列强的战斗中多遭败绩，并落得个“常败军”的称谓。

1879 年，意大利为了争夺突尼斯与法国交战，由于实力悬殊而不幸落败；1906 年，意大利输给了非洲的一个独立国家——埃塞俄比亚，在阿杜瓦一战中几乎全军覆没，最后不得不向埃国赔款 1000 万里拉，成为欧洲笑柄，也开了白人输给黑人的“先河”，更鼓舞了非洲人民的革命运动。

意大利和德国在几乎同一时间完成统一，俾斯麦对意大利半是惺惺相惜，半是可怜同情，于是加紧拉拢意大利，两国结成军事同盟，后来又与死对头——奥匈帝国联手，阴谋争夺欧洲霸权。

得益于俾斯麦的运作，意大利的国际地位得到了提高，还在 1911 年发动意土战争，从奥斯曼帝国手中夺取了北非利比亚的昔兰尼加地区，总算在列强中占了一个席位。但即便如此，开创了帝国基业的意大利除了略强于东方的日本外，与英国、德国、美国、法国、俄罗斯和奥匈帝国相比，依旧孱弱不堪。

8. 共产主义的思潮演变与国际实践

16世纪到19世纪，是资本主义主宰全球的时代，资产阶级革命的胜利、生产力的解放与发展以及民主法制观念的深入人心，让旧式的封建王朝逐渐走向灭亡，同时也滋生出一种理论上比资本主义更先进的社会理念，这就是共产主义。

共产主义社会，物质财富极为丰厚，人民的精神境界极为高尚，每一个人都能够获得自由而全面发展的机遇。不过要想实现这种理想社会，需要漫长的改革探索，因此今天人们更习惯用“社会主义”来称呼共产主义的初始阶段。

社会主义与共产主义思潮由来已久，早在中世纪时代的英国，惨死于亨利八世刀下的思想家摩尔，就在《乌托邦》一书中为世人勾勒出类似于共产主义社会的理想蓝图，并提出了共享平均主义。

18世纪后，资本主义发达的英国、法国等欧洲国家的早期社会主义思潮都得到了进一步的发展，英国的欧文，法国的傅里叶、圣西门等都是这一思想派系的集大成者。他们在资本主义社会的盛世外表下，察觉出了令人担忧的因素，从而在观念中创造出一个比资本主义国家更美好的人间乐土。但这些思想家的很多观念仍是理想有余而理性不足，他们看到了资本主义的统治危机，却没有意识到造成危机的根源，他们能想到广大工人阶级和农民也有追求富裕的渴望，却无法找到令穷人致富的方法。因而，这一时代的社会主义思潮，大多带有“空想”的特性，故此被称为“空想社会主义”。

19世纪以后，随着资本主义经济的蓬勃发展和工人运动的高涨，社会主义从空想进入科学的时代。工业革命虽然解放了生产力，却也加剧了贫富差距的扩大。工人运动为了争取自身权利，向资本家宣泄的方式早已不再是单纯的砸毁机器，而转变成有组织的罢工，如三四十年代先后发生的三次罢工事件：法国的里昂工人运动、英国宪章运动和德意志的西里西亚工人起义。

面对这些无休止的工人运动，资本主义采取了残酷的报复和镇压手段，如法国资产阶级在1848年的“二月革命”中推翻七月王朝统治后，掉转枪口，将矛头对准工人阶级，残酷镇压了工人组织的“六月起义”，在化解了资产阶级同封建贵族的传统矛盾以后，又滋生出了与无产阶级的新矛盾。而在大规模的工人运动中，卡尔·马克思开启了科学发展社会主义思潮的伟大事业。

马克思，1818年5月5日出生在普鲁士王国莱茵省的一个律师家庭，他具有犹太血统，又成长在德意志这个理性文化颇为发达的国度，所以虽然自幼贫困但他天资聪颖，十分好学。

马克思对工人阶级领导世界的理想充满了热忱和兴趣，并为这种社会制度的构建付出了毕生的精力。他在青年时代曾经创办《莱茵报》，但很快因言论激进、思想前卫而被普鲁士官方禁止。幸而他的好友恩格斯在经济上伸出援手，还与他共同研究共产主义的发展出路，丰富社会主义和共产主义的思想学说。马克思与恩格斯两位伟大的思想家，由此建立起伟大的友谊，也衍生出共产主义思想的结晶——马克思主义。

马克思主义被视为迄今为止最全面、最系统、最具学习价值和研究意义的社会哲学，它通过对黑格尔、费尔巴哈等人的德意志古典哲学、亚当·斯密和大卫·李嘉图等人的英国政治经济学和空想社会主义思想的批判性继承，创造了辩证唯物主义和历史唯物主义两大社会主义思潮，这两大思潮正是马克思主义哲学体系中的“双璧”，前者包括唯物主义的唯物论、辩证法和认识论，后者则在辨析社会存在与社会意识关系的前提下，总结出唯物史观的真谛，将以往的唯心史观和英雄史观予以无情地驳斥。总之，马克思主义哲学与前代哲学相比，具有无与伦比的科学性和革命性。

马克思是一位理性的社会分析者，他写成的《资本论》以商品的有用性和社会性、货币的作用和价值以及市场中潜藏着的价值规律等为研究对象，深入分析出资本主义社会的运作规律和资本的原始积累、扩大周转、提高工人工资、最终增加效益和利润以更新优化剥削手段的本质，从中找寻出“剩余价值”。

资本家之所以能够隐蔽地剥削工人，表面上比奴隶主、封建地主们仁慈宽厚，正是“剩余价值”作祟。因此，资本家虽然能依靠生产资料让工人自由选择劳动，在一定程度上缓和了与工人的矛盾，却比以往的剥削阶级更容易攫取大量财富。

“剩余价值”与“唯物史观”，被视为马克思主义体系中最具前卫性的两种发现。

更重要的是，马克思还是充满激情的革命战士。1848 年，他与恩格斯共同起草了《共产党宣言》，号召工人们在无产阶级政党的领导下，砸碎锁链来换取自由，最终以阶级斗争的方式完成社会主义革命的艰巨任务。这部宣言，“第一次全面系统地阐述了科学社会主义理论，指出共产主义运动已成为不可抗拒的历史潮流”。

有了明确的指导性和方向性，共产主义运动进入高涨阶段，形成了国际之间的联合。1857 年，资本主义世界爆发了第一场经济危机，英国、法国、德意志和意大利这四国的工人代表于 1864 年在伦敦召开会议，在代表德国工人的马克思的倡导下成立了国际工人联合会，简称“第一国际”，中文音译即“英特纳雄耐尔”。

各国工人阶级伺机而动，准备推翻本国资产阶级的统治，并按照马克思的社会分析，尝试建立新的制度。

1870 年，法军在普法战争中大败，法兰西第二帝国灭亡，帝国政府的余孽对普鲁士卑躬屈膝，可由巴黎工人组成的国民自卫队却英勇反抗，最终遏制了普军的扫荡。

次年 3 月 18 日，世界上第一个社会主义政权——巴黎公社宣告成立。公社自建立起，出台了很多具有新意和理想主义的管理政策，如规定工人最低工资保障，取消夜班制度，取消商业债务和借款利息，优厚抚恤军属家人等。

巴黎公社的种种社会主义尝试，给动乱的法国带来了一丝希望。可是巴黎公社对社会主义的理解过于偏颇，没有区分社会主义与无政府主义之间的本质区别，以至于犯了极“左”的错误，最终在 5 月 28 日被以梯也尔为首的资产阶级余党反攻倒算，公社探索最终归于失败。

巴黎公社的失败，打击了第一国际的抗争斗志。公社运动失败了，梯也尔建立起法兰西第三共和国，随后历经数次权力更迭，法国资本主义反而得到恢复并走向繁荣。资本主义在法国依旧处于上升趋势，是巴黎公社走向失败的最根本因素。不过，公社战士们英勇顽强的斗争精神、社会主义建国方略的初步尝试精神以及欧仁·鲍迪埃创作的那曲铿锵有力的《国际歌》，尤其是最后一句“英特纳雄耐尔就一定要实现”的豪迈唱词，则永远激励着工人们不畏艰难、继续斗争。

巴黎公社的昙花一现，让法国成为国际共产主义运动的主战场。19 世纪 80 年代后，欧洲的工人们正苦思重建共产主义的国际组织之时，大洋彼岸传来了芝加哥工人罢工胜利的振奋消息：1886 年 5 月 1 日，美国联邦政府迫于工人的压力，规定了每日不超过 8 小时的工作制。这场有关工时的阶级斗争虽然被一时镇压，但此后各国工人的斗争愈演愈烈，最终让 8 小时工作制一直延续至今。

美国工人的顽强斗争精神，鼓舞了欧洲的无产阶级斗士。1889 年，第二国际宣告成立，并将芝加哥工人运动发生的 5 月 1 日定为全球的国际劳动节。第二国际又称社会主义国际，巴黎大会在建立这一组织以后，全会通过了《劳工法案》和《五一节案》，“决定以同盟罢工为工人斗争的武器”。

但是，此刻的资本主义世界，发生经济危机的频率已经降低，阶级矛盾趋于缓和，资本主义正在由乱序化的自由主义朝向更进步、更有序的垄断资本主义方向发展。第二国际从建立之初，其实就面临着国别宗派主义的危机，对本国资产阶级也抱有妥协和幻想。

第一次世界大战爆发后，各国工人反而帮助资产阶级面对国际战争，第二国际迅速宣告解散。但俄罗斯的共产主义政党却在导师列宁的努力下，继承和发展了马克思主义思想，在帝国主义战争的时代创造了“列宁主义”，保障了共产主义思想和工人运动继续向前发展。

第三章　新世纪，新发展

1. 近代科学的发展

文艺复兴和启蒙运动的发展，促进了西方国家文化艺术和哲学思潮的繁荣，在科学领域内因思想的解放，也在300年来蓬勃发展。哥白尼、布鲁诺和伽利略等人在天文学斗争上的大获全胜，不但将中世纪末期的神学体系推至崩溃的边缘，也在科学研究领域内掀起了一阵轩然大波。

从文艺复兴末期英国学者弗朗西斯·培根提出"知识就是力量"开始，西方科学家们在数学、化学、生物学、医学，尤其是物理学等自然科学领域，都显示出无与伦比的研究热情，也获得了不俗的成果。科学逐渐与生产技术紧密结合起来，在蒸汽时代的工业革命结束的几十年后，又出现了以电的技术为主的工业革命，将人类带入了"电气时代"。

唯理主义者笛卡尔，在英国的启蒙思想领域中比较活跃，他的哲学思想又助推了近代数学的发展，他与牛顿、莱布尼茨等数学大家，在微积分学的研究上成果斐然。数学作为"自然科学之父"，对一切自然科学都具有牵引和指导的力量，而16、17世纪西方数学的进步，必然会将其他学科带入一个空前繁荣的发展时段。

化学的成就起始于17世纪，英国科学家波义耳在化学研究中发现了实验的力量，自此实验成为化学的核心。波义耳之后，化学界又有法国人拉瓦锡登场。拉瓦锡推翻了传统化学研究中的“燃素说”，发现了氧气的生命价值和助燃功效，同时提出了质量守恒定律。化学作为一门真正的学科开始步入正轨。

19 世纪后，意大利科学家阿伏伽德罗提出分子的概念，并从分子概念中提取出原子的概念。紧随其后的还有英国人道尔顿和俄罗斯人门捷列夫，两人分别以原子论和元素周期表著称于世。

生物学中最显著的研究在于遗传学，施莱登与施旺的细胞学说为生命科学的研究奠定了基础，而拉马克又在早期生物进化的思想方面做出了巨大贡献。及至达尔文时期，遗传学升级为进化论，这位在神学院接受教育的孩子，喜欢在山野中玩耍探索，成年之后便朝着生物研究的方向继续前进。他的一部《物种起源》，让人们认识到自己的祖先是上古猿猴，并不是什么神灵所创造的。

此外，植物学和动物学的研究也颇有进展。

生物学的快速发展，带动了近代医学的飞跃。文艺复兴对神灵的质疑，逐渐在科学界中衍生为一场轰轰烈烈的医学革命。革命领袖帕拉切尔苏斯自从将中世纪的医学圣经《医典》推翻之后，对医学的研究一发不可收拾。从 16 世纪人体解剖学的出现，到 17 世纪量度和显微镜的应用，以及哈维对血液循环和心脏理论的阐释，再到 18 世纪临床教学和病理解剖等研究的演进，一直到 19 世纪细胞病理学、细菌学、药理学、诊断学、外科学及实验生理学的全面繁荣，医学在延长人类寿命、提升国民健康指数方面意义非凡。

提及近代科学在西方的发展，影响最深远的莫过于物理学。牛顿和伽利略都是物理界的顶尖人物。牛顿借助一个从树上掉落的苹果发现了“万有引力定律”，伽利略则借助两颗铁球发现了“自由落体运动”的奥妙。

牛顿的三大定律和万有引力定律，在近代物理学中被奉为圭臬，也助推了天文学的进步：当科学家偶然发现天王星之后，根据牛顿的力学定律指引，海王星很快进入人们的认知视野。由于发现海王星的过程与发现天王星截然不同，它是“物理学研究”的结果，因此海王星被称为“笔尖下发现的行星”。

力学的发展，逐渐形成了“经典力学体系”，牛顿站在“巨人的肩膀上”，统一了地面物体和天体物体的运动规律，促成了物理学在科学史上的第一次大综合。

除了力学，热能学的研究也很有成效。18 世纪，经过迈尔、焦耳、卡诺、克劳修斯等人的研究和探索，经典热力学的体系得以逐渐完善，热与能、热运动的宏观表现与微观机制得到了高度统一，这是物理学史上的第二次大综合。其中，焦耳定律最具影响力，被视为热能学发展史中的关键联结点。

第三次大综合，则体现在电学和电磁学的发展上。1600 年，英国人吉尔伯特出版了《论磁》一书，系统总结了电与磁的现象，为电磁学的发展奏响了前奏。19 世纪中期，英国的另一位科学家法拉第最先发现电磁感应现象，奠定了电磁学的基础。麦克斯韦则紧随其后，将电磁学和电工学紧密结合。

光学的成就主要在于发现了折射定律。牛顿棱镜实验和伽利略望远镜的发明，诠释了这一光的定律。19 世纪后，X 光线的发现也被视为近代科学的一项杰作。物理学家伦琴在科学研究中意外发现了 X 光，这一发现，不仅拉开了物理学革命的序幕，也给医疗业的发展带来了新契机。

近代科学的发展进程在 19 世纪 60 年代暂停，而后又延续至 90 年代，掀起了第二次工业革命，科学与技术首次实现了社会联姻。虽然在第一次工业革命期间，科学应用与技术的效果并不显著，涌现出的只是一批民间工匠或技师，但在这次以电气为主的新科技革命中，科学家的地位变得举足轻重，且将生产的重点放在了重工业上。

2. 电气革命

伴随着电气时代的到来，经济领域中的产业革命在继承前代科技发展的基础上，达到了一个新的高潮。

第一次工业革命，是以英国人为主导的产业革命，工厂制的形成和蒸汽技术的改良，让大英帝国拥有了纵贯世界的海外殖民地。从 18 世纪末期到几乎整个 19 世纪，大英帝国凭借对殖民地的资源掠夺和资本输出，逐步提升着经济实力，法国、美国、德国、意大利等都无法与之相比。不过，对来自殖民地财富的满足，也使得英国人在科技创新层面十分懒惰。

1910 年，英王爱德华七世去世，70 多个国家派出使者前来吊丧。浑厚哀恸的挽歌，在送走了英国国王的同时，也顺势送走了大英帝国的“日不落”时代。美国和德国的殖民地较少，但他们重视科学应用于技术的道理，在 20 世纪初期成功地超过了英国。

第二次工业革命，主要领域集中在电力业、交通业和火药武器生产三方面。

首先是电力行业，濒临统一的德国在这一行业处于领军优势。科学发明家西门子经过常年研究，最终制成了世界上第一批发电机。到了 19 世纪 70 年代德国统一后，发电机真正用于生产领域，甚至能服务于日常生活。

美国人也不甘示弱，贝尔发明了电话，方便了人与人的长途交流。电话的发明，也让意大利科学家马可尼有所启发，他在 19 世纪 90 年代发明了无线电报，加强了人们的工作便利性。

在美国的发明家中，托马斯·爱迪生无疑是响当当的“发明大王”，虽然他在学校里就读的时间很短暂，也常常被老师们视为“问题儿童”；尽管当时的他对于学问只有1%的灵感，但他凭借勤奋，甘愿付出99%的汗水，最终他发明了留声机、电影、电灯等各种电力产品。在爱迪生和欧洲诸多科学巨匠的努力下，电的广泛使用和技术推广，将资本主义推到了一个高水平的运作阶段，也将人类带入了一个前所未有的文明时代。

电力，在使人们的工作和生活变得更加方便的同时，也间接带动了交通业的腾飞。西门子在德国运用发电机，发明了能够在陆地上狂奔的有轨电车，打破了史蒂芬逊的火车一统陆权的时代。

19世纪70年代后，汽油和煤气成为内燃机的燃料，打破了内燃机在问世之初无人问津的尴尬局面。到了80年代，德国人卡尔·本茨利用这种内燃机发明了三轮汽车，即便离开铁轨，人们出行时也不必再依赖马匹。

三轮汽车在市场上的成功推广，促进了车辆生产，性能更佳的四轮汽车后来居上，取代了三轮汽车的应用。与此同时，改良后的火车和远洋轮船也摆脱了蒸汽的束缚。

除了海洋和陆地上交通工具种类的更新，空中也有了可乘坐的飞机。1905年，莱特兄弟运用飞鸟的飞翔原理，制造出飞机并试飞成功。不过，最初的飞机并不是交通工具，而多被人看作是一种武器。

一战期间，英国、德国、法国等交战国便拥有了第一批空军，战后的意大利还提出了“杜黑制空权”。飞机在军事上的应用，迅速取代了拿破仑时代的热气球、飞艇等简陋空中武器的优势地位。

提及武器，除了一战时期普遍运用的坦克、迫击炮、马克沁机枪、手榴弹等，炸药是不得不提的。炸药先于众现代武器之前，是在第二次工业革命时期由瑞典人阿尔弗雷德·诺贝尔发明的。诺贝尔一生致力于研究炸药，他的专利发明不少于350项。他不但是个发明家，也是一个善于聚财的企业大亨，他在世界上不少于20个国家中开设公司，设置工厂，一生拥有的财富可谓取之不尽。

诺贝尔拥有的才华和财富无疑令人钦佩和羡慕，但他在临终前还做了一件更让世人称道的事情：1895 年，他将不少于 900 万美元的遗产作为基金，为所有对世界文明有贡献的人颁发奖品，这便是诺贝尔奖。诺贝尔奖分为五项：物理奖、化学奖、生理或医学奖、和平奖及文学奖。

第二次工业革命促进了全球化的发展，使发达国家的国际地位有所提高，国内经济从 17 世纪的重商主义、第一次工业革命时代的自由主义，演变成垄断主义。资本家通过扩大企业规模、加强资源控制、在企业兼并中实现优胜劣汰等途径，进一步解放了社会生产力。垄断主义，无疑是资本主义生产领域中的一次良性调整。在这种情势下，金融寡头纷纷涌现，如德国的旧式容克地主、美国的石油大王等。

总而言之，强国通过新工业革命，纷纷进入帝国主义时代。

3. 帝国主义国家

垄断组织在资本主义各国的形成，促进了生产力的发展，却也让世界政治格局变得危机四伏。帝国主义国家之间，逐渐凸显出实力和地盘的不平衡，经过相互拼杀与竞争，至20世纪初，逐渐衍生出英国、德国、美国、法国、日本、意大利等帝国主义列强，广大亚非拉国家都是这些列强控制下的经济附庸和政治傀儡。

英国率先完成了蒸汽时代的工业革命，迎来了最为辉煌的时代。及至19世纪末，亚洲的印度、孟加拉国、缅甸、泰国、马来亚、中国香港和中东的大片土地，都成为英国体系内的子系统。其在非洲，则北占埃及、南抵南非，中间还霸占着肯尼亚、坦桑尼亚等多个国家，一跃成为控制非洲人口最多的殖民帝国。

此外，英国还牢牢控制着大洋洲的澳大利亚、新西兰、所罗门群岛等国家。英国的“米字旗”几乎插遍了世界上的所有大陆，一个“殖民帝国主义国家”在19世纪晚期宣告诞生。

然而，也正是由于殖民地资源的丰富，让英国忽略了本国技术的更新换代。在电气时代的工业革命中，它逐渐被美国、德国、日本等新兴国家或赶超或缩小了差距。尽管英国的声威仍在，更何况世界金融的重心依然在伦敦，且在传统发达的造船业的支撑下，皇家海军在大西洋、印度洋等地占据着战略要冲，战端一开，便能够先发制人。

然而，英国的工业无法为军事提供更充足的动力，这不禁在战场上吃了技术的亏。何况陆军的衰落，使英国只有依靠殖民地或自治领国家的人口补充兵员，其发展潜力着实令人担忧。

1898 年，英国殖民者为了镇压南非的布尔人的独立，发动了第一次帝国主义战争——布尔战争。布尔人是荷兰人与土生黑人的后裔，他们不堪忍受英国人的剥削而试图建立两个独立的共和国，而英国人垂涎这里的黄金资源，当然不肯善罢甘休。

起初，英国人带着蔑视挑起战争，可有了德国军官和德国兵器的布尔民兵，凭借灵活的战法打退了英国人接二连三的进犯。英国在南非战场上损兵折将，虽然在付出极为惨重的代价后平定了布尔人的反抗，但这一战却让英国陷入了泥潭，将自身的局限暴露在其他列强——特别是德国人眼前。

此外，英国对其他殖民地的控制力逐渐削弱，以至于印度的国大党发起了孟买工人的大罢工，埃及的民族领袖阿拉比也组织民众暴动。两个国家的革命斗争，标志着亚洲和非洲的很多国家已然觉醒。

德国的统一离不开前普鲁士王国的容克地主集团，以俾斯麦、毛奇等为代表的经济团体与政治势力在德国统一后，大多进入了权力的核心阶层，将德国带入了“容克帝国主义国家”的发展轨道上来。

20 世纪后，德国的工业水平位居欧洲第一，在全世界范围内仅次于美国，而军事发展的进度却远在美国之上。也就是说，论经济、军事双方面的综合实力，德国最强。德国不但有了世界一流的陆军规模和管理机构，还发展出一支仅次于英国海军的队伍。

威廉二世继位之后，对世界版图的垂涎更明显地暴露出来。这个精力旺盛的青年皇帝，不但将俾斯麦排挤出柏林，还敢于挥霍俾斯麦多年来积累的外交财富：他鄙视俾斯麦联手俄罗斯、奥匈帝国组建的“三皇同盟”，根本不把沙俄放在眼里，对法国这个手下败将更是不屑一顾。即便是当时名义上的世界霸主——英国，他也敢于虎口拔牙，不但支援布尔人的反英斗争，还因英国人在战场上的狼狈而公开嘲讽。

德国人在世界各地均表现出咄咄逼人的强势，不过威廉二世也有苦恼，那就是德国所攫取的海外殖民地只有英国的 10% 左右，除了非洲东部和中部的零星属地，只有俾斯麦时代占领的太平洋上的一些岛屿。

贪心不足的威廉二世当然不会满足，他甚至以本国传教士被害为由，强行租借了中国的胶州半岛。但即便如此，依然无法同英国、法国和俄罗斯抗衡。因此说，德国挑起世界大战的直接目的就是要凭借占优的军事力量重新瓜分世界。

从 1894 年开始，美国这个“托拉斯帝国主义国家”在世界经济上独占鳌头。尽管对拉丁美洲的控制，不以军事征服和土地占领为主，但便利的资本输出，则让拉丁美洲彻底成为美国的经济附庸，甚至险些取代英国在这里的第一投资国地位。

经济实力的增强，让美国人有了介入东半球、称霸世界的野心。传统的孤立主义思潮开始受到质疑。美国将军马汉写成《海权论》，让美国人建造世界一流海军的信心倍涨。

1898 年，美国人打响了告别孤立主义的第一枪，也挑起了帝国主义之间的第二场战争——美西战争。美国在火力、技术和作战欲望上都占据绝对优势，其栽赃西班牙人炸毁了美舰“缅因”号，继而发动了争夺菲律宾和古巴的战斗。不堪一击的西班牙军队在 3 个月后丢弃了菲律宾、古巴、波多黎各、关岛等最后一批海外殖民地，从此在殖民帝国的舞台上彻底消失。

同年，美国还夺下了太平洋上一个叫火奴鲁鲁的小王国，将其更名为“檀香山”，作为 50 个州中最后一个成员。美国不再理会墨西哥的独立，将目光投到亚洲上，并在非洲西部也成立一个叫利比里亚的国家，将此地视为美国黑人移民的场所。

美西战争后，有了新殖民地，也有了进军亚洲的跳板，并开始公然侵略中国。可是介入亚洲后美国才发现，虽然能轻松打败西班牙，但在英、法、德等欧洲国家面前，自己的海陆军依旧实力羸弱。

此时的美国刚进入帝国主义阶段，只有鼓鼓的“钱袋子”，没有强硬的“枪杆子”。因此在针对帝国主义瓜分中国的问题上，其明智地选择了“门户开放”政策，尽量避免与欧洲国家发生军事冲突。

法国拥有仅次于英国的海外殖民地，除了在非洲占领着面积最大的土地之外，还占领了南美洲的巴拉圭，亚洲的印度支那三国——越南、老挝、柬埔寨，大洋洲的不少岛屿，并打开了中国云南的门户。

除了殖民地外，法国的信贷产业也极为繁荣，以至于法国资本家多以投资和金融为发家致富的首选渠道。法国进入了“高利贷帝国主义”时代，但其声威却早已不及拿破仑时代。其工业水平落后于美国、德国、英国，在农业生产上也难有作为。

法国大革命与拿破仑时代保留下的小农土地所有制，此时反而成为垄断经营的累赘，法国农民对生产热情有余而效率不足。更重要的是，法军在普法战争中不敌德国，割让了土地，支付了赔款，更削弱了国力，因而在中法战争爆发后，法军在镇南关战场上十分狼狈。若不是腐朽软弱的大清王朝一再幻想“乘胜即收”，法国人绝无喘息之机。

日本在明治维新后摆脱了半殖民地的命运，随着社会生产力的解放而走向强大。但天皇制的保留，让日本的改革留有大量封建残余，尽管拥有《大日本帝国宪法》，可仍不能抹去其“带有军事封建色彩的帝国主义国家”的本质。

在初步制服朝鲜之后，日本开始阴谋侵略中国。1894 年，日本悍然发动甲午战争，通过《马关条约》夺走了台湾岛、澎湖列岛，开放重庆、沙市等地为商埠，在这些地区投资设厂，方便对中国进行掠夺。

1900 年，日本加入八国联军，成为侵略中国的主力。在共计三万人的八国联军中，日本的参战人数达到了一万之多。《辛丑条约》签订后，日本在中国的地位异军突起。

1904 年，日本挑起了第三次帝国主义战争——日俄战争。日军在旅顺口偷袭沙俄军港成功后，在海上和中国战场均占据主动。海上作战中，日军重创俄国太平洋舰队；在中国辽东的战斗中，从辽阳会战、沙河会战直到最为惨烈的奉天会战，日军伤亡比俄军多，最终却取得了战争的胜利。自此，日本取代俄罗斯成为远东第一霸主，并从俄罗斯手中夺走了北方的太平洋诸岛。

侵略中国与朝鲜，是日本帝国主义争霸亚洲的两大阴谋，而中朝两国人民也一直做着反日斗争。

1876 年，日本的势力渗入朝鲜后，李氏王朝分化成亲清派和亲日派，就到底以清朝还是日本为宗主产生争议。一时间，朝廷内乱，民不聊生，最终导致了东学党起义。不过，在李氏王朝、清朝和日本的联合镇压下，起义最终失败——东学党起义无法挽救朝鲜被日本吞并的悲剧。

朝鲜国王的妻子——明成皇后曾寄希望于“联俄阻日”，以俄罗斯为靠山打击日本，可想不到俄军在日俄战争中溃败。这样一来，即便是聪慧的明成皇后，也阻挡不了日本对朝鲜的吞并。

与朝鲜相比，中国人民的反抗颇有成效。虽然清政府无力收回台湾，可台湾人民却掀起了反割台运动，沉重打击了日本驻军，迫使日本人在台湾不得不大搞经济生产建设，以缓和民族矛盾。

20 世纪后，有赖于日本帝国主义的“糖衣”，台湾地区的社会经济空前繁荣，但台湾人民始终想回归祖国。

至于意大利，似乎是“最贫穷的帝国主义”国家。1896 年，意大利在埃塞俄比亚战争中失利。而在八国联军的侵华战争中，意军只象征性地派遣了 80 人，在侵华过程中只是挂了个名而已。

1911 年，在意土战争中，意大利打败了奥斯曼帝国，这场战争和一战期间的几场战败奥匈帝国的战争，成为 20 世纪的意大利在战史上吹嘘的资本。

意大利的大国崛起之路遥不可及，但其终究处在上升期，比起江河日下的俄罗斯和奥匈帝国，其潜力还是要大一些的。

4. “四大帝国”

英国和法国是不可忽略的世界强国；美国、德国和日本的崛起势不可当，也跻身于一流国家的行列；意大利在帝国主义阵营的边缘伺机而动。相比之下，有四个曾经不可一世的帝国，却在20世纪逐渐落寞。

（1）“军事封建的帝国主义国家”：俄罗斯帝国

沙皇尼古拉一世自以为是瓦解拿破仑帝国的欧洲功臣，从此便对欧洲国家的大小事务指手画脚。几年后，俄罗斯为了夺取黑海的出海口，向老对手奥斯曼帝国发起新的战争，沙俄的大国之梦似乎近在咫尺了。

可是，在工业革命中早已今非昔比的英、法等资本主义民主国家，已经有了足够的军事优势对抗封建帝国。眼见奥斯曼军队兵败，英、法两国自然不希望俄罗斯在欧洲东部壮大，于是两个在历史上互为对头的国家，首次组成军事同盟，在1854年联合发动阻挡俄军的克里米亚战争。

英法联军凭借先进的滑膛枪、蒸汽船，击败了操着老式步枪、乘坐布帆船的沙皇部队。1856年，克里米亚战争以俄军的惨败告终，彼得大帝梦寐以求的黑海就此成为泡影，俄罗斯的西进之路也就此止步。

尼古拉一世在忧愤中溘然长逝，继位者亚历山大二世只能调整扩张方向，将侵略的目标转移到亚洲。

英法联军在结束了克里米亚战争后，得知大清王朝境内发生了法国传教神甫被杀和英国“亚罗”号战舰被扣事件，便迅速发动了第二次鸦片战争；而俄罗斯为了扩大战果，也以调停为幌子参与其中。

大清王朝的八旗军在对抗太平天国的北伐时已然不堪一击，此刻面对坚船利炮的西方列强，更是毫无还手之力，连北京城都弃置不管。英法军队在圆明园中大肆抢掠，俄罗斯却不费一枪一弹，轻松占领了中国北方150多万平方千米的广袤土地。

亚历山大二世在对外扩张中初有斩获，随后又在国内进行了解放农奴的改革。从此，农奴成为自由劳动者，不但不再受土地的束缚，还可以出高价购买属于自己的土地。不过，这场发生于1861年的农奴改革，虽然让沙俄在经济领域中逐步靠拢半资本主义，可政治层面的封建专制却丝毫不曾改变，国家杜马仍毫无发言权。

更重要的是，获得解放的农奴们根本没有足够的钱财购买土地，但又必须遵从沙皇的命令购买，经济负担反而比以前更加繁重。事实上，这场所谓的农奴改革，是对劳动人民的一次花样翻新的掠夺。于是，获得自由的农民群情激奋，每年至少发生100次反抗沙皇统治的暴动，在1861年后增加至不少于300次，直到沙皇亚历山大二世死于刺客之手。

值得肯定的是，劳动力的自由化和两次工业革命的交叉进行，使俄罗斯也在19世纪末20世纪初跨越到“军事封建帝国主义”的时代。新的沙皇尼古拉二世不但掌控着丝毫不受约束的特权，还滋长了个人崇拜作风，在登基之日闹出一场“霍登惨案”，并任用妖僧拉斯普京为国师，朝政之风江河日下。尼古拉二世时代的俄罗斯，是帝国主义链条上的薄弱环节。

在俄罗斯，罗曼诺夫王朝已是天怒人怨，可是尼古拉二世仍做着大国梦，他寄希望于吞并中国东北，将其变成自己的“黄俄罗斯”，为此还迫使日本将辽东半岛归还给中国，可却从此招致日本人的愤恨。

1904年，准备充足的日本人挑起了日俄战争，俄军惨败。尼古拉二世为了挽回颜面，对外宣称，若不是出于镇压1905年国民革命的需要，俄国人一定会战胜日本人。

（2）虚假帝国主义：奥匈帝国

奥地利在普奥战争中被普鲁士和意大利联合羞辱，此后沦为二流国家。

哈布斯堡王朝为了延续重温往昔的帝国旧梦，在一年后合并了匈牙利、捷克等殖民国家，成立了奥匈帝国。

但是，在俄罗斯帝国面前，奥匈帝国只是“纸老虎”。约瑟夫一世心知肚明，因此尽管奥地利已经脱离德意志帝国，但他还是厚着脸皮与俾斯麦缔结关系。俾斯麦先后两次组建“三皇同盟”，希望奥匈帝国与俄罗斯帝国都能成为德意志第二帝国的左膀右臂，可是奥匈帝国和俄罗斯都垂涎巴尔干半岛，最终在与德国结盟的同时，两国交恶。由此，俄罗斯与奥匈帝国之间的国际矛盾，演变成一战之前的主要矛盾。

1908 年，奥匈帝国吞并了巴尔干的波黑地区，触及俄罗斯的底线。巴尔干半岛成为欧洲战争的火药桶，取得独立的塞尔维亚等国也更加痛恨奥匈帝国。

奥匈帝国从成立之初就不被世人所看好，这个帝国的版图尽管扩大了，可匈牙利境内依然设有独立的王国，匈牙利国王也得以保留，除了宣誓要效忠维也纳的皇帝外，基本没有机构上的变动。

马扎尔民族成为帝国的二等公民，可是捷克境内的日耳曼人、巴尔干土地上的斯拉夫人却沦为帝国的最底层。于是，渴望提升地位的匈牙利人和其他少数民族，使奥匈帝国的政局一直处在混乱之中。如果说，俄罗斯是帝国主义链条上的薄弱环节，那么奥匈帝国只能算是“虚假的帝国主义”。

奥匈帝国的皇帝约瑟夫一世也有难言之隐，自己的爱妻茜茜公主被意大利革命党杀害，弟弟被无政府主义者暗杀，几个儿子英年早逝，他面临着后继无人的危险。无奈之下，他只好将不是很喜欢的侄子费迪南大公立为皇储。

费迪南性格粗暴残忍，他在奥国的得势和在巴尔干的嚣张跋扈，也成为第一次世界大战爆发的直接原因。

（3）“西亚病夫”奥斯曼帝国

1453 年，奥斯曼帝国攻占君士坦丁堡、灭亡东罗马帝国，之后在奥斯曼大帝、苏莱曼一世等英豪君主的苦心经营下，成为威震东西方的苏丹国家。然而，随着英国、法国，特别是死对头俄罗斯在17、18世纪的不断强大，一直原地踏步的奥斯曼帝国逐渐沦为实力孱弱的“西亚病夫”。

从彼得大帝时代，一直到19世纪晚期，俄罗斯帝国与奥斯曼帝国之间进行过数次大规模的军事较量，每一次都以奥军溃败结束。奥斯曼帝国的衰落，令其殖民体系崩溃，从欧洲的巴尔干半岛到亚洲的中东地区，希腊、保加利亚、塞尔维亚、叙利亚、伊拉克、阿富汗等昔日附属国纷纷独立，奥斯曼帝国的涉外疆域只剩下了以亚美尼亚为主的零星属地。

为了维系不断下降的国威，苏丹政府不惜对亚美尼亚人展开疯狂的屠杀和侮辱，意图瓦解亚美尼亚人的反抗斗志。然而，奥斯曼帝国此举促使亚美尼亚难民大量迁居，俄国人也找到了谴责苏丹的借口，开始向亚美尼亚出兵，以解救幌子与苏丹政府分庭抗礼。

除了俄罗斯外，希腊、保加利亚、塞尔维亚三个独立国为了报旧仇，也对苏丹政府展开了反攻。两次巴尔干战争，让奥斯曼帝国吃了苦头。更糟糕的是，意大利趁机发动意土战争，从苏丹手中夺走了北非地区的大片领土。

数百年来，苏丹政府始终致力于社会改革。可是，在奥斯曼帝国的权贵阶层中，王子们习惯于争权夺利，不可能出现明智的君王，即便曾有如奥斯曼二世这样力主改革的开明苏丹，最终也因无法撼动近卫兵团而反遭其害。

19世纪末，奥斯曼帝国出现了青年土耳其党，首领恩维尔·帕夏在反抗苏丹政府的斗争上初见成效，让奥斯曼帝国从一个专制国家发展为君主立宪制国家。但帕夏在夺取政权之后，并没有为土耳其人谋得一个更体面的出路，反而策划了亚美尼亚大屠杀，且为了重温帝国旧梦，毫无理智地参加了第一次世界大战，最终让这个帝国走向灭亡。帕夏也很快被后起之秀凯末尔所取代。

（4）没落的大清帝国

1840 年—1860 年，是中国的大清王朝最为惶恐和迷茫的 20 年。两次鸦片战争，让中国先后失去了香港岛、九龙司和北方 150 多万平方千米的土地，赔款更是不计其数。中国不再是迷梦中的“天朝大国”，而是任由西方列强侵略的“东亚病夫”。

中国的工业革命因林则徐被排挤出权力核心而归于流产，于是在镇压了太平天国后，朝廷内部开始重新反思林则徐时代的强国主张。慈禧太后为了避免中国再遭欺辱，执行了一条极有影响的决策：彻底推翻清朝前期“努尔哈赤–多尔衮–鳌拜”的满人治国、视汉人为二等公民的理念，继承并发展“皇太极–顺治母子–康熙大帝”的汉人主体思想。在清除了以肃顺为首的八位辅政大臣后，大力提拔以曾国藩、李鸿章、左宗棠、张之洞为代表的汉族官僚，在与太平军作战和与外国人交涉的过程中，凸显出了非同一般的智慧和远见。

慈禧太后的不作为，让近代中国满目疮痍，但客观地说，正是她不遗余力地笼络汉族中的地主精英，才使得大清王朝在风雨飘摇中又“撑”了半个世纪之久。

甲午战争和八国联军的侵华战争，让中国完全沦为半殖民地半封建社会，但在 19 世纪 60 年代至 20 世纪，大清王朝的洋务派代表人物，依然不忘林则徐、魏源等前辈的遗愿，搞起了“同治中兴”，在军事建设、企业管理等多方面除旧布新，客观上诱导了民族资产阶级的产生和壮大，还奇迹般地创建了一支亚洲第一、世界第八的北洋水师，并先后抵御了美国、日本入侵台湾。

19 世纪 80 年代后，大清王朝依靠新式陆军收复了俄罗斯觊觎的新疆，粉碎了其控制下的中亚浩罕汗国对中国西北的肢解阴谋，随后打赢了中法战争，致使法兰西第三共和国的内阁迅速垮台。

清政府还曾扶持过民间的义和团组织，这些拳民更是以不屈不挠的尚武精神，英勇反抗八国联军，让帝国主义看到了中国人民远高于非洲、澳洲土著居民的斗争潜力。因而，他们放弃了瓜分中国的念头，继续扶持清政府，将其作为在华利益的代理机构，客观上也延续了其统治寿命。

清朝统治集团也不想如此，在“同治中兴”后，光绪帝曾以军机处为根基，将资产阶级中的 4 位利益代言人封为“军机四卿”，任用康有为、梁启超等近代思想元老，仿效日本、沙俄主持维新变法。

然而，维新派手无兵权，制度改革又偏偏与八旗制度“矛盾”。最终，光绪帝被顽固派囚禁。

维新变法为期不过 100 多天，老奸巨猾的慈禧太后却看到了新法对民心的牵动，于是在《辛丑条约》签订以后，清政府陆续推行“新政”，虽然很多政策只是装腔作势，但还是推动了国家的近代化脚步，多少冲淡了资产阶级革命党的反抗情绪。接着，慈禧太后继续以“预备立宪”做幌子。

1908 年，光绪帝和慈禧太后相继去世，大清王朝一下子陷入了群龙无首的境地。惶恐不安的满洲贵族在关键时刻犯了致命的错误，为了兑现“预备立宪”的诺言而设立了一个以满人为主体的“皇族内阁”。殊不知，“后鸦片战争”时代的清帝国能够败而不亡，全依赖于汉族精英官僚的维系，此时不笼络汉族贵族集团，大清便失去了最后的立国之本。其后，武昌起义爆发，数月之内，一座帝国大厦就此崩塌。

5. 第一次世界大战

帝国主义国家间的矛盾愈演愈烈，直接导致了世界大战。

俄罗斯与奥匈帝国均觊觎巴尔干的统治权，而奥斯曼帝国对这曾经的属地又不肯放手；德国谋求重新瓜分世界，因此与英、法两个老牌帝国逐渐交恶；德国在普法战争中早已与法国闹翻，而其与英国的矛盾，则是一战前夕最为尖锐的矛盾。

为了有效对抗英国，德国早在 19 世纪末期便拉拢奥匈帝国和意大利，组成了“三国同盟”。面对德国人的逼人气势，英国、法国与俄罗斯经过一番交涉，最终在 1907 年结成了“三国协约”。两大军事阵营的形成，让欧洲的政治格局变得空前紧张。

不过，战争的导火线没有在两大阵营中拉响，远离欧洲政治中心地带的巴尔干地区，成了孕育战争的摇篮。

奥匈帝国吞并波黑地区后，为了慑服即将攻陷的塞尔维亚，皇储费迪南大公经常在这里演练军队，从而招致塞族爱国者们的憎恨，对他生了杀心。

1914 年 6 月 28 日，费迪南带着爱妻去往塞尔维亚首府萨拉热窝，当天没有练兵，所以暂时远离了军队，这给了塞尔维亚爱国青年们一个千载难逢的良机。这一天，一个名叫普林齐普的爱国青年结束了大公夫妇的性命。

奥匈帝国的约瑟夫一世怒火万丈，虽然他并不喜欢费迪南，但他毕竟是哈布斯堡家族的独苗。而远在柏林的德国皇帝威廉二世却兴高采烈，认为这是一个发动战争的绝佳理由。在得到德国的支持后，奥匈帝国于 7 月向塞尔维亚下了最后通牒，当塞尔维亚政府拒绝其无理要求时，奥匈帝国向塞尔维亚宣战。第一次世界大战爆发，塞尔维亚在俄罗斯的支持下，也顺势加入了协约国一方。

1914 年 8 月，德国和奥匈帝国代表同盟国参战；英国、法国、俄罗斯和塞尔维亚代表协约国参战；意大利依旧宣布中立，这种态度令德国大失所望。与此同时，日本加入了协约国，并积极进攻德国在中国山东租借的胶州湾和德属太平洋诸岛。

而在非洲，英国殖民军也对德属非洲殖民地的守军发动了进攻。德国的海外殖民地开始遭到蚕食，但在欧洲本土，德军却占据着很大优势。

这场战争，德国军方蓄谋已久，总参谋部前任部长施里芬在就任期间便制订出详细周密的作战计划，称作“施里芬计划”。这个计划的主旨是速战速决。德国先进攻西部，借道比利时，出其不意攻打法国，在不到 6 个星期的时间内打垮法国，阻挡英国远征军的登陆，最后借助便利的铁路交通，一路向东打垮人数虽多、装备却相对落后的沙皇部队，进而赢得战争的胜利。新的德国总参谋长毛奇上任后，对这项计划的成功深信不疑。

战争开始后，欧洲战场很快形成了三条战线，即以英法联军对峙德国的西线，以俄罗斯对抗德奥联军的东线以及奥匈帝国、塞尔维亚、意大利等国相互搏杀的南线。按照德军的原定计划，西线是主要战线。于是，浩浩荡荡的德军不顾国际法的约束，向中立国比利时发起进攻。这支训练有素的德军中，包括了隆美尔等二战将领。

德军的进攻果然很有效率，虽然比利时坚固的列日要塞曾一度阻挡了德军，但在德军杰出的将领鲁登道夫的指挥下，加上远程大炮的辅助，列日要塞最终被攻陷，比利时和卢森堡两个中立国家最终被德军占领。

跨越比利时后，德国很快进攻了法国。法军总司令霞飞急于借战事夺回被德国人割占的阿尔萨斯和洛林，却不幸中计，军队陷入被动局面。虽然英国的一支远征军登陆法国，却也被德军困住。协约国的形势岌岌可危，巴黎眼看要落于德军之手。

就在西线的战事愈演愈烈之际，东线俄军派兵援助。8 月 17 日，俄军两支集团军攻陷德国容克集团的老窝——东普鲁士，迫使德军不得不抽调出一部分在法国的军队东去支援，其中就包括鲁登道夫的部队。

鲁登道夫配合东线德军的兴登堡司令，在坦能堡会战中创造了歼灭 30 多万俄军的神话，可西线的攻势却不容乐观。英法联军趁机反守为攻，在马恩河战役中逼退了德军。毛奇眼见“施里芬计划”中火速挫败法国的第一环失利，对战争全局也失去了信心。德军速战速决计划的失败，也意味着其失去了机动灵活的先机。

马恩河战役以后，特别是在 1915 年，德军进攻的重点由西线转向了东线，频频打击俄罗斯军队并稳占上风，甚至已经逼近了沙俄控制下的波兰。但这并不意味着同盟国在东线会大获全胜，因为俄军在德军面前败退的同时，却在加利西亚等战役中始终压制着奥匈军队。东线战场，双方旗鼓相当。

至于南线的战斗，虽然不是很激烈，但国际关系却更为复杂。奥匈帝国先后三次进攻塞尔维亚，且兵力和武器装备都占据很大优势，但塞尔维亚兵民一体英勇反抗，暴露出奥匈帝国外强中干的本质。

奥军司令康拉德最终不得不请来德国名将马肯森，在德国的指导下，才拿下了塞尔维亚。塞尔维亚的沦陷，表面上看是协约国吃亏了，但俄罗斯在巴尔干和高加索等地也在扩充地盘，两大阵营在南欧和小亚细亚一带疯狂地拉盟友。

最终，奥斯曼帝国、保加利亚加入了同盟国，希腊、罗马尼亚、亚美尼亚投奔了协约国。而意大利在目睹了德军在马恩河的失利后，便见风使舵，转投到协约国一方，并在南线对奥匈帝国发动反攻。

1916 年，取代毛奇的新任德国参谋长法金汉建议威廉二世将焦点重新放在西线上。虽然上一年，德国大胜俄罗斯，但拿破仑的教训不能忘。这一年，德军与英法联军在凡尔登和索姆河对战。

凡尔登战役中，德、法两军伤亡惨重，以至于凡尔登有了“绞肉机”

的称号。索姆河战场以英军为主力，英军起初运用拿破仑时代的打法，试图进攻德国战壕，可遭遇德国守军猛烈的反击，进攻的第一天，就有 6 万多英军成了炮灰。

英军总司令黑格见老战术不奏效，便运用了新武器——“陆战之王”坦克。第一批 48 辆坦克出现在索姆河战役的康布雷会战中，德军对坦克一无所知，一时间束手无策。而当英军准备大举进攻的时候，机敏的德军也很快研制出了迫击炮和反坦克炮，英军最终还是没能突破德军的防线。不过在凡尔登战场上，德军也未能打垮法军。

1916 年的两场战斗，没有实际的赢家，双方伤亡的总和超过了 200 万人。德国在两场战斗中失去了主动权，英法联军也亟待恢复元气，一时间无法展开反攻。

奥斯曼帝国、奥匈帝国和俄罗斯的情况比较糟糕，虽然这些国家也打过一些如加利波利防御战、达达尼尔海战、卡波雷托会战、加利西亚战役之类的胜仗，奥斯曼帝国还成功阻拦了英、法对沙俄的海上援助，但这些封建帝国终究因其统治的本质而无法支撑太久，殖民地国家和本国的民众随时都会趁机发动暴乱。

果不其然，俄罗斯为了镇压中亚国家的暴动，被迫放弃了波斯，奥斯曼帝国在亚美尼亚人民的反抗下也逐渐动摇。而奥匈帝国虽然频频进攻意大利，却屡屡被意军击退，只有康拉德在卡波雷托取得过一次大胜。

1917 年，俄国先后爆发了“二月革命”和“十月革命”，克伦斯基推翻了沙皇的统治，列宁领导的苏维埃又将其取而代之。新成立的苏俄宣布退出战争，德军将所有东线的兵力都抽调到了西线。

俄国退出了，但一个更令人恐慌的对手来了，这就是一直隔岸观火的美国。

欧洲战场陷入泥潭的时候，美国一直与交战双方做着军火生意，大发横财。如今战局逐渐明朗，德国在世界各地的疯狂，使得舆论对其越发不利。而协约国陆续有了波兰、葡萄牙等新成员加盟。何况美国和英、法一样，是民主国家，理应站在协约国这边。

美国对德宣战后，协约国一方士气高涨，亚洲的中国也以劳工的形式介入战争，而在拉丁美洲和非洲，共有 10 余个国家追随美国同时对同盟国宣战。协约国的数量达到 27 个，同盟国却只有 4 个。美国的参战，意味着协约国的胜利已成定局。

德军在西线发动了最后一战，但仍于 1918 年 8 月 8 日遭到英、法、美三国盟军的反击。鲁登道夫认为，8 月 8 日这一天，是德军最后的胜利希望破灭的一天。而在此之前，德国的海外殖民地纷纷失守，胶州湾、太平洋诸岛早于 1914 年年底被日军抢走。驻非洲的德军对英军的反击虽然很有成效，让英军的进攻频频失利，但在 1918 年随着欧洲主战场的失利，其也选择对英军投降。

而在海上，英国本身是个海军强国，海战爆发伊始，便始终压着德军稳占上风，即便日德兰海战的损失远在德军之上，却也成功封锁了德国的海上交通线。德国海军所依赖的，就只剩下了潜艇。“无限制潜艇战”的应用险些绞杀英国的海上商业，却不幸招来了伺机而动的美国……

至于德国的其他盟友，更是惨不忍睹：保加利亚因不经打，很快出局，奥斯曼帝国、奥匈帝国则于本年发生国内政变，帝国体制宣告终结。奥斯曼的苏丹政府灰飞烟灭，奥匈帝国则土崩瓦解，分裂为奥地利、匈牙利、捷克、斯洛伐克等多个国家。与普奥战争前不同的是，匈牙利等国此时已经是独立国家。

1918 年 11 月，德国也爆发了十一月革命，德意志第二帝国灭亡，威廉二世逃往荷兰，德国最终在法国福煦元帅的一节火车车厢里，与法国签订了停战协定。

从 1914 年 8 月到 1918 年 11 月，第一次世界大战以协约国的胜利宣告结束。

6. 繁荣的近代文化艺术

以西方文明为核心的全球历史，其成就不仅体现在科学研究上，也体现在哲学和文化层面。在这一时期，东方世界的文化成果除了中国的四大名著、日本紫式部的《源氏物语》等长篇小说外，思想文化基本裹足不前，民主思潮的萌芽很快被封建专制所压制，西方国家却伴随着封建制度被推翻而迎来了春天。

哲学方面，从文艺复兴时代的人文主义发展至启蒙思想时代的理性主义，及至 19 世纪中期的马克思主义，让西方哲学迎来了唯物主义思潮的顶峰。在这一漫长的历史岁月中，除了马克思外，黑格尔、费尔巴哈、康德、斯宾塞等都是哲学领域中的集大成者。

哲学思潮的进步，推动了美术、音乐和文学的飞跃。在美术领域，文艺复兴三杰之后，柯罗、莫奈、修拉、凡·高等都是美术大家中的明星。在音乐方面，摆脱了中世纪的“教堂乐”风格的束缚之后，有了更自由的为大众服务的空间。德国的巴赫被视为“西方近代音乐之父”，音乐世家出身的他，凭借不懈的努力，创作出的《马太受难曲》《b 小调弥撒》等，广为欧洲人民喜爱。巴赫的音乐，最大的特色是把西欧不同民族的音乐风格融为一体，他集意大利、法国和德国传统音乐中的精华，创作的曲子令人耳目一新。

巴赫以后，欧洲乐坛上名家辈出，有波兰的肖邦、意大利的罗西尼、法国的比才和匈牙利的李斯特等。同时，奥地利在音乐领域也是人才济济。哈布斯堡王朝优雅高端的贵族精神生活，让维也纳成了欧洲古典音乐的摇篮。且不论约翰·施特劳斯在蓝色的多瑙河畔成就了自己“圆舞曲之王”的美名，也不谈舒伯特在《小夜曲》的创作中创造出的那种独树一帜的意境，单是音乐神童莫扎特的《奏鸣曲》《协奏曲》《安魂曲》等名作，就足以为整个欧洲乐坛增光添彩。莫扎特之后还有贝多芬，他在中年以后虽然双耳失聪，却依旧在各部交响曲中感悟“命运”的真正含义，甚至敢于挑战拿破仑的权威。

这一时期能够代表欧洲文化艺术的，除了哲学，就是文学及文学思潮的发展演变。文艺复兴在解放了欧洲文人的思想后，清教徒文学、探险文学和古典主义文学于17世纪同时崛起。清教徒文学的代表诗人是弥尔顿，他在政治上追随克伦威尔，仇恨反复无常的斯图亚特王朝。鉴于此，他取材宗教故事写下了《失乐园》《复乐园》和《力士参孙》三部曲，借助宗教的权威宣泄对封建统治的不满。而《鲁滨孙漂流记》《格列佛游记》《八十天环游地球》等昭示了英国资产阶级征服世界的信心。

在文学创作领域，比英国人更有成就的是法国人。高乃依和莫里哀以喜剧创作的方式，既歌颂了封建王朝的开明专制，也隐隐约约表达了资产阶级等先进势力的人权诉求。

由于古典主义在形式上过于苛求“三一律”，表现手法单一而苍白，又多少有对封建统治歌功颂德的成分，于是在18世纪末期，很快被浪漫主义文学取代。英国的“湖畔派”代表诗人华兹华斯、拜伦、雪莱、约翰·济慈，法国的小说家雨果都是浪漫主义文学的先锋。

尤其是雨果，他的话剧《克伦威尔》的序言被视为浪漫主义对古典主义的宣战书；而在1830年写成的《欧那尼》，引起浪漫主义和古典主义的决战；《巴黎圣母院》则以“美丑对照原则”向世人展露出人间真正的黑白曲直，其诗情画意般的叙事，越是让读者达到了如痴如醉的境地，就越容易让他们对剥削阶级主宰的社会恨之入骨。

浪漫主义文学在英法起步，在德国进入高潮。歌德与席勒这对文坛中的忘年之交，都在“狂飙突进”运动中成为时代的前锋，扫清了一切旧思潮的磕绊。前者以《浮士德》《少年维特的烦恼》蜚声文坛，其中《浮士德》与古希腊时代的《荷马史诗》、但丁的《神曲》、莎士比亚的《哈姆雷特》并称为“欧洲文学四大名著”；后者的代表作品除了诗歌外，还有影响深远的小说《阴谋与爱情》。

当然，单是对远古时代和未来时代憧憬畅想是远远不够的，对现代社会的批判和审视，正是构建未来幸福蓝图的必经之路。

浪漫主义文学之后，以笔为手术刀，解剖并解救西方社会的现实主义文学于 18 世纪晚期出现。人们为资本主义的胜利欢呼雀跃了许久后，发现原来自诩为“自由、平等、博爱”的资本主义社会，也存在着“朱门酒肉臭，路有冻死骨”的悬殊贫富差距。自由民主思想教给人们的不是反抗与斗争，而是无休止的贪欲和掠夺，资本主义社会里的人之本性，不在于解脱压迫，而是在人生发迹之后压迫别人，金钱是人与人之间关系的纽带。

认清了这一现实之后，现实主义文学中开始涌现出名家：英国的勃朗特三姐妹，法国的大小仲马、福楼拜、莫泊桑、巴尔扎克、司汤达、都德等，还有创作风格转型的雨果，在现实主义文学的画廊中无不熠熠生辉。

司汤达的《红与黑》歌颂了小资产者的个人奋斗，其《拉辛与莎士比亚》被视为现实主义文学的革命纲领。但在这些作家的作品中，更多的是对资本家的批判，如巴尔扎克《人间喜剧》中的《高老头》《欧也妮·葛朗台》，其中葛朗台与莎士比亚《威尼斯商人》中的夏洛克、莫里哀《吝啬鬼》中的阿巴贡、果戈理《死魂灵》中的泼留希金并称为欧洲文学形象中的“四大吝啬鬼”。

现实主义的巅峰出现在俄罗斯。俄罗斯的现实主义文学大家层出不穷，高尔基、托尔斯泰、屠格涅夫、陀思妥耶夫斯基、果戈理、契诃夫等，均世界闻名。俄罗斯本来就是资本主义国家中的弱旅，沙皇阶层与平民之间的矛盾尖锐性远在欧美诸国之上，因此以批判为主要特色的现实主义文学在这里繁荣，自然无可厚非。这些文学家在猛烈批判沙皇专制和封建伦理的同时，也寄希望于未来的社会革命。

陀思妥耶夫斯基甚至依旧相信在农奴制与沙皇专制被推翻的日子里，俄罗斯能够扮演好“世界上独一无二的角色”；契诃夫除了《樱桃园》比较知名外，他的短篇小说如《小公务员之死》《胖子和瘦子》《预谋犯》《凡卡》《变色龙》《套中人》等，嘲讽了沙皇体制的束缚下，一个个基层官员或穷苦百姓的尴尬窘迫。契诃夫与法国的莫泊桑、美国的欧·亨利和中国的蒲松龄，被誉为“世界四大短篇小说之王”。

在现实主义文学的边缘，自然主义和象征主义也大有可观，尤以法国人出名。前者的代表人物是左拉，后者的代表人物是波德莱尔。波德莱尔以“恶之花”取代浪漫主义时代的“水仙花”，在将诗歌意境填充假、恶、丑以驱赶真、善、美的同时，却入木三分地表现出反抗世界的虚伪一面的决心和勇气。

第五篇　全球化时代

第一章　战争与和平

1.“凡尔赛－华盛顿”体系

第一次世界大战结束后，27个协约国成员都成了战胜国。1919年年初，这些战胜国在巴黎的凡尔赛宫召开处置战败国的魁首——德国的会议，称为巴黎和会。

在这场会议中，英国、法国、美国三国元首以协约国盟主的身份操控了会议。法国总理克列孟梭在会场上表现强硬，以瓦解甚至灭亡德国为最终目的，是会场上的“老虎”；英国首相劳合·乔治狡黠善变，他希望欧陆上的几个强国，尤其是德国与法国之间能互相牵制，因此在削弱德国的同时，也应适度扶持德国，以防备法国的强大，是会场上的“狐狸”；而美国总统威尔逊则以“十四点”原则为宗旨，致力于建设国际联盟，以国际组织的和平手段来主宰东半球的国际政治，因此他是和会上的“和平鸽”——尽管他一样包藏祸心，但在数年后荣获了诺贝尔和平奖。

意大利首相奥兰多也想跻身巨头的行列，但由于本国国际地位不高、战争贡献不足，很快被“三巨头”所排挤。日本自知与意大利情势相仿，便也无明显声张。不过，当中国代表顾维钧提出中国山东的胶州湾的主权时，日本的使节团马上显露出惊慌失措的神态。因为日本在战争期间取得了德国占领的胶州湾地区，此时正要在和会上将这一占领合法化，中国人却想要收回主权，他们当然不会善罢甘休。

会议持续了半年之久，最终《凡尔赛和约》正式成文。大国之间的条款，主要内容就是在掠夺赔款、瓜分殖民地、减少军力等方面完全限制德国，英国、法国、意大利、日本等或多或少拓展了殖民地范围。

在处理众多中小国家上，该《和约》虽然承认了一些国家的独立地位，但对另一些国家却很不公平。比如波兰，由于波兰在战争期间从德军手中夺取了但泽地区，因此承认了波兰的独立。中国虽然向战场派出大批劳工，稳固了协约国的后勤保障，间接助推了战争的胜利，但《和约》却对顾维钧提出的合理要求置若罔闻，规定德国在山东的一切权益转交给日本继承。

中国人民在气愤之余，很快掀起了五四运动，开启了新民主主义革命的新篇章。美国和中国一样，也没有在《和约》上签字，因为战后的国际联盟虽然成立了，可其中的大部分权力都被英国攫取，所以威尔逊索性退出会场。为此，美国又回到了孤立主义时代。

巴黎和会后，协约国又同奥地利、匈牙利、捷克等同盟国成员签署了一些和约，这些和约与《凡尔赛和约》确立了帝国主义者们在东西方世界的新秩序，并以国联为核心，这就是“凡尔赛体系”。

后来，心有不甘的美国又组织英国、法国、荷兰、比利时、葡萄牙、日本、意大利、中国八个国家召开华盛顿会议，会上通过了《四国条约》《九国公约》等条款，各国在军备和海外属地上进行了一番调整，实现了一定程度的均势，这在客观上有利于美国。但对于中国来说，虽然没有让日本人的阴谋得逞，可山东主权却被各国“利益均沾”，民国时代的中国，并没有实现真正意义上的独立。

美国在华盛顿会议上做出的国际调整，被称为“华盛顿体系”。“凡尔赛－华盛顿”体系的成立，取代了战前的维也纳体系。此后，美国、日本国力大增，英国、法国、德国等欧洲国家的国力反而被削弱，奥地利索性直接被清出了强国的座次。

比起维也纳体系，“凡尔赛－华盛顿”体系其实没有多少进步之处，因为代表帝国主义利益这一现状未被改变，加上对战败国过于苛刻，也招致了战败国的不满，遗留了民族仇恨的种子。法国的福煦元帅曾预料：“这不是和平，这是 20 年的休战。”果然，希特勒在 20 年后发动了第二次世界大战。

“凡尔赛－华盛顿”体系自建立之日起，一直处在变乱之中。英国在战后地位下降，澳大利亚、新西兰、埃及通过《威斯敏斯特法》取得了半独立的地位，从此不再是英帝国控制下的殖民地，而是英联邦和英王领导下的自治领。

爱尔兰忍痛牺牲了东北部的一角，换取了独立战争的胜利。让英国痛心疾首的是，爱尔兰走向了彻底的独立之路，并不屑于加入英联邦集团。

印度虽然仍旧被英国控制，但“圣雄”甘地策划的“非暴力不合作”运动，却给英国的殖民统治带来麻烦。甘地一生都提倡非暴力的社会斗争，这虽能抵制英国的资本输入，却终究不利于同现代化潮流接轨，因此甘地的政治主张无法挽救印度的殖民地命运。

朝鲜的“三一”运动声势浩大，日本不得不以残酷血腥的手段将其镇压下去。而让日本心痛的是，他们刚刚鸩杀了朝鲜国王不久，首相伊藤博文便在中国东北被朝鲜爱国义士安重根刺杀。

奥斯曼帝国的苏丹王朝被推翻了，但协约国的希腊等国却对土耳其的土地虎视眈眈。民族英雄凯末尔挺身而出，在他的领导下，土耳其巩固了国土，还冲破了协约国束缚其发展的《色佛尔条约》，于 1923 年以《洛桑条约》回击，从此，土耳其成为一个政教分离的共和国，旧貌换新颜。

中国的资产阶级革命党在推翻大清王朝后，继续与帝国主义的新代理——北洋军阀做着不懈的斗争。1919 年“五四”运动的胜利，不但冲击了《凡尔赛和约》，还让中国民众第一次发挥出巨大的革命能量。两年后，代表无产阶级和人民利益的中国共产党诞生，中国革命从此有了共产主义思潮的参与，走向了新的道路。

德国和意大利十分痛恨这个体系，德国的财产被瓜分殆尽，意大利屡遭英、法的玩弄，并未捞取多少好处。两国蓄意重新发难，世界依旧处于动荡之中。

2. 涅槃的东斯拉夫人

1917 年 3 月（俄历 2 月），沙皇尼古拉二世宣布退位，统治俄罗斯 300 多年的罗曼诺夫王朝从此一去不返。克伦斯基自认为认清了国内形势，便在“二月革命”胜利后仓促组建资产阶级临时政府，并在一战中与德国人分庭抗礼。

克伦斯基此举实在冒失，垄断资本主义虽然在俄罗斯已初具规模，但落后的农奴残余和封建政治的延续，却让俄罗斯的资本主义发展呈现畸形化，工人阶级和农民的贫困情况比英、法、美等发达国家更严重。

这种特殊的国情，注定了俄国革命的胜利不属于克伦斯基，只属于伟大的红色革命导师列宁。

1917 年年中，列宁发表《四月提纲》，巩固了苏维埃的组织规模。当临时政府的军队在东线继续败退、警察在“七月事件”中不惜以暴行来镇压平民的时候，俄国人民对克伦斯基彻底失望。于是在 11 月，列宁组织苏维埃攻打冬宫。

“十月革命”的胜利，结束了资产阶级临时政府的统治，苏维埃俄国正式成立，东斯拉夫人在战火中涅槃重生。

新政府与德国签订《布列斯特和约》，暂时承认了德国在东线的胜利，并割让大片土地，还支付了 1000 万卢布。虽然列宁这一举动并不是很得人心，却让苏俄的红军队伍将精力全都放在肃清国内的反动白军上，从而赢得了喘息之机。而德国在 1918 年年底战败以后，苏俄又派遣军队将失去的土地夺了回来。

历时三年左右的国内革命斗争，列宁将国内白军余孽和帝国主义的干涉势力全部肃清，克格勃的前身——契卡，在保护人民、打击国外谍报分子的过程中，起到了关键作用。百废待兴的苏俄将乌克兰、白俄罗斯、立陶宛、拉脱维亚以及外高加索地区和中亚地带的若干国家联合一处，组成“苏维埃社会主义共和国联盟”，简称“苏联”。

列宁在建立苏联后不久逝世，斯大林开始领导这个大而新的国家继续探索社会主义的治国方略。有“钢铁”之称的斯大林，索性将列宁时代具有资本主义特征的新经济政策全部剔除，专门以大格局的计划生产来巩固国家经济。

经过十几年的努力，苏联的工业实力仅次于美国，远在日本和欧洲之上，其中重工业和军事工业最为发达。工业的起飞，也让苏联拥有了不可撼动的国防基础，强大到足以抵挡希特勒的装甲部队，就连“大萧条”时代的经济危机都不在话下。

城市经济繁荣的同时，苏联农村也走向了集体化的道路。全社会主义形态在斯大林的领导下成了气候。

经济基础的问题解决了，斯大林着手优化上层建筑。1936 年，斯大林在苏共大会上颁布了苏联宪法，明确规定了苏联是一个社会主义国家，也标志着“斯大林体制”的形成。

所谓的“斯大林体制”，就是以高度集中的权力为向导，经济上用全能的计划指导取代商品交换和价值规律，政治上则强调领袖的绝对控制力，加之“契卡”等组织的襄助，无须民主与法制，便能够达到“与民同乐”的理想效果。

这种呼吁个人崇拜的政治体制，被嘲讽为是一种“封建的社会主义”，在和平时代容易激化领袖与各机构部门，尤其是与军队的矛盾，以至于在 1937 年后，斯大林在军官中展开了恐怖的“大清洗”运动，大批优秀军官在“清洗”中丧命。但祖国的安全一旦遭遇威胁，高度集中的政治经济体制便发挥出全部的优势，集中全国的力量，与外来入侵者死战到底。

及至第二次世界大战爆发后，苏联政府和中国的南京国民政府，正是借助这样的体制优势，分别成为欧洲战场和亚洲战场上反法西斯的主要力量。

斯大林在苏联的内政作风上并不十分完美，但他却将社会主义运动投掷到国际环境中——共产国际在继第一国际和第二国际后，成为 20 世纪最早的社会主义国际组织同盟。这个新的国际组织以莫斯科为活动中心，在世界各地弘扬进步思想，反抗专制独裁。在 1943 年解散之前，始终活跃在国际政治的前沿。

3. 民主与独裁的对抗

社会主义苏联的建立和发展，打破了资本主义国家一统天下的局面，在配合世界各地社会主义革命和民族独立运动的同时，也引发了资本主义世界的恐慌和质疑。

为了佐证资产阶级的统治并不落后，在战争中大大受益的美国，虽没能取代英国称霸世界，但凭借在战争中的功绩，反而显露出膨胀的姿态。历经数年的发展，自由主义思潮渗入工农业生产中，加上战后美国的纽约取代了伦敦成为新的世界金融中心，便促成了美国市场的空前繁荣。

与此同时，饱受战火摧残的英国和法国，也都逐渐恢复了战前的经济水平和社会秩序，并有所发展。德国的魏玛共和国先后出台了“道威斯计划”和“杨格计划”，并运用金融调控的方针，在巨额的战争赔款中也逐渐恢复了元气。

英国、美国、法国以及初入民主政治轨道的德国，都在战后取得了经济建设的突出成就，急于向全世界证明“民主的资本主义”并不会输给“封建的社会主义”。

从 1920 年到 1929 年，资本主义民主国家的经济实力都超过了战前水平，而严重缺乏民主传统、一直饱受黑手党荼毒的意大利，则在 1922 年建立起以墨索里尼为核心的法西斯独裁专制统治。在墨索里尼的统治下，法西斯政党取代黑手党，成为意大利和世界和平的新毒瘤。

日本虽然也发了战争财，在 1918 年 9 月成立内阁制，但由于保留了天皇制，民间经济建设并未有突飞猛进的发展，反而发生了“米骚动”事件。

美国和西欧都把意大利和日本作为反面教材，在尽量避开“苏联”这个敏感字眼的同时，拼命宣传资本主义民主的不可超越性。然而，美国新总统胡佛刚刚承诺他的自由市场政策能够保证美国人“家家锅里有一只鸡，家家有一辆小汽车”之后的数月，一场发端于美国华尔街、最终席卷整个资本主义世界的“大萧条”便不请自来，以极大的破坏力、持久的破坏时间，让资本主义世界的经济几近瘫痪。

这次“大萧条”的发生，根本原因在于资本主义国家内社会化的大生产在促进市场繁荣的同时，却没有提升居民的购买力，以至于市场交易中频频出现供给膨胀而需求衰退的现象。

为了扭转颓势，资本家们只好将大量昂贵而又优质的工农业产品付之一炬，工厂和银行大幅度裁撤工作人员。

在“大萧条”下，资本主义世界第一次出现了民主政治与独裁专制之间的政策分化。民主政治采取了柔性的新政策略试图化解危机，而专制国家则寄希望于采取绝对强硬的刚性手段把国家经济搞上去。

1932年，美国总统选举，富兰克林·罗斯福战胜胡佛，开始领导美国人民共同医治“大萧条”所造成的创伤。

面对“大萧条”引发的经济断层和就业瓶颈，罗斯福推出的新政主要包括整顿金融调控和优化就业机制两方面。在金融调控方面，他首先下令银行休业整顿，优化管理，裁汰金融体系中的虚拟经济与泡沫。此外，他还下令禁止继续破坏工农业产品，除了有限度地施舍民众之外，索性采纳美元贬值法，刺激产品在殖民地国家和新独立国家的大批量出口。这样就增加了财政收入，避免了产品销毁，也将“大萧条”的活动场所转嫁到美国以外的其他地区；而在就业机制方面，罗斯福兴办公共工程，促进就业，失业人口通过出卖劳动填饱了肚子。

起初，罗斯福的新政让一些政坛人士感到恐慌，因为他在治理经济危机的过程中，大多使用国家权力，与以往那种政府对经济不闻不问的态度大相径庭。美国的左派政党担心他走独裁专制的道路，而右派政党害怕他将美国扔向社会主义的怀抱。

身残志坚的罗斯福以个人的魄力证明了，他只是一个资产阶级民主政治的卫道士，与希特勒不是一路人。只是在经济政策上未必拘泥于企业之间的自由垄断，国家垄断主义才能保证长治久安。欧洲的其他民主国家都从萧条中转危为安时，才证明了罗斯福的明智。

可是对于资本主义民主来说，一个争议出现了。这些民主国家凭借国家干预工农生产和金融市场的新政摆脱了“大萧条”，可是经济增长方面却未曾恢复元气。日本、意大利、西班牙等独裁专制的资本主义国家的社会经济，反而在“大萧条”结束后的日子里增长迅速。

墨索里尼依托强权，使得意大利的重工业迎来了前所未有的繁荣，居民贫困的程度也有所缓解。

日本内阁则直接通过发动侵略战争的方式转嫁危机。1931 年 9 月，趁着中国的南京政府集中兵力围剿共产党领导的工农红军，日军悍然发动“九一八”事变，向资源无比丰富的中国东北发动了进攻。

张学良率领的东北军是国民党军队的精锐劲旅，可他却盲目相信蒋介石“攘外必先安内”的主张，一枪未打就将多于日军 20 倍的东北大军撤回关内。仅仅 3 个多月的时间，日军就吞并了东三省全境。

国际联盟派出以英国人李顿为代表的国联调查团前来调查，却在日本人的无赖纠缠下，使得这起侵略不了了之。凭借对东北资源的疯狂掠夺和大量移民，日本在萧条中也转危为安。

蒋介石虽然“出卖”了东三省，并频频围剿红军，但在国统区的核心地带，凭借法西斯化的统治，在十年内战期间的半殖民地岁月里，使得中国资本主义经济迅速发展，虽然官僚和买办资本主义占据优势，但民族资产阶级在轻工业领域中的表现也较为出色。1936 年，蒋介石领导下的国统区经济进入了全盛时期。

德国虽然在十一月革命后成立了魏玛共和国，但在建立之初就不得人心，对外接收协约国的要挟，对内则成了人民指责的对象。

民主政体在德国一时受困，加上法西斯主义的四处袭扰，让德国政坛处处充斥着独裁复辟的恶风。

1933 年，欺世盗名的阿道夫·希特勒出任德国总理，不久又占了国家总理的宝座，这位曾怀揣艺术家梦想、一战期间并不起眼的德军下士，此时在危局中阴差阳错地一步登天，由此，纳粹党成为德国的法西斯政党。

希特勒执政的最初几年，并不是所有人都憎恶他，因为他出台了得力的经济政策，降低了德国的失业率。可悲的是，人民错误地选择了法西斯主义，在“政治安乐死”的最初临床阶段，疯狂快乐地度过了 1939 年。

1931 年，大器晚成的西班牙资产阶级发动革命，推翻了封建王朝的统治。可是民主政治甫一成立，便遭遇“大萧条”的冲击，经济发展遭困。国内民众不看好民主政治，以至于西班牙政府中党派林立，及至引发内战。

从世界各地投奔而来的国际纵队，捍卫着寥寥无几的民主革命成果，大独裁者佛朗哥则率领保守反动却无比强大的军队侵扰马德里。更糟糕的是，德国和意大利也介入了西班牙的内战，国际纵队以弱敌强，最终惨败。

可让人匪夷所思的是，民主政治的代言人——人民阵线党派在执政期间的经济成果几乎为零，倒是佛朗哥的法西斯独裁专制得势之后，国民经济大幅增长，政局逐渐稳定下来。佛朗哥还很务实地避开第二次世界大战，一心谋划稳定国内秩序，使得西班牙在第二次世界大战后成为颇为富庶的资本主义国家。

法西斯主义在民主根基薄弱的诸国兴风作浪，中国和西班牙依旧纠缠于内战，希特勒驾驭下的德国、墨索里尼统治下的意大利以及“二二六”兵变后借助军部势力轻松完成法西斯化的日本，则在 1937 年以反对共产主义为名，建立起恐怖反动的法西斯国际联盟。这个反动联盟以希特勒的德国政府为轴心，借着反共的名义筹划着帝国主义复仇、排斥“低等”种族和压制民主思想的滔天阴谋。

三个法西斯国家的同盟称作“轴心国集团”。在独裁专制一度逞强的20世纪30年代，社会主义政权、资本主义的民主政权和广大殖民地、半殖民地国家，即将面临相同的威胁。一场反法西斯性质的新的世界战争一触即发。

4. 第二次世界大战：西方战场

希特勒在执政期间取得了不小的成果，但深受军国主义思潮毒害的他，却始终蓄谋霸占世界。

自从干涉了西班牙内战后，希特勒看到了国联的虚弱，于是悍然发兵吞并了奥地利，随后又把枪口对准捷克斯洛伐克。英国首相张伯伦和法国总理达拉第考虑到国内人民对和平的渴望，不得不采取“绥靖政策”，将祸水东引，让德国与苏联相互损耗。

然而，“绥靖政策”不但不能满足法西斯的野心，反而助长了希特勒的侵略气焰。1939 年，张伯伦与达拉第在慕尼黑与希特勒、墨索里尼达成《慕尼黑协议》后，弱小的捷克斯洛伐克被两个大国无耻地出卖了，随即德国法西斯进兵布拉格。

同年 9 月初，希特勒执行了“闪电战”的第一步：进攻波兰。波兰在一战期间攻取了德国的但泽地区，因此招致希特勒的愤恨。在第二次世界大战爆发之前，独立的波兰国力迅速恢复，陆军实力已经位居欧洲第五，这也让希特勒如坐针毡。所以在新的世界大战爆发之前，希特勒首先将波兰作为“闪电战”的对象。与波兰有过盟约的英、法两国被迫对德宣战，第二次世界大战正式爆发。

虽然英、法不得已宣战，但仍旧寄希望于希特勒及时停战。波兰在孤军苦战了 20 多天后，华沙陷落，进而全境失守。而此刻的苏联为了将纳粹军队引往西欧，也在波兰东部吞并不少土地，以构建“东方战线”。这道“东方战线”，就包括了在与德国第四次瓜分波兰时从波兰手中夺取的那一块土地。

英、法的“绥靖政策”和苏联的故步自封，更加助长了希特勒的嚣张气焰。在闪击波兰成功以后，1940 年 5 月，德军先后战败丹麦、挪威，而后又进军荷兰、比利时。屯扎在比利时的 40 万英法联军和比利时军队残部被围困在敦刻尔克。

在此万分危急的时刻，英、法两国积极自救，英国皇家海军的许多军舰和法国渔民的许多船只都派上了用场。经过一番激烈的反抗，英法联军虽然几乎失去了所有武器装备，却成功地让不少于 33 万的官兵跨越了英吉利海峡。这一支精锐部队的回归，为英法日后的反攻奠定了坚实的基础。

希特勒并未就此罢手，6 月后很快发动法兰西会战。法军总司令甘莫林错误地将德军的“黄色方案”误认为一战时期的“施里芬计划”，于是采用了霞飞的战略。对德军而言，甘莫林此举正中下怀，德军在阿登森林长驱直入，一个多月就制服了号称陆军第一的法国。

法兰西第三共和国走向灭亡，以贝当为首的卖国政权——维希政府成立。但希特勒仍旧意犹未尽，他甚至派人将一战期间福煦元帅的那一节火车厢拉出来，在车厢里接受法国人的投降，以雪当年法国人对德国人的羞辱。

法国沦亡，让欧洲反法西斯阵营十分沮丧，但英国的新首相丘吉尔取代张伯伦上台以后，坚持要与德国人奋战到底，他以出色的演讲号召英国人民去争取最后的胜利。

与法国不同，英国在对抗德国上占据着一些优势。由于四面环海，德国陆军似乎派不上大用场，而海战又不掌控英吉利海峡的制海权，所以只有依托于空战。希特勒每日派出上千架飞机，对英国本土和重要军事基地狂轰滥炸，英国本土苦不堪言。

在丘吉尔的鼓舞下，英国人迅速组织起顽强的自卫反击战。而此时英国空军中有一位名叫道丁的元帅脱颖而出，他发明的雷达，对实力尚弱的皇家空军很有帮助。德国空军虽然攻势猛烈，却始终不能彻底打垮英国皇家空军。

战情发展到1940年10月，德国空军兵力的损失已经超过全军的40%，英国人却依旧顽抗如初。希特勒在万般无奈之下，只好秘密下令停止进攻英伦三岛，掉头进攻准备不足的苏联。

苏联在苏德战争爆发前，曾经将大批军力投入到占领芬兰的战争中，元气尚未恢复，因此对希特勒发动的闪击战——“巴巴罗萨”计划自然是猝不及防。几个月下来，德军利用装甲军团，在明斯克、斯摩棱斯克、基辅等战场上均获大胜。斯大林眼见德军步步紧逼，于是果断放弃了对军官的“清洗”，团结全国军民共同抵抗。

苏联军民的团结作战，是莫斯科保卫战、列宁格勒保卫战得以获胜的主观原因，然而招致希特勒失败的客观原因，还在于寒冷的气候。

德军在冰天雪地中无法发挥装甲作战技术的优势，而驻扎中国东北的日本关东军又被中国军队死死缠住，希特勒在苏联境内重蹈了拿破仑的覆辙。

苏德战争呈现出胶着状态，意大利在德国发动“闪击战”的时间里也一直忙碌着。早在第二次世界大战开始之前，意大利军队就在东非和南欧地区初获战果，先后征服了埃塞俄比亚和阿尔巴尼亚等国。其中对埃塞俄比亚的征服，既有在非洲与英法抗衡的阴谋，也有为阿杜瓦战役雪耻的动机。随后，意大利军队在欧洲屡屡发难。

1940年6月，墨索里尼曾经在法国沦陷前对法国南部进行过一次小规模的偷袭。当不列颠空战达到高潮的时候，墨索里尼趁着英军自顾不暇，便派遣格拉齐亚尼元帅率领40万意大利大军袭击英国在非洲的索马里、埃及等殖民地，企图从英国人手中夺取苏伊士运河。

与此同时，意大利海军也在地中海上袭扰英国皇家海军，战争在陆上和海上同时进行。虽然意军在数量和规模上多出英军数倍，但武器和作战经验却不及英军，在两大战场上都遭到了大溃败。

在北非战场上，40 万意军被 3 万英军狂追 1000 英里，被俘 13 万人，其从意土战争中夺取的利比亚地区，仅剩下了的黎波里。而在地中海的作战中，英国地中海舰队的指挥官于 1940 年 11 月 11 日首次运用航空母舰偷袭意大利海军的驻地塔兰托港，基本重创了意军主力。此后意大利所发动的战争无一胜利，不但在英国人面前束手无策，甚至进攻希腊时，也不得不向德国人求助。

苏德战争进入白热化阶段后，墨索里尼虽然在苏德战场上派出 30 万大军支援，但由于精锐部队在战场上早已被打垮，因此这些“杂牌军”根本无法成为有效援助。

意大利在战场上收效甚微，日本又在中国战场陷入泥潭，德国人不得不独自进攻苏联。苏联与德国在苏联境内进行了为期两年之久的阵地战，直到 1942 年 7 月斯大林格勒战役的爆发，终于扭转了战局。

在这场战斗中，苏联红军抱着必胜之心与德国法西斯激斗了 200 多个日夜，最终围歼德军主力 33 万人。斯大林格勒战役的大获全胜，让德军的“闪电战”计划归于失败，希特勒不但失去了转战高加索的良机，甚至失去了控制欧洲战场全局的机会。

斯大林格勒战役，是欧洲战场的转折点，也是整场世界大战的转折点。此后的形势，对同盟国一方更为有利。

希特勒在苏联吃了败仗，但他仍寄希望于爱将隆美尔能够在非洲为他带来好消息。自从意大利人在非洲被英国人击垮之后，德国便派出了隆美尔下辖的两个非洲军团驰援意大利。

1941 年 4 月，隆美尔来到非洲，心有余悸的意大利军官告诉他，英军简直像“沙漠老鼠”那般凶猛。隆美尔不以为意，几场大仗下来，他开始让英国人胆寒，也因此有了“沙漠之狐”的称号。

但是好景不长，1942 年，英国在埃及阿拉曼的驻军统帅换成了蒙哥马利，此人睿智、沉稳，隆美尔遇到了对手，加上兵力不足，德意联军被反攻的英军打得节节败退。

而在本年年中，盟军最高统帅艾森豪威尔也派遣了一支美军，策划出“火炬”计划，在北非的西岸登陆。英美两军联合进击，让德意联军更加惊慌失措。

轴心国在非洲吃了大败仗，最终无法阻挡盟军在西西里岛登陆，而墨索里尼在意大利也迎来了最后的末日。1943 年 5 月，意大利转投同盟国，轴心国集团越发动摇。

回归苏德战场。1943 年年初，苏联红军为了扩大和巩固斯大林格勒战役的成果，又对德军发动了库尔斯克会战。这场会战十分重要，如果苏军战败，西伯利亚又将回到莫斯科保卫战之前的格局，不过若是德军败了，同盟国距离胜利便又近了一步。

在这场战斗中，苏德双方投入了最大规模的坦克和飞机。希特勒本以为自己中意的虎式坦克、豹式坦克能够发挥作用，殊不知在战役打响之前，在北非战场连战连捷的英军就率先派人去往苏联，向红军传授了对付德军王牌装甲部队的经验。

战端一开，德军并没有如希特勒料想得那样势如破竹，反而支援他的 30 万意大利军队，因寒冷的气候和水土不服伤亡过半。1943 年，后方又传来了意大利投降的噩耗，德军在库尔斯克战役中遭遇惨败。

希特勒在英国、苏联和非洲的各大战役中均遭惨败，只有在大西洋海战中，无限制潜艇战还发挥着作用。英美商船和舰队在德国潜艇的“狼群战术”下损失惨重，但随着 1943 年后同盟国反潜技术的提高和英、美两国的精诚合作，德军的潜艇战也不再有优势。德国在欧洲的战略收缩态势已然十分明朗，于是斯大林、丘吉尔和罗斯福多次召开会议，商讨在欧洲开辟第二战场的问题。

1944 年 6 月，艾森豪威尔率领盟军在法国的诺曼底登陆，开辟了欧洲第二战场。此时的欧洲，东面是节节进逼的苏联红军，西面的英美大军，巴黎的民众也在大街小巷骚扰着德国驻军。一时间，德军陷入了东西两线作战的窘境，失败已成定局。

1945 年 5 月，苏联红军与美军在德国境内的易北河会师，柏林失守。而希特勒在完成了一场短暂荒谬的婚礼后，自杀身亡。欧洲战场的战事以德军的投降为结束标志，德国法西斯的所有势力，在炮火中消亡。

5. 第二次世界大战：东方战场

论军事实力，日本较之德国相去甚远，可其征服欲望却有过之而无不及。1931 年“九一八”事变后，日本在中国的华北等地频频发难，蓄意挑起全面侵华战争。蒋介石在张学良、杨虎城的兵谏下，最终决定与中国共产党合作抗日，将其指挥的工农红军改编成八路军、新四军。

国民党军队在蒋介石的指挥下，严密防守华东和华北的日军。国军在战争过程中，特别是抗战的前半阶段，充当着不可或缺的主力角色。通过淞沪会战、长沙会战、太原会战、徐州会战和武汉会战等重大战役，虽然没能成功阻止占优的日军占领大片国土，却粉碎了其迅速灭亡中国的阴谋，其间还取得了台儿庄大捷。而配合国军作战的八路军也在平型关、神头岭等地，以奇兵获得辉煌战果，迫使日本人困在战争的泥潭里。

国民党军官兵在正面战场上的英勇作战，客观上掩护了八路军和新四军发动的敌后作战。中国共产党在抗战爆发后，致力于实行全民族抗战，队伍纷纷开赴敌人后方，建立起以晋察冀为样板的许多抗日根据地。

日军占领了广州和武汉以后，非但没能迫降国民政府，反而在昆仑关会战、三次长沙会战中屡屡碰壁。而 1940 年，八路军发动的一场百团大战，更让日军见识到了共产党军队的厉害。

在敌占区，日军通过各种残忍手段对付抗日军民，但共产党军队越打越多。除了八路军和新四军外，很多民兵武装也成了重要力量，其中包括一些少数民族的抗日武装。虽然不如国民党军队那般擅长打正规战，但战术却更加灵活，地道战、地雷战、麻雀战、游击战等各种战术层出不穷，日军束手无策。

日军的侵华进程受阻，但仍趁着希特勒横扫欧洲、英法美荷深受其害的良机，扩大在亚洲的战场。1940 年法国沦陷后，日本便趁火打劫，占领了法属印度支那三国。次年 12 月 7 日又偷袭了美国的太平洋军事基地珍珠港。据称，这次偷袭的成功，有赖于日本人学习的塔兰托战役的战术，而第二次世界大战中两次海上偷袭的成功，标志着航空母舰彻底取代了战列舰，成为海战的第一杀手。

一时间，偷袭成功的日军在东南亚和太平洋连连得手。太平洋战争的爆发，迫使美军放弃了菲律宾、关岛等战略要冲，温莱特将军被俘；而在东南亚的英属殖民地，中国香港、泰国、马来亚、新加坡等地的米字旗也纷纷更换为太阳旗，柏西华司令和他的 13 万英军成为山下奉文的俘虏。此外，荷兰的殖民地东印度也沦于日军之手。

日本陆军意犹未尽，继续进攻英国的另一块殖民地缅甸。在此危急时刻，英国只好放下老牌帝国的架子，向中国求援。蒋介石将一支创造过血战昆仑关奇迹的精锐部队开赴缅甸，在同古阻击战中让日军首次吃到苦头。而在 1942 年中旬的仁安羌大捷中，中国远征军更是大显神威，甚至避免了让近万英军全军覆灭。

1943 年后，日军在亚洲战场的进攻步伐基本停滞。中、美、英三国联军在腊戍展开反攻。此刻的中国远征军，早已装配了英美军队的装备，首次在武器上优于日军。

1944 年，抗日战争进入了战略反攻的阶段。

在此之前，日军虽然取得了“一号作战”的胜利，让国民党军队防不胜防；可胜利之后带来的结果却是：日军的战线拉得更长，日军后方共产党领导的人民武装有了更大的用武之地。

太平洋战争爆发以后，美国海军不卑不亢，转守为攻，西南太平洋战区司令麦克阿瑟和美国太平洋海军司令尼米兹在作战中精密配合，于 1942

年5月在珊瑚海大海战中首次击败日军；6月的中途岛海战，再次运用密码技术将日军弄得晕头转向。

中途岛战役的胜利，标志着美军在太平洋战场上转守为攻。中途岛战役后，美日海军又打起了瓜岛争夺战、马里亚纳海战等多次战役，最终都以美军获胜结束，并且逐渐逼近日本本土。1945年，当苏军在欧洲攻克柏林的时候，美国海军已经占领了日本的冲绳岛。

早在1943年，中、美、英三国首脑就在开罗会议中达成一致，三军一道共讨日寇，并责令日军归还甲午战争中夺走的中国台湾和澎湖列岛。在中国战场进入反攻后，三国军队分别在中国和东南亚各国境内，同时打击着日军余孽。兵败如山倒，日军陷入了四面楚歌被围困的窘境。

1945年8月，眼见日本法西斯毫无悔意，美国向日本的广岛和长崎连投两颗原子弹。与此同时，苏联红军为了夺回日俄战争时期被日本夺走的俄罗斯利益，也宣布对日作战，开始进入中国东北，重现了诺门坎之战的奇迹。中国军民在“对日寇的最后一战”中全面反攻。英国海军也对日本本土虎视眈眈。日本法西斯不得不在8月15日宣布投降。中国人民经过14年的艰苦卓绝的战斗，重新获得了自由与尊严。

日本投降，是中国抗日战争的胜利，是美国太平洋战争的胜利，是苏联打击关东军的胜利，是英国保卫亚洲殖民地的胜利，更是第二次世界大战的最终胜利。

第二次世界大战，在人员伤亡、资产损失、环境破坏、文明毁弃、时空波及的程度上远甚于第一次世界大战，但这次大战较之一战，却更具有教育意义和积极影响。除了战略战术的更新换代外，这场战役不似一战那种帝国主义之间的争霸战争，而是一场反法西斯阵营与法西斯集团之间的正义与非正义的战争。

反法西斯阵营中，社会主义国家、殖民地和半殖民地国家与资本主义中的民主国家首次化干戈为玉帛，置宿怨为团结，与全球人民的公敌——

法西斯血战到底。归根结底，第二次世界大战，是近代国际矛盾最大程度的激化，也是大规模战争的终结。这场大战对全球所有的国家和民族，都有着极为深刻的教育意义。

战争结束之后，社会主义国家开始试图革除政治层面中的封建因素；资本主义国家开创了福利保障的先例；广大亚非拉国家在独立之后，纷纷谋求发展与稳定的道路。

第二次世界大战以后的全球历史，发展的主流，从之前的称霸、强权与征服，彻底换成了平等、亲善与互利，不论是国际的民族矛盾，还是一国之内执政者与人民之间的阶级矛盾，都实现了不同程度的缓和。总之，一个和平与发展“共享”的时代，在硝烟中诞生了。

第二章　后现代时期的全球概貌

1. 两极格局时代

第二次世界大战，引发了全球人民对和平的渴望，也让大国领袖看到了和平的珍贵与意义。于是，在硝烟还未散尽的1945年，以美国纽约为总部成立了新的国际组织——联合国，这成为战后维系和平的主要阵地。

在第二次世界大战以后的国际政治中，联合国发挥的积极作用远在国际联盟之上。世界和平势力异军突起，帝国主义对世界的控制力一落千丈，西方列强通过几门大炮就轻易征服一个东方民族的时代已然一去不返。

欧洲和日本的实力在战乱中遭到严重削弱，在战争中大发横财、本土远离战场的美国最终实现了称霸世界的梦想。美国不但巩固了“世界经济第一”的大国地位，也拥有了一支现代化的国防军队，在资本主义世界中逐渐具备了主导资格。

而社会主义阵营这一边，虽然苏联饱受战火的蹂躏，但斯大林稳健有序的计划经济，让苏联在战后迅速恢复，并获得了飞速发展。苏联在战斗中的贡献与井然有序的战后重建工作，让世界人民看到了社会主义的潜力，于是很多东欧、中欧国家独立以后，纷纷改弦易辙，走向了社会主义的建国之路，如波兰、捷克、南斯拉夫、匈牙利等，此外亚洲的中国、朝鲜、蒙古、越南以及拉丁美洲的古巴，都选择了社会主义制度。

两种社会制度，在全球空间中逐步分割开来，这也激化了两种国际意识形态之间的矛盾。虽然法西斯主义思潮被世人唾弃，其政权也已土崩瓦解，但新矛盾的出现，让资本主义国家与社会主义国家之间的矛盾逐步加深，特别是两大阵营中的主导国——美国与苏联之间，围绕世界霸权，双方逐渐淡忘了对抗德国法西斯时期的默契与友好，转而互相敌对。只是迫于新时代和平意识的压力，双方谁也不敢率先动兵，转而以政治博弈的手段明争暗斗——全球历史迎来了“冷战”时代。

“冷战”时代，让少数国家遭到分裂：德国在结束了被苏联、美国、英国和法国分区占领后，被分为联邦德国与民主德国，前者属于资本主义阵营，后者属于社会主义阵营。而为了隔断两国之间的民众交往，民主德国政府直接修建了“柏林墙”——德国遭遇了半个世纪的分裂之苦。

朝鲜也以“三八线”为界线，分化成北方以金日成为首的具有社会主义性质的朝鲜人民民主共和国，以及南方以李承晚为首的具有资本主义性质的大韩民国。

中国在抗日战争结束后国民政府又挑起内战，毛泽东指挥人民解放军推翻了国民政府，在历经数年国内社会主义革命后，中国大陆走向了社会主义的发展道路；而败退台湾的蒋介石集团仍旧以“中华民国”为旗帜，在小小的岛屿内延续着资本主义的管理之策。

上述矛盾与美苏之间的矛盾相比，还是“小巫见大巫”。在两个大国之间，经济实力占优势的美国首先发难，为了团结资本主义阵营，美国一方面接受英国前首相丘吉尔的“铁幕”之论，揭开了西方国家的“反共序幕”，而后遵从“马歇尔计划”，使得欧洲国家的战后重建工作趋于顺利，法国、意大利、联邦德国等欧洲强国逐渐恢复了元气。

为了遏制不断强大的中国，美国也调整了对日本政策，改盘剥为扶持。日本还得到了朝鲜战争和越南战争的军事订货，一度萎靡的经济秩序与社会管理总算有了希望。

虽然美国试图以日本为跳板，积极谋求亚洲战略，进攻朝鲜、越南等社会主义国家。但美国在朝鲜战争和越南战争上都遭遇了史无前例的惨败，连二战名将麦克阿瑟在朝鲜战场上也颜面尽失。拥有四亿人口的中华人民共和国，对帝国主义的东方战略而言，本身就是一道天然屏障，而新中国建立初期“一边倒”的外交方针，注定了其必然视朝鲜和越南为唇亡齿寒的同盟，两国遭受侵略，中国自然不能坐视不管。

及至20世纪70年代，美国在越南战场上陷入了泥潭，全军士气十分低落。美国在资本主义世界的大国地位，也因1973年的金融危机一度动摇。

在美国的霸权扩张从执行到失败的20多年里，苏联也在努力发展。斯大林死后，赫鲁晓夫在经济体制的改革上颇有成效，政治真空中也传来一丝隐隐的民主之声。但赫鲁晓夫本人空有热情，很多场合下却显得理智不足或色厉内荏。

1955年，在将斯大林打入万劫不复的罪人深渊后，赫鲁晓夫自以为已经将苏联带入一个全盛时期，并迫不及待引领苏联开始了与美国有关世界霸权的争夺。美苏争霸的开始，标志着欧洲和日本的彻底边缘化，国际政治中心在第二次世界大战结束后，完全转移到欧洲以外的地区。

赫鲁晓夫不及艾森豪威尔的亲和力，更不如肯尼迪的气势逼人，以至于苏联从争霸伊始就处于不利地位。特别是在古巴关于“导弹危机”的博弈上，赫鲁晓夫一反盛气凌人的常态，在肯尼迪面前灰头土脸。这次古巴博弈的失败，导致赫鲁晓夫在国内的威望下降，远远不能与前任斯大林和后继者勃列日涅夫相提并论。

勃列日涅夫励精图治，让苏联的社会主义经济再创新高，苏联也进入了超级大国的发展轨道之中。趁着美国在越南战争中的疲惫和布雷顿森林货币体系的作废，苏联在20世纪80年代也走向了欺凌小国的霸权主义之路。苏军不但干涉中东内务，还将魔爪伸向过阿富汗和中国的珍宝岛。

美国吸取了教训，在20世纪80年代后一心一意搞经济建设，美国的经济得以复苏，市场恢复了繁荣，民众的反政府浪潮也渐渐平息下去。

里根总统也放弃了与苏联硬碰硬的争霸策略，通过战略防御的“星球大战”计划与苏联大搞军备竞赛。勃列日涅夫执政的后期，苏联的社会经济从巅峰瞬间转至瘫痪。戈尔巴乔夫上台以后，眼见在经济领域的改革无从入手，于是转向政治，却让苏共很快失去政权。

1990 年，东欧的社会主义各国和亚洲的蒙古纷纷“制度倒退”，社会主义被资本主义重新取代。东欧剧变，让苏联政权也变得极不安稳。1991 年，俄罗斯的叶利钦总统策划了“八一九”事变，苏联权力阶层被彻底架空。及至年底，苏联在结束了 69 年的社会主义治国时代后，很快分崩离析，俄罗斯联邦和十几个小国各自独立，美苏争霸的胜负已然明朗，两极格局的冷战时代也宣告结束。

叶利钦肢解了苏联，俄罗斯联邦和曾经的 11 个兄弟国成立了“独联体”，在北亚和东欧依然是一支不可忽视的力量。但 90 年代资本主义世界的国家，发展势头更是迅猛。

美国经济和军事盛况空前，在海湾战争中凭借先进的武器与战术毫不费力地击溃自以为占据优势的伊拉克。日本成为资本主义世界中第二大经济实体，并积极谋求政治大国地位。而欧洲国家从 20 世纪 60 年代起就有联盟的趋向，从荷兰、比利时、卢森堡的小规模国际组织联盟，发展到欧洲共同体，直到 1993 年演变成包括 20 多个成员的欧盟组织。美国、日本和欧盟在资本主义世界中构成了“大三角”的政治格局，而相比之下，回归资本主义的俄罗斯却很不景气，叶利钦虽然瓦解了苏联，却找不出一条能让俄罗斯发展得更好的出路，以至于卢布贬值，民怨鼎沸，国防废弛，权力阶层十分腐败，俄罗斯完全成了二流国家。

在 16 世纪 ~19 世纪的数百年光阴里，资本主义在对抗封建王朝的政治军事斗争中无疑是辉煌的胜利者。资本主义为全球文明带来了不可估量的贡献，但究其本身的矛盾，并不能依靠不断进步的社会改革而自行消除。

2. 欧亚资本主义国家的边缘谋生

在美国与苏联两个超级大国角逐世界霸权的边缘，欧洲和亚洲的很多国家都在这个资本主义世界体系内谋求发展或独立。第二世界的发达国家实现了不同程度的发展，第三世界的发展中国家则更是在民族独立后积极探索国情，创造出了一系列的改革奇迹。

冷战时代，以美国为首的西方资本主义国家和以苏联为首的社会主义国家组建成相互对立的两大阵营：北大西洋公约组织和华沙条约组织。两大阵营在对峙中谋求发展壮大，美国和苏联更是围绕全球展开长达半个世纪的霸权纷争。然而华沙条约在 20 世纪 90 年代很快解体，北大西洋公约迅速调整战略，在欧洲安全事务中发挥着日益重要的作用。

英国和法国在第二次世界大战之后仍旧保有一定的国际地位，但两个国家“赢得了战争，却输掉了财富”，殖民地的纷纷独立，让两国失去了掠夺的对象，很快沦为二流强国。法国的自由领袖戴高乐在第二次世界大战结束后，重建法国的共和政权。为了表明法国人民不再称霸，法国承认亚非地区所有殖民地的独立，只留下非洲、大洋洲的几处孤岛和南美洲的巴拉圭。

尽管法国在 20 世纪开始衰落，但在戴高乐的励精图治和美国“马歇尔计划”的得力援助下，法兰西第五共和国重新屹立于世界强国之林。

英国被迫承认印度独立后，殖民体系瞬间塌了半截。随后，亚非各国纷纷起义，将老态的英国逼入绝境。从 1947 年印巴分治的实现到 1997 年中国香港的回归，亚洲的马来西亚、泰国、新加坡、缅甸，非洲的南非、肯尼亚、坦桑尼亚、纳米比亚等都获得了独立。可英国内阁在战后不思恢复生产，反而陷入了党派纷争中，对外则依然参与中国解放战争和朝鲜战争，使得马歇尔的经济援助都没派多少用场，英国的经济增长速度和综合国力，在欧洲逐渐滞后于法国和联邦德国，仅略强于意大利。但是，即便国威有所下降，在20世纪80年代与阿根廷展开的一场马岛争夺战中，依然显示出余威。

相比之下，日本、联邦德国和意大利三个国家却在战后异军突起。虽然日本投降后被美国单独占领，但美国为了自己未来的亚洲战略，在东京审判中动了手脚，很多战犯没能得到应有的惩罚。

当然，日本在经济建设上的成功，是欧美各国有目共睹的。当年其最成功的是日本保留了很多知识和文化，在一定程度上弥补了战争中的重大损失。

1987年的日本，其经济实力在资本主义世界中跃居第二，而经济增长速度也在美国之上，总储备量则远超英法两国的总和。

早在东京审判之前，西方国家在纽伦堡惩办了德国战犯。与日本不同的是，纽伦堡的这次审判，把战犯们都钉在了历史的耻辱柱上。

清除了军国主义毒瘤后的联邦德国，经济实力迅速提升，并以求真务实的悔罪态度与周边的法国、波兰、比利时等国交好。联邦德国迅速成为综合国力最强的欧洲国家。而统一以后的德国，依然在欧盟中发挥着举足轻重的作用。

战后的意大利，工农业得以蓬勃发展，尽管国力仍在英法之下，但在欧盟组建后，便一直稳坐成员国中第四的宝座。

意大利在第二次世界大战中为世界人民带来的灾难比之德国和日本较少，又及时倒戈，转投同盟国，因此意大利在战后避免了国际审判。不过，法西斯余党与潜伏已久的黑手党相互勾结，导致意大利的政治空气十分污浊，影响了发展。

与上述发达国家相对应的，是走向资本主义道路的发展中国家。巴西在战后终于迎来了经济发展的繁荣岁月，南非则借助本土丰富的油矿资源和好望角的便利交通得以崛起。与非洲和南美相比，亚洲的腾飞更显耀眼：独立后的印度、新加坡、韩国，中东地区的伊拉克、伊朗、以色列，都是战后崛起的新兴资本主义国家。

1947 年，印度独立，但前提是恪守蒙巴顿总督提出的“印巴分治”原则。尽管印度在独立后被割去了巴基斯坦，可在尼赫鲁总理的领导下，印度成为南亚地区的第一工业大国。

而且印度人凭借数学上的天赋，创造了软件研发领域的奇迹，与本来发达的农业和蒸蒸日上的重工业齐头并进。除了首都新德里外，加尔各答、孟买都是印度的经济、科技中心。

不过与中国和巴西相比，印度的发展之路面临着更多的困境，因为延宕数千年的种姓制度的影响未曾根除，生产再扩大中对自然环境的破坏、无休止膨胀的人口以及复杂的宗教文化格局，都成为新时代阻挠印度成为发达国家的重要因素。

1984 年，博帕尔的一场毒气泄露事件，便暴露出这个国家在经济体制上的不成熟。不过一场灾故不会阻碍印度的脚步。从 21 世纪后与俄罗斯“南北之音”桥梁的构建，到 2014 年莫迪总统上台，印度的发展在未来的岁月里依旧不可小视。

新加坡虽然资源匮乏，但还是鼓起勇气脱离了马来西亚。在这个重视文教的国度里，人们将一个本来贫困的狮子城变成了一个美丽富饶的星岛。

与新加坡的情形相类似的，是民国旗帜笼罩下的中国台湾。蒋介石集团吸取了在大陆的内政教训，在台湾进行了大刀阔斧的改制革新，于是，一个蕞尔之地，跻身于“亚洲四小龙”之列。

而走向资本主义道路的韩国，早期也接受了民主化的洗礼，但李承晚等国家领导人在改革深化的过程中，却屡屡上演自导的丑剧。倒是朴正熙上台建立起军人独裁制以后，韩国经济实力和科技水平日盛。

至于中东地区这片富得流油的地方，国家一旦取得独立，是很容易繁荣的。

1947 年，以色列建国后，极具智慧且充满激情的犹太民族创造了一个不亚于新加坡和中国台湾的奇迹。以色列成为中东最富饶的国家之一。此外，拥有悠久历史的波斯和伊拉克也在战后迅速崛起。

战后的波斯，已经进入了“伊朗共和国”的时代，且不论原子弹研发所需的铀资源被伊朗垄断，单是玫瑰、石油、地毯这三件“国宝”，就足以让世界侧目。伊拉克以文明古城巴格达为都，借助本土丰富的油气资源，以及强硬的政权，逐步成为阿拉伯世界的经济大国和军事强国。

不过，中东局势并不稳定。以色列在中东站稳脚跟后，与巴勒斯坦的国际冲突愈演愈烈，在 20 世纪后半期内，发生了 5 次大规模的中东战争，严重破坏了区域的安宁。

而1980年后的伊拉克和伊朗更是互不相让，既有长期积累的历史原因，也有越演越烈的边境纠纷；既有两伊之间的内部矛盾，也有国际影响的推动作用；既有两国人民之间的民族仇恨，也和两国领导人个人有关，种种因素导致战争打了近 8 年。两伊战争于 1988 年才在稀稀落落的枪炮声中结束，双方都认为各自是胜利国。但从国际格局的高度上看，两国都是失败者，因为两大强国的内斗，削弱的只是整个中东世界。

3. 社会主义改革的“试错”历程

在第二次世界大战后，资本主义国家有了突破性的发展，社会保障与福利待遇的提高和分配给工人股权，极大地缓和了资产阶级同工人阶级之间的矛盾。而以苏联为首的社会主义国家，虽然也取得了一定成果，但由于苏联过度干涉，思想解放得不够彻底，以至于20世纪后半期，社会主义国家经受了一次“试错”的历程。这从根本原因上反映出，新制度不可能一蹴而就，更需要历史与机遇的淬炼。

1953年，斯大林去世。赫鲁晓夫上台后，开始平反“清洗”时代被冤屈的烈士，同时在经济改革上适度放权，取得了些许成效。但是，赫鲁晓夫的一切努力并没有触及“封建的社会主义”这一根本要素，因此苏联的高度集中体制也不会有实质性的突破。即便经济增收，也多集中反映在农业层面，工业水平反而相对停滞，造成国力削弱，在与美国争霸的初期完全处于守势。

勃列日涅夫上台后，苏联的政体几乎回归到了斯大林时代，及至戈尔巴乔夫的时代，苏联都陷入了混乱。经济改革的失败让东欧各国共产党丧失了政权，东欧剧变更让大部分国家失去了社会主义的国体性质。

1991年，戈尔巴乔夫和亚纳耶夫在叶利钦的策划下，在莫斯科失去控制局面的能力，俄罗斯联邦与11个独联体国家都不得已接受了历史倒退这一现实。

而随着华沙条约组织的逐渐分裂，一度团结的社会主义阵营开始图谋自立。可苏联却仍旧以领袖自居，强行将苏联特色的改革策略加于其他国家的政体内部。以波兰为代表的新社会主义国家，不得不对苏联如法炮制，企业自治离不开国权的强力制约，导致改革成果收效甚微，拖欠的外债不计其数。

匈牙利虽然一度喜获成果，却很快遭到苏联的压制。捷克斯洛伐克在历经“布拉格之春”后，被苏联红军牢牢控制。

虽然毛泽东领导的中国和铁托带领的南斯拉夫走向了依靠国情自谋发展的道路，但中国的经济建设持续至20世纪60年代初，在最需要苏联帮助的时候，赫鲁晓夫却撕毁合同，将大批苏联专家撤离中国，让中国蒙受了一定的损失。铁托带领南斯拉夫探索国情，可由于该国所处地区的动荡，也一直没有摆脱发展中国家的命运。

在社会主义国家中，除了苏联外，民主德国应属于根基最牢固的了。但即便如此，苏联依旧牢牢控制着民主德国，虽然柏林墙挡住了他们西逃的脚步，却止不住他们离去的心思。民主德国的经济发展成果与联邦德国相比，有着天壤之别。

朝鲜、古巴和蒙古虽然政权稳定，但这些国家所呼吁的社会主义依旧让其甩不掉贫困的包袱。朝鲜是一个比苏联还要封建化的社会主义国家，国家领袖都是世袭制，朝鲜在金氏王朝的领导下，虽然不再遭受任何侵略，但依旧穷困。

古巴的政局稳定，始终维系着“一尘不染”的面貌。蒙古虽然试图走社会主义道路，但对农牧业的过度依赖，让蒙古总统也开始质疑这个新制度。1990年，蒙古变成了资本主义国家。

就在西方国家以为社会主义体制即将瓦解的时候，中国却发生了翻天覆地的大变化。

1978年，中共十一届三中全会后，新的领导人邓小平果断改变了过去的一切错误路线，开创了以经济建设为中心的社会主义新时代。通过十二大、“南方谈话”等多次重大会议，邓小平让全国人民解放了思想，认同了计划与市场都是经济调控的手段，而非意识形态层面不可调和的矛盾。邓小平之后的领导人对此继续努力，引导理论创新，使“社会主义市场经济”的概念更加深入人心。

由于新中国的特色社会主义改革取得了惊人的效果，世界人民都看到了“中国力量”。亚洲、非洲、南美洲甚至西方大国都愿意与中国建交。

中国的崛起，惊动了东南亚的另一个社会主义国家——越南。20 世纪末期，越南也仿效了中国的特色路线，其经济的发展也比胡志明时代更有后劲，得到长足的进步。

如今，中国、朝鲜、越南和古巴都沿着历史前进的方向，在探索与“试错”中阔步前进。

4. 多极化时代

两极格局的时代以苏联的解体宣布结束，全球政治格局进入了“一超多强”的多极化时代。

虽然和平与发展的两大观念已经随着冷战的结束深入人心，成为新时代的两大重要课题，但威胁安全与妨碍发展的不稳定因素依然存在，其中最主要的就是局部战争。此外，还有来自恐怖主义和各种自然灾害、世界性疾病的严重威胁。

多极化时代的局部战争，首先发端自不稳定因素最多的中东地区。两伊战争结束后，萨达姆·侯赛因以阿拉伯世界的霸主自居，将邻国——科威特占为己有。1990 年 8 月 8 日，萨达姆宣布科威特成为伊拉克共和国的一个大省。萨达姆之举招致周边国家的惶恐不安，联合国为其狂妄而顿感芒刺在背。

美国一直垂涎中东地区的石油资源，伊拉克此举无异于虎口夺食。美国要求伊拉克恢复科威特主权，却遭到萨达姆的一口拒绝。美国总统布什便于 1991 年 1 月 17 日发起“沙漠风暴”行动，以美军为首的多国部队发动了第一次伊拉克战争，也称“海湾战争”。

伊拉克军队数量占优，但多国部队却以先进武器与信息技术为依托，运用导弹拦截和空中打击等精妙战术，很快控制了战场全局。一个多月后，伊拉克军队全线溃退，不得不放弃科威特。

萨达姆并未就此罢休，在海湾战争结束以后，他依然处于以美国为首的西方国家的对立面上。尽管此战失利，让他在国内的威望下降，但独裁统治反而变本加厉，且在外交过程中强硬如故。

美伊矛盾继续升级，直到2003年，两军再起冲突。前总统布什的儿子小布什与萨达姆展开了第二次伊拉克战争。这一次，伊军还是一如既往地败退，萨达姆在战败后，逃逸不成而被美军俘虏。萨达姆的两个儿子在战乱中阵亡，他本人在联合国的审理下被执行了绞刑。

与萨达姆命运相同的另一位是北非国家的大独裁者卡扎菲，在他的高压专制下，利比亚国富有余、民殷不足，国内矛盾日益尖锐。当卡扎菲在与盘踞于班加西的反政府势力展开对战时，美国率领英、法等欧洲国家打着和伊拉克战争同样的"人权"幌子，派兵进入利比亚，以支持反政府集团，试图谋取北非的利益。

2011年，利比亚战争爆发，战败的卡扎菲被俘后身亡。至此，美国拔掉了中东地区的两根眼中钉。但叙利亚、伊朗等国与美国，至今都保持着一种不那么和谐的微妙关系。

两次伊拉克战争与利比亚战争，有着大国霸权主义的成分，在一定程度上也有着打击专制独裁的进步意义，但是多极化时代的另外一些战争，则是赤裸裸的霸权主义与强权政治的延伸，如2000年的科索沃战争和2008年的格鲁吉亚战争。

在多极化时代的局部战争中，虽然着重表现为资本主义民主国家与独裁国家之间的矛盾、大国与小国之间的利益纷争，但还有一些战争是源于威胁国际安全的非正义因素，比如恐怖主义。

霸权主义在各地的横行，引发了极端组织无休止的非法武装和暴力威胁，这为世界和平带来莫大的隐患。

美国曾经在阿拉伯世界里扶持本·拉登，可本·拉登却因不满美国在中东的举动，从1993年起走上了以恐怖手段反美之路。

2001年9月11日，本·拉登和他率领下的基地组织策划了震惊世界的"9·11"恐怖袭击事件，让美国深受其害。

2001年，美国与英国等多国军队发动阿富汗战争，让本已贫穷的阿富汗雪上加霜。塔利班政权及基地组织得到的只是应有的惩罚，可广大无辜的阿富汗百姓却忍受着残酷的轰炸之苦。

此后本·拉登神秘失踪，直到2011年才被发现。是年5月1日，美国派出的海豹突击队在巴基斯坦的一个小镇里击毙本·拉登，基地组织遭受重大打击。

而在俄罗斯，由于普京政府与车臣矛盾尖锐，车臣集团中的少数极端分子，开始以恐怖袭击的手段与俄罗斯对抗，不断制造人质劫持以逼迫政府就范的惨案，如2002年的莫斯科剧院危机和2004年的别斯兰惨案。

直到2006年，普京运用里应外合的手段，才将车臣恐怖集团的精神领袖——巴萨耶夫除掉，车臣的恐怖袭击事件才有所收敛。

虽然美国和俄罗斯在反恐斗争中取得了大胜，但极端组织还是不曾消除。利比亚战争之后，中东地区的极端组织"伊斯兰国"崛起，大搞恐怖事件。

2015年2月，伊斯兰国恐怖分子残忍杀害日本战地记者，11月又在法国巴黎发动恐怖袭击事件。2016年3月和7月，比利时的布鲁塞尔和法国的尼斯又不幸遭遇恐怖分子的袭击。

除了恐怖袭击事件外，重大自然灾害、世界性疾病、贫困所引发的饥饿和日益枯竭的自然资源以及屡遭破坏的生态环境，都是全人类需要共同面对的问题。

在重大自然灾害中，地震灾害的频率最高。20世纪末21世纪初，灾难来临，如1999年的土耳其中西部大地震；2008年和2010年的中国汶川地震和玉树地震；2011年的日本大地震，都为各国带来了重大的人员伤亡和经济损失。此外，印度洋和西太平洋的海啸，也是导致印度、日本等国在新世纪发展遭遇瓶颈的因素。

尽管现代医疗卫生事业取得了重大进步，在提高人口平均寿命的同时，还彻底消灭了黑死病和天花。然而旧的疾病消灭了，新的病毒又滋生开来。

20世纪晚期，恐怖的艾滋病成为困扰人类健康的无形杀手。此外，鼠疫、非典型肺炎等可致人死亡的疾病，也一度让人类健康遭到了不同程度的损害。

经济全球化时代的到来，让全球成为统一的经济载体。发达国家通过源源不断的经济文化输出，为广大贫穷落后的发展中国家带来了崛起与振作的难得机遇。但由于发达国家主宰着全球化环境中的金融体系、资源储备和资本市场，发展中国家在全球化的轨道中的前进速度还是相对缓慢的。

亚洲、拉丁美洲尤其是非洲的很多国家的贫困问题不能解决，接踵而来的便是人口死亡率的增长，粮食问题也得不到解决。非洲由于人口基数大、生产力停滞不前和在国际贸易竞争中的不利地位，成为世界第一大难民“集中营”。挣扎于贫困中的人不得不背井离乡，却往往在荒野中饥饿而死。

2014年，在联合国公布的世界上最穷10个国家中，非洲占了9个。其中排名第一的是津巴布韦，这个国家的经济收入，主要依靠外国人来此进行以合法狩猎为目的的旅游和娱乐。津巴布韦的野生动物遭遇大量的捕杀，可人均国民生产总值却依旧达不到世界第一经济大国——美国的3%。

与上述问题相比，环境问题事关人类的长久发展，在当今时代最为全人类所关心。从第一次工业革命开始，发达国家在谋求大工业发展的过程中，忽略了对自然生态的保护。

20世纪结束后，由于工业生产中的开采浪费、两次世界大战造成的创伤、日益增长的人口对自然资源需求量的扩大，以及发展中国家不正确的生产方式，都让人类赖以生存的自然环境受到严重破坏，全球气候巨变，以至于生态圈遭遇史无前例的损失：野生动植物大量灭绝、海洋和陆上湿地被污染、草原和森林为荒漠所取代……越来越多的有识之士认清了这样一个事实：21世纪，人类要想继续生活，务必学会尊重自然，重建自然，甚至是回归自然。

遥想全新世初期，人类的文明以走出非洲、脱离自然为标志，而21世纪之后，现代文明又倡导回归自然，并将关注的焦点重新放置在命运最为可怜的非洲。或许，历史的前进不一定非要以改变为筹码，顾盼、回归与深刻的反思，也可视为人类在社会中不断走向成熟的标志。

5. 新时期的科学世界与文化天堂

从整个 20 世纪到 21 世纪的新全球时代，物质文明的丰裕程度令人惊叹，精神文化也在国际市场中呈现出相互包容、交流的多元化格局。

新时代的百年奋斗历程中，不论是科学世界还是文化领域，都展露出百花齐放的大繁荣特征。

在科学世界中，居里夫人发现的镭、爱因斯坦阐释的相对论、霍金在宇宙学中取得的科研成果，都在新时代的灿烂星空中熠熠生辉。而第二次世界大战之后迅速兴起于资本主义世界中的第三次科技革命，由于计算机的发明与更新换代，加上各种高端技术产品的问世，将人类从电气时代又推进了信息时代。

国家垄断资本主义的发展，在继承了科技革命重要成果的同时，极大地满足了人类对知识的需求。20 世纪晚期，知识经济取代了工业经济，以服务为主导的第三产业也发挥着越来越重要的作用，大有取代一、二产业的势头。

至于文化领域，哲学方面以弗洛伊德为代表的现代哲学，其两性思想打破了传统的宗教教义的束缚，逐步揭开了人类梦幻空间与精神世界的神秘面纱。弗洛伊德、荣格、马斯洛等新一代哲学家与社会学家的崛起，促进了现代教育和社会管理的发展，也为艺术创作的转型提供了充足的牵引动力。

在现代主义和后现代主义哲学思潮的带动下，西方美术界出现了以毕加索为代表的印象派画家，音乐世界里有“钢琴王子”理查德·克莱德曼。

而爱迪生在发明有声电影后，使得表演也成为艺术家施展才华的艺术形式。卓别林以无声的喜剧艺术嘲讽着美国政治的灰色。

此外，体育文化在20世纪异军突起。发展中国家独立后，大多看清了“武风不振”可导致“亡国灭种”的悲剧，于是在现代文化产业中，体育也成为一股不可抗拒的新力量，衍生出各种国际比赛，如奥林匹克运动会、世界杯球赛等。在赛场上，运动员的胜利往往被视为国家崛起和民族振兴的福音，因此20世纪的体育，被人们称作“和平时期的战争”。

文学的发展更让20世纪成为文学的天堂。西方现代主义文学的画廊中，卡夫卡、伍尔夫、贝克特、海明威、叶芝和以鲁迅、武者小路实笃为首的中国、日本现代作家都堪称本民族的灵魂。

第二次世界大战后的后现代主义文学，并未受战争的困扰而趋于停滞，反而更推动了文学思潮的演进。在后现代主义文学思潮中，魔幻现实主义成为世界文学的主流之一，南美洲的加西亚·马尔克斯以《百年孤独》《霍乱时期的爱情》，彻底颠覆了传统现实主义。而在东方世界里，印度诗人泰戈尔，中国文学家鲁迅，黎巴嫩的诗人、散文家纪伯伦，都是近代东方文学走向世界的先驱。

在20世纪的文学殿堂中，还有两股新生力量——红色文学与诺贝尔奖文学。

红色文学是国际共产主义的发展表现在世界文学中的产物，这派文学以共产主义思潮为审美理想，以无产阶级斗争为叙事核心，以资产阶级和封建地主为反面教材，高度弘扬了社会主义政党的革命精神和浩然正气。

红色文学在社会主义国家中创作实绩最为丰厚，如苏联的《静静的顿河》《青年近卫军》《钢铁是怎样炼成的》，捷克的《绞刑架下的报告》，中国的《红岩》《苦菜花》以及8部“样板戏”作品等。即便是在一些资本主义国度里，有些红色文学的作家和作品同样独占鳌头，比如日本小林多喜二的《蟹工船》。

而诺贝尔文学奖的设置，更是催生了一大批世界各国的民间文人，从法国诗人普吕多姆在1901年获奖之后，截至2017年，共有113人获得该奖。这113人中，来自亚洲的作家有5人，分别是印度的泰戈尔、日本的川端康成和大江健三郎、以色列的阿格农、中国的莫言。

在日本文坛一直颇有名气的村上春树，在新世纪一直徘徊于获奖的边缘，而20世纪也有很多中国学者如老舍、林语堂、沈从文等，都因各种原因与奖项擦肩而过。

2012年，诺贝尔文学奖获得者是中国作家莫言，在他笔下塑造出的“高密世界”里，他的“中国精神”被认为带着浓郁的魔幻主义气息。虽然这种评论在中国文坛存在争议，莫言本人对魔幻现实主义的借鉴也矢口否认，但不容置疑的是中国文学已经雄起。

6. 新全球时代

文明视野下的新全球时代，固然是前程锦绣，但世界政治纠纷以及和平发展的制约因素仍在，这让一些主要国家在新时期的前进历程中依旧充满了波折。

美国一直维系着世界霸主和唯一超级大国的地位，可次贷危机、局部冲突以及总统大选，都让白宫充满了“黑色”，如同一间让人毛骨悚然的“纸牌屋”。

欧盟让欧洲获得了重大发展，欧洲也一度有了统一的趋向，但由于成员国之间的问题未曾全部解决，加之与美国矛盾的加深，以及经济危机的间断性影响，欧盟组织也并非如欧洲的平原那样“平稳”。

2016 年，在欧盟中占据重要地位的英国公投选择脱离这一区域组织。欧盟在未来岁月中究竟会何去何从，还不得而知。

虽然俄罗斯联邦已远不能和苏联时代相提并论，但由于继承了苏联的大部分遗产，加上 2000 年后素有“斯拉夫硬汉”之称的普京当选为总统，俄罗斯在经济和国防建设上迅速恢复并发展，同时注重团结中国、印度和独联体国家。

在内政上，普京成功压制了与车臣的独立争端，整肃了招致国家腐败的金融寡头，整合统一了联邦，加强了中央集权，大力发展国有经济，巩固了现代化国防，使得俄罗斯逐渐走出了苏联解体初期的阴影。

日本在资本主义世界中地位空前提高，但军国主义意识的复辟阴谋也在日本政府中若隐若现。

而在21世纪迅速崛起的中国，有赖于改革开放三十年积攒的丰厚经济资源、成熟的社会主义建设理论和丰富的治国经验，即便进入三十年时期的尾声，也仍然后劲十足。

2012年，中国共产党的十八大会议成功召开，中国进入了以习近平同志为核心的党中央领导下的发展时代。习主席自上台伊始，便始终致力于加强对党风党纪的整肃、腐败之风的打压与依法治国的探索。

在经济领域，早在21世纪初期，中国的经济总量就超越了日本、德国、法国、英国和意大利，仅次于美国，位居世界第二。习近平执政后，因不满足经济水平仅停留在"量"的增长上，而继续深化"质"的改革，使得2012年后的中国经济迎来了"新常态"。

在中高速经济增长格局的引领下，中国经济逐渐实现了科学化的发展战略，第三产业的经济比重也从2012年起首次超过第二产业，经济结构得到了优化，转型与升级基本完成。

在科学、文化和生态等方面，屠呦呦团队发现了可治疗疟疾的青蒿素，从此在世界医药史上翻开了一页崭新的篇章；治理环境生态文明，在十八大会议上也得到了高度重视，党和政府将传统治国方略中囊括经济建设、政治建设、文化建设和社会建设的"四位一体"格局，加入生态文明建设一环，将治国方略发展成了蕴含与时俱进精神的"五位一体"格局。

经过数年的环保工作，动植物资源的数量得到了增加，生态系统得到了全方位的恢复，甚至连中国国宝——大熊猫，其在野外的危险程度也从"濒危"降低为"易危"。

在21世纪的国际交往中，有关"中国崛起"的呼声此起彼伏。虽然中国的经济建设和政治改革取得了重大的突破和丰硕的成果，但国际大环境和周边小环境，还有很多阻力和意想不到的隐忧，想成为真正意义上的"经济强国"，取代"经济大国"的称号，中国在未来的特色社会主义道路上或许还需要漫长而曲折的探索，我们必须加倍努力。